中国社会科学院国情调研丛书
CASS Series of National Conditions Investigation & Research

中国社会科学院创新工程学术出版资助项目

中国社会科学院国情调研丛书
CASS Series of National Conditions Investigation & Research

建立健全绿色低碳循环发展经济体系路径研究

Research on Pathways for Establishing and Improving a Green, Low-carbon and Circular Developing Economic System

张友国　李玉红　朱承亮　等著

中国社会科学出版社

图书在版编目（CIP）数据

建立健全绿色低碳循环发展经济体系路径研究 / 张友国等著 . —北京：中国社会科学出版社，2021.10
（中国社会科学院国情调研丛书）
ISBN 978 - 7 - 5203 - 9233 - 4

Ⅰ. ①建… Ⅱ. ①张… Ⅲ. ①绿色经济—低碳经济—社会主义经济体系—研究—中国 Ⅳ. ①F124.5

中国版本图书馆 CIP 数据核字（2021）第 197529 号

出 版 人	赵剑英
责任编辑	黄 晗
责任校对	周 昊
责任印制	王 超

出　　版	中国社会科学出版社
社　　址	北京鼓楼西大街甲 158 号
邮　　编	100720
网　　址	http://www.csspw.cn
发 行 部	010 - 84083685
门 市 部	010 - 84029450
经　　销	新华书店及其他书店

印　　刷	北京明恒达印务有限公司
装　　订	廊坊市广阳区广增装订厂
版　　次	2021 年 10 月第 1 版
印　　次	2021 年 10 月第 1 次印刷

开　　本	710 × 1000　1/16
印　　张	16.75
插　　页	2
字　　数	275 千字
定　　价	89.00 元

凡购买中国社会科学出版社图书，如有质量问题请与本社营销中心联系调换
电话：010 - 84083683
版权所有　侵权必究

编选委员会

主　任　　　李培林
副主任　　　马　援
成　员　　　（按姓氏笔画为序）
　　　　　　王　岚　王子豪　王延中　邓纯东　李　平
　　　　　　陆建德　陈　甦　陈光金　张　平　张车伟
　　　　　　张宇燕　高培勇　黄群慧　潘家华　魏后凯

目　　录

前言 ……………………………………………………………… (1)
 一　什么是绿色低碳循环发展的经济体系 ……………………… (1)
 二　建立健全绿色低碳循环发展经济体系的重大理论
   意义和现实意义 …………………………………………… (6)
 三　以往研究简要回顾 …………………………………………… (11)
 四　本书研究的目的及案例选择 ………………………………… (13)

**第一章　台州市：制造之都的绿色低碳循环发展经济体系
    建设路径** …………………………………………………… (18)
 第一节　台州市绿色低碳循环发展总体状况 …………………… (18)
  一　经济社会发展概况 ………………………………………… (18)
  二　经济体系的绿色低碳循环发展特征日益突出 …………… (20)
  三　形成了国内领先的循环发展经济体系 …………………… (21)
 第二节　推进经济体系绿色低碳循环发展的主要做法 ………… (23)
  一　成立专门的领导机构推动战略实施 ……………………… (23)
  二　以科学的规划引领发展 …………………………………… (24)
  三　着力推进产业体系转型升级 ……………………………… (25)
  四　加大生态环境治理力度 …………………………………… (26)
  五　强化绿色低碳循环发展体制机制建设 …………………… (30)
 第三节　具有台州特色的循环发展经济体系建设路径 ………… (34)
  一　以科学的战略布局推进全市大循环经济体系建设 ……… (35)
  二　精心选取循环发展经济体系建设突破口 ………………… (43)

三　大力实施重点工程项目推进循环发展战略落地 …………（46）
　第四节　台州市进一步推进绿色低碳循环发展经济体系
　　　　　建设的建议 ……………………………………………（48）
　　一　需要着力克服的困难 …………………………………（48）
　　二　实现产业体系绿色低碳循环发展的新突破 …………（53）
　　三　进一步加强资源高效利用和生态环境保护工作 ……（63）
　　四　积极创建绿色低碳循环发展的生活体系 ……………（67）
　　五　完善绿色低碳循环发展的制度保障和公共服务体系 …（71）

第二章　威海市：森林城市的绿色低碳循环发展经济体系建设 ……（77）
　第一节　威海市绿色低碳循环发展概况 ……………………（78）
　第二节　威海市推进绿色低碳循环发展的主要做法 ………（80）
　　一　完善顶层设计 …………………………………………（80）
　　二　推进绿色低碳循环发展的产业体系建设 ……………（83）
　　三　重视制度建设，营造绿色发展环境 …………………（97）
　　四　加大绿色产业财政、税收和金融支持 ………………（102）
　　五　大力开展环境综合治理 ………………………………（107）
　第三节　威海市深化绿色低碳循环发展面临的问题与对策 …（116）
　　一　威海市绿色发展面临的困难和挑战 …………………（116）
　　二　进一步健全威海市绿色发展的对策和建议 …………（118）

第三章　六盘水市：资源型城市对绿色低碳循环转型发展的
　　　　探索 ……………………………………………………（123）
　第一节　六盘水市绿色低碳循环经济发展现状 ……………（124）
　　一　绿色低碳循环经济发展路径进一步明确 ……………（127）
　　二　绿色低碳循环经济发展平台初步构建 ………………（130）
　　三　绿色低碳循环经济发展成效初步显现 ………………（130）
　　四　绿色低碳循环"四型"产业加快发展 ………………（131）
　第二节　六盘水市健全绿色低碳循环发展经济体系的
　　　　　主要做法 ……………………………………………（133）
　　一　强化顶层设计 …………………………………………（133）

二　实施创新驱动 …………………………………… (134)
　　三　推进转型升级 …………………………………… (137)
　　四　建设生态文明 …………………………………… (141)
　　五　完善基础设施 …………………………………… (141)
　　六　重视政策保障 …………………………………… (142)
第三节　六盘水市健全绿色低碳循环发展经济体系的
　　　　经验总结 ………………………………………… (143)
　　一　突出目标导向，发挥政府服务作用 …………… (144)
　　二　突出机制创新，破解转型发展难题 …………… (145)
　　三　突出创新驱动，推动产业迈向中高端 ………… (149)
　　四　突出生态优势，推动城市绿色转型 …………… (150)
　　五　突出区域协同，推动产业转型升级 …………… (151)
第四节　六盘水市绿色低碳循环发展存在的突出问题 … (152)
　　一　经济发展方式粗放 ……………………………… (153)
　　二　产业结构不尽合理 ……………………………… (153)
　　三　生态环境依然脆弱 ……………………………… (155)
　　四　农村环境短板明显 ……………………………… (156)
　　五　科技创新驱动不足 ……………………………… (157)
第五节　六盘水市进一步健全绿色低碳循环发展经济体系
　　　　的对策建议 ……………………………………… (157)
　　一　创新经济发展模式，助推绿色经济发展 ……… (157)
　　二　坚持生态产业化，促进人与自然和谐发展 …… (158)
　　三　坚持产业生态化，实现绿色产业多元发展 …… (159)
　　四　加大农村环境整治，促进城乡融合发展 ……… (160)
　　五　加大科技创新力度，实现创新驱动发展 ……… (161)
　　六　优化营商环境，推动实体经济发展 …………… (163)

第四章　内江市：西部老工业城市的绿色低碳循环发展
　　　　路径探索 ………………………………………… (167)
第一节　内江市自然资源和社会发展基本状况 ………… (167)
　　一　自然资源 ………………………………………… (167)

二　行政区划 …………………………………………… (169)
　　三　经济发展与人口分布 ………………………………… (171)
第二节　内江市建立绿色低碳循环经济体系的主要措施 …… (172)
　　一　狠抓产业转型升级 …………………………………… (172)
　　二　大力推行能源节约 …………………………………… (182)
　　三　因地制宜打造循环经济 ……………………………… (190)
　　四　不断推进沱江流域水资源综合治理 ………………… (198)
　　五　充分发挥税收举措对绿色低碳循环经济体系建设的
　　　　促进作用 ……………………………………………… (203)
第三节　内江市健全低碳绿色循环发展经济体系面临的主要
　　　　问题与应对策略 ……………………………………… (204)
　　一　要解决的主要问题 …………………………………… (204)
　　二　对策建议 ……………………………………………… (210)

结语　加快推进绿色低碳循环发展经济体系建设 …………… (218)
　　一　绿色低碳循环发展经济体系建设的几种典型模式
　　　　已初步显现 …………………………………………… (219)
　　二　值得借鉴的绿色低碳循环发展经济体系建设经验 ……… (224)
　　三　应引起重视的突出问题和挑战 ……………………… (229)
　　四　持续推进绿色低碳循环发展经济体系建设的对策
　　　　建议 …………………………………………………… (231)

参考文献 ……………………………………………………… (237)

附录　绿色低碳循环发展经济体系总体建设水平测度 ……… (240)
　　一　绿色低碳循环发展经济体系建设水平的定量测度 …… (240)
　　二　全国及省级层面绿色低碳循环发展经济体系的建设
　　　　水平与进展评价 ……………………………………… (250)

前　　言[①]

党的十九大提出的"绿色低碳循环发展的经济体系",是融合了习近平新时代中国特色社会主义经济思想和习近平生态文明思想的一个十分重要的概念,与全球广泛认可的可持续发展理念也具有内在一致性。一方面它与建立现代经济体系相呼应,强调了现代经济体系的绿色低碳循环发展特征和要求,是建立现代经济体系的重要内容,同时也指明了现代经济体系的一个重要建设路径。另一方面,它是生态文明建设的重要内容,承载了绿色发展理念,是通向生态文明的根本途径。当然,绿色低碳循环发展的经济体系也从中国的实际出发,深刻回应了已经深入人心的可持续发展理念,并将可持续发展从一个抽象的概念转化为一个具体化的概念,从理念导向现实,使其具有可操作性,能够成为人们日常生产、生活行为的指南。因而党的十九届四中全会将建设绿色低碳循环发展的经济体系确定为国家治理体系和治理能力现代化的重要内容和任务。

一　什么是绿色低碳循环发展的经济体系

绿色低碳循环发展的经济体系,简而言之,是指这样一个经济体系,它符合绿色低碳循环发展的内在规律,满足绿色低碳循环发展的要求,呈现出绿色低碳循环发展的特征。绿色低碳循环发展经济体系的理论内涵体现在如下两个方面:一是绿色低碳循环发展,二是经济体系。

(一) 绿色低碳循环发展

顾名思义,所谓绿色低碳循环发展就是融合了绿色发展、低碳发展和

---

① 本部分执笔:张友国。

循环发展原则、规律及特征的一种经济社会发展战略或发展模式。绿色低碳循环发展由绿色发展、低碳发展和循环发展这三个概念复合而成，意味着它对发展的可持续性要求必定高于前三者中任意一个，同时它也意味着绿色发展、低碳发展和循环发展三者必须彼此协同，而不是顾此失彼（张友国，2020）。

尽管绿色发展、低碳发展和循环发展之间本来就有千丝万缕的内在联系和很高的一致性，三者在具体含义上也有较大程度的重合性，但它们在内涵、侧重的目标和政策指向上还是有显著的区别（如表0.1所示）。绿色发展是党的十八届五中全会提出的指导我国发展的五大理念之一，"就其要义来讲，是要解决好人与自然和谐共生问题"（习近平，2019）。绿色发展强调生态环境是一种无可替代的生产力，它要求"人类发展活动必须尊重自然、顺应自然、保护自然"。绿色发展意味着经济发展与生态环境质量改善必须从对立走向统一，继而产生良好的协同效应，即经济发展的同时，生态环境质量也能得到改善，且两者之间能够相互强化。习近平总书记系列讲话也主要结合生态环境谈绿色发展。低碳发展主要是应对气候变化的一种发展战略，可从狭义和广义两个尺度来理解。狭义的低碳发展是指这样一种发展模式，即在经济发展的同时，单位生产总值所产生的二氧化碳排放呈现不断下降的变化趋势。通常这也意味着单位生产总值所需要消耗的能源量不断下降，且清洁能源比重不断上升。广义的低碳发展则指在经济发展的同时，单位生产总值所产生的包括二氧化碳在内的各种污染物排放以及所消耗的能源及其他资源量都不断下降。循环发展是以资源消耗的减量化、废旧产品的再利用、废弃物的再循环为基本原则，以低消耗、高效率、低排放为特征的一项重大经济社会发展战略，是建设生态文明、推动绿色发展的重要途径。

在某些情形下，绿色发展、低碳发展和循环发展之间甚至可能会相互发生冲突。由于三者的侧重点不同，因而任意一方在实现自身目标的同时，很有可能对其他二者产生负面影响。例如，在低碳发展领域，水电站有可能影响水生态和水环境，太阳能电池在制造过程中会排放三氯氢硅、四氯化硅等对环境和人体危害极大的污染物，风力发电则可能会带来相应的视觉污染、噪声污染、生态破坏、电磁干扰等，生物质能则会占用大量的土地，从而对绿色发展产生不利影响，形成所谓的"绿色冲突"（何佩佩和庄国敏，2014）。

表 0.1　　　　　　　绿色发展、低碳发展、循环发展区别

发展概念	内涵	目标侧重点	主要政策指向
绿色发展	经济发展的同时，生态环境质量也能得到改善，且两者之间能够相互强化	*人与自然和谐共生问题 *生态环境安全问题	生态环保政策体系
低碳发展	经济发展逐渐与能耗、碳排放脱钩	*应对气候变化 *能源安全问题	节能、清洁能源发展等能源政策体系
循环发展	经济发展逐步与资源消耗、废弃物脱钩	*提高资源利用效率 *（非能源）资源安全问题	资源消耗减量化、废旧产品的再利用、废弃物再循环等资源利用政策体系

简而言之，绿色发展、低碳发展和循环发展三者之间主要是相互促进、相互加强的协同关系，但在推进经济社会发展的过程中，绿色发展侧重解决生态环境保护及其质量改善问题，低碳发展侧重解决节能减碳问题，循环发展侧重解决资源保护与高效利用问题，而且在某些情形下三者之间还可能发生冲突。因而，在当前的语境下，绿色发展、低碳发展和循环发展不能相互替代，绿色低碳循环发展应视为绿色发展、低碳发展和循环发展的交集，即应对同时满足三者的要求和特征，而不是只满足三者中一个或两个的要求和特征。

（二）经济体系

经济体系是一个常用却没有统一或确切定义的概念，在不同的语境和考察视角下，其具体含义会有所不同。对于体系《现代汉语词典》的解释是"若干有关事物或思想意识互相联系而构成的一个整体"，《辞海》的解释是"由许多要素构成，具有一定条理组合成的整体"，百度百科的解释是"泛指一定范围内或同类的事物按照一定的秩序和内部联系组合而成的整体，是不同系统组成的系统"。综合来看，对于体系我们可作如下理解：首先，体系是某一特定范围内许多相互之间有联系的要素构成的一个整体，有具体的边界；其次，同一体系中的各种要素按一定的条理或

内在逻辑组合在一起；最后，体系中的若干要素可以组合成其子体系。显然，经济体系是一类特殊的体系，可以理解为与经济活动相关的各种要素按一定规则相互联系构成的一个有机整体。

可以从不同的维度来考察或定义经济体系的构成要素。一方面，可以从宏观的维度来考察经济体系，具体又可细分为多个具体的维度。从社会生产分工的维度，经济体系可以划分为不同的产业部门，如三次产业；从经济活动中人的运动状态出发，经济体系可区分为生产和生活两个方面；从经济活动中商品运动的形态出发，经济体系可区分为生产、流通、分配、消费等环节；从地理空间的维度，一定地理范围内的经济体系可划分为其地理边界内的区域性经济体系。另一方面，可以从经济体系微观运行机理的维度加以考察，则经济体系包括企业、个人、政府部门及其他各种组织机构等基本经济单元，资本、劳动、技术、原材料等要素，决定上述基本经济单元行为和要素流动的体制机制。

要素及其构成方式的差异会导致经济体系呈现不同的形态和特征，从而形成不同类型的经济体系。根据不同经济体系表现出来的特征，也可从多个视角来区分或定义经济体系的类型。从支撑经济体系运行的体制机制出发，可将经济体系区分为计划经济体系和市场经济体系；从生产关系出发，可将经济体系区分为社会主义经济体系和资本主义经济体系；从地理范围出发，可将经济体系区分为不同地区的经济体系；从发展水平出发，可区分为发达经济体系与欠发达经济体系；从发展方式出发，可区分为集约发展型经济体系和粗放发展型经济体系。其中，发展方式的视角又可以进一步细化为多个维度，如发展动力、地区间的关系、人与人的关系、人与自然的关系等。

（三）绿色低碳循环发展经济体系

绿色低碳循环发展经济体系就是从发展方式出发定义的一类经济体系，它属于集约发展型经济体系。更确切地说绿色低碳循环发展经济体系是从发展方式视角中人与自然之间关系的维度定义的一类经济体系，与之相反的是高物耗、高污染型经济体系。

党的十九大报告从生产系统、生活系统及两大系统之间的联系对绿色低碳循环发展经济体系的要素构成作了简明扼要的描述，具体内容涉及健全的市场导向型绿色技术创新体系、完善的绿色金融体系、发达的绿色低碳循环生产体系和生活体系等。这些具体内容从不同的侧面和层面立体勾画了绿色低碳循环发展经济体系要素构成的轮廓、特征和要求，也揭示了建立健全绿色低碳循环经济体系的基本途径。

健全的市场导向型绿色技术创新体系和完善的绿色金融体系主要体现了经济体系的发展动力特征。习近平总书记指出，绿色发展代表了当今科技和产业变革方向，是最有前途的发展领域，要依靠科技创新破解绿色发展难题（习近平，2016）。绿色技术就是绿色发展代表的科技变革方向，破解绿色发展难题必须依靠绿色技术创新。绿色技术包括"降低消耗、减少污染、改善生态，促进生态文明建设、实现人与自然和谐共生的新兴技术，包括节能环保、清洁生产、清洁能源、生态保护与修复、城乡绿色基础设施、生态农业等领域，涵盖产品设计、生产、消费、回收利用等环节的技术"（国家发展改革委员会和科技部，2019）。

绿色金融是指"为支持环境改善、应对气候变化和资源节约高效利用的经济活动，即对环保、节能、清洁能源、绿色交通、绿色建筑等领域的项目投融资、项目运营、风险管理等所提供的金融服务"（中国人民银行等，2016）。党的十九届四中全会还将绿色金融的发展作为一项重要的生态环境保护制度提出来，使其成为国家治理体系和治理能力现代化不可或缺的一环。

发达的绿色低碳循环生产体系要求实体经济中有实力强大的节能环保产业、清洁生产产业、清洁能源产业，这些产业也就是习近平总书记所指出的绿色发展代表的产业变革方向。同时，绿色低碳循环生产体系还要求能源体系具有清洁低碳、安全高效的特征，要求生产系统具备高度的资源循环利用特征且与生活系统实现循环链接。

绿色低碳循环生活体系是从源头上引领绿色低碳循环发展经济体系的形成。它要求生活方式具有简约适度、绿色低碳的特征，同时生活系统也具有高度的资源循环利用特征且与生产系统实现循环链接。开展创建节约型机关、绿色家庭、绿色学校、绿色社区和绿色出行等行动是形成绿色低碳循环生活体系的基本途径和具有可操作性的着力点。

绿色低碳循环发展经济体系的要素构成之间具有彼此强化、高度一致的关系。绿色技术创新体系的建立为实体经济和生活方式的绿色低碳循环化奠定技术基础，进而为绿色金融创造良好的发展环境。完善的绿色金融则能够源源不断地为绿色技术创新体系、绿色低碳循环产业体系的建立以及良好生活方式的形成提供必要的资金支持。绿色低碳循环产业体系的不断发展壮大，将为绿色技术创新体系和绿色金融提供巨大的市场和载体，对它们产生巨大的需求拉动效应，从而促进其发展和完善。特别是作为绿色技术创新体系不可分割部分的绿色技术产业化，本身也是绿色低碳循环产业体系的一部分，因而绿色技术创新体系的发展壮大离不开绿色低碳循环产业体系的强力支撑。同时，绿色低碳循环产业能为良好生活方式的形成提供坚实的物质基础，从供给侧促进良好生活方式的形成。反过来，良好的生活方式则从需求侧为绿色低碳循环产业体系、绿色技术创新体系和绿色金融的发展提供强大的激励。

绿色低碳循环发展经济体系除了满足上述要素构成的要求外，还应在发展效益上体现绿色低碳循环发展的特征。发展效益反映了各要素构成的功能发挥状况，也综合反映了各要素构成之间的协同水平。具体来说，绿色低碳循环发展经济体系的发展效益可分解成三个方面，即绿色发展效益、低碳发展效益和循环发展效益。绿色发展效益主要反映的是经济发展与污染排放脱钩的状况，同时也反映生态环境质量改善的情况。低碳发展效益主要反映经济发展与能源消费和碳排放脱钩的程度，也反映了能源消费结构的优化状况。循环发展效益主要反映经济发展与资源消耗的脱钩状况，同时也反映废弃资源的再利用水平。

二 建立健全绿色低碳循环发展经济体系的重大理论意义和现实意义

（一）体现了党中央对经济社会发展规律认识的不断深化

绿色低碳循环发展的经济体系的提出，反映了党中央对社会发展规律认识的不断深入，特别是对经济建设与生态文明建设规律认识的不断深化。虽然绿色低碳循环发展的经济体系是在党的十九大报告中正式提出的，但我们仍能在之前历次党的全国代表大会报告中看到形成这一概念的思想脉络（如表0.2所示），大致可分为如下三个阶段。

第一阶段是党的十三大至党的十五大召开前，强调要缓和经济发展与生态环境改善之间的冲突。党的十三大报告在论述经济发展战略时，特别提出要在推进经济建设的同时改善生态环境，把经济效益、社会效益和环境效益很好地结合起来。这标志着党中央已经意识到快速推进的经济建设已经对生态环境产生了不良影响,希望平衡好两者的关系。党的十四大进一步强调要增强全民族的环境意识,努力改善生态环境质量。这一时期,对两者关系的认识还主要局限于两者之间的冲突性,但还没有明确化解两者冲突的策略,对两者之间的内在统一性更是认识不够。

第二阶段是党的十五大至党的十八大召开前,主要强调通过转变经济发展方式,协调经济发展与生态环境改善之间的关系。党的十五大召开时,党中央则明确提出,通过转变经济增长方式,处理好经济发展同改善生态环境的关系。这表明党中央已经明确了化解经济建设与生态环境保护之间矛盾的基本路径,但还没有确定增长方式要转变成什么样的方式,对经济建设与生态环境保护之间的统一性也强调不够。党的十六大报告中,明确了经济增长方式转变的方向就是新型工业化,要求通过新型工业化,推动全社会走上"走上生产发展、生活富裕、生态良好的文明发展道路"。但是从哪些方面入手才能形成或走上这样一条新型工业化路子,党的十六大报告中还没有提及。这一问题到了党的十七大时则得到解决,即"形成节约能源资源和保护生态环境的产业结构、增长方式、消费模式",这实际上就是对经济体系几个基本组成部分的转变提出了要求。

第三阶段是党的十八大至今,在明确绿色发展、低碳发展、循环发展诸方面的内涵和要求后,提出了绿色低碳循环发展经济体系的概念。党的十八大报告中,对经济体系的转变作了更加科学的表述,即"形成节约资源和保护环境的空间格局、产业结构、生产方式和生活方式"。通过引入合理的空间格局,将对经济体系转变的要求从三个维度拓展为四个维度,同时将增长方式和消费模式更准确地表述为生产方式和生活方式。进一步,党的十八大明确推进经济体系向上述要求转变的主要路径是"绿色发展、循环发展、低碳发展"。由此可见,绿色低碳循环发展的经济体系这一概念的主要内涵在党的十八大已经基本得到确立,且呼之欲出。党的十八大召开两年后,在2014年中央经济工作会议上,习近平总书记在此次会议上强调要"推动形成绿色低碳循环发展新方式",这标志着绿色低碳循环发展已经成为习近平新时代中国特色社会主义经济思想和习近平生态文明思想的一个新概念。因而,到2017年党的十九大召开时,绿色低碳循环发展经济体系的提出,可谓水到渠成。党的十九届四中全会做出的《中共中央关于坚持和完善中国特色社会主义制度推进国家治理体系和治理能力现代化若干重大问题的决定》，重申了绿色低碳循环发展对坚持和完善生态文明制度体系的重要意义。党的十九届五中全会通过的《中共中央关于制定国民经济和社会发展第十四个五年规划和二〇三五年远景目标的建议》再次强调要加快推动绿色低碳发展。

表0.2　历次党的全国代表大会报告中与绿色低碳循环发展的经济体系相关的阐述

历史节点	与绿色低碳循环发展的经济体系相关的阐述
党的十三大	"在推进经济建设的同时……加强生态环境的保护，把经济效益、社会效益和环境效益很好地结合起来。"
党的十四大	"要增强全民族的环境意识，保护和合理利用土地、矿藏、森林、水等自然资源，努力改善生态环境。"
党的十五大	"转变经济增长方式，改变高投入、低产出，高消耗、低效益的状况。""正确处理经济发展同人口、资源、环境的关系……改善生态环境。"
党的十六大	"走出一条科技含量高、经济效益好、资源消耗低、环境污染少、人力资源优势得到充分发挥的新型工业化路子。"
党的十七大	"建设生态文明，基本形成节约能源资源和保护生态环境的产业结构、增长方式、消费模式。循环经济形成较大规模……生态环境质量明显改善。"
党的十八大	"着力推进绿色发展、循环发展、低碳发展，形成节约资源和保护环境的空间格局、产业结构、生产方式和生活方式，从源头上扭转生态环境恶化趋势。"
2014年中央经济工作会议	习近平总书记指出，"从资源环境约束看，过去能源资源和生态环境空间相对较大，现在环境承载能力已经达到或接近上限，必须顺应人民群众对良好生态环境的期待，推动形成绿色低碳循环发展新方式。"
党的十九大	"建立健全绿色低碳循环发展的经济体系。"
党的十九届四中全会	"完善绿色生产和消费的法律制度和政策导向，发展绿色金融，推进市场导向的绿色技术创新，更加自觉地推动绿色循环低碳发展。"
党的十九届五中全会	"要加快推动绿色低碳发展，持续改善环境质量，提升生态系统质量和稳定性，全面提高资源利用效率。"

资料来源：笔者整理。

(二) 有利于解决新时代社会主要矛盾

绿色低碳循环发展经济体系的提出反映了党中央对我国经济社会中主要矛盾的准确把握和科学应对，如图0.1所示。1981年党的十一届六中全会提出，"社会主义初级阶段的主要矛盾是人们日益增长的物质文化需要与落后的社会生产之间的矛盾。"为解决这一矛盾，集中力量发展生产力成为此后相当长时期内我国建设中国特色社会主义的根本任务，具体就是大力进行经济建设。虽然从党的十三大报告开始提及生态环境保护问题，但生态环境保护只是作为经济发展战略的一部分被提出，更确切地说是作为经济建设的一个要求或约束条件加以提出，对生态环境保护的具体目标、内容和路径并未展开论述。即便党的十七大提出了生态文明概念，也仍然只是将生态文明作为经济发展的一个重要要求加以看待和论述。直到党的十八大明确将生态文明建设与经济、政治、社会和文化建设一并纳入中国特色社会主义建设"五位一体"总体布局，生态文明建设才得以成为与经济建设相提并论的、不可或缺的中国特色社会主义建设任务。长期以经济建设为中心的发展战略十分有力地促进了我国经济建设，但也产

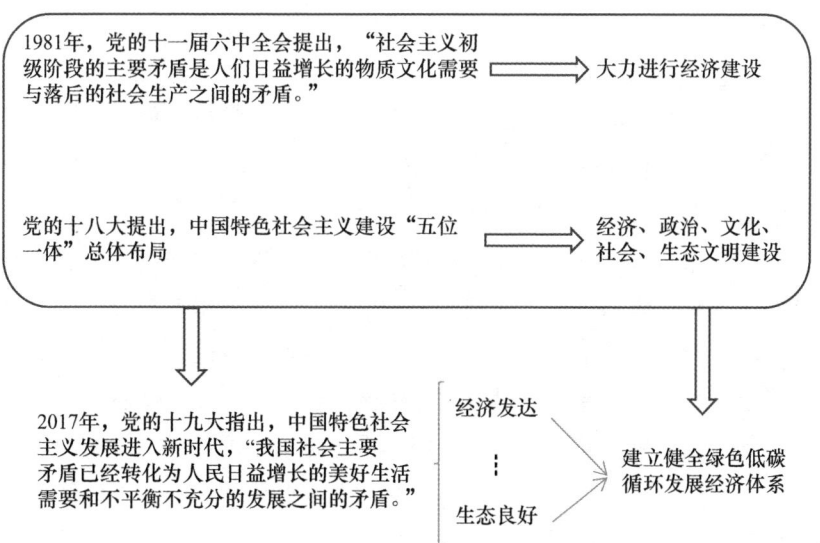

图0.1　绿色低碳循环发展经济体系顺应了社会主要矛盾变化

生了一系列新的问题，如收入分配不平衡、区域发展不平衡、生态环境破坏，等等。因此，2017年党的十九大指出，中国特色社会主义发展进入新时代，"我国社会主要矛盾已经转化为人民日益增长的美好生活需要和不平衡不充分的发展之间的矛盾"。美好生态环境也早已成为人民美好生活需要不可或缺的一部分。作为生态文明建设和绿色发展的核心内容之一，绿色低碳循环发展经济体系的提出，既是为了化解人民对美好生态环境的需求与生态文明建设和绿色发展不充分之间的矛盾，也是为了化解人民对高质量物质生活的需求与经济建设不充分之间的矛盾。

（三）是生态文明建设和高质量发展的必由之路

建立健全绿色低碳循环发展的经济体系是党的十九大提出的重大发展任务，是落实绿色发展理念、促进生态文明建设的必由之路。在过去的几十年中，我国经济高速增长，经济体量已经跻身世界第二，但随之而来的则是生态环境形势也日益严峻，生态环境质量一直难以改善。环境污染不仅破坏了我国居民的生产、生活环境，也成为威胁人民生命健康的一头"灰犀牛"。鉴于上述形势，党的十八大将生态文明建设与经济、政治、社会、文化建设并列，上升为中国特色社会主义建设"五位一体"总布局的基本组成部分之一。此后不久，党中央又将绿色发展上升为长期内指导我国发展的五大理念之一。

无论是绿色发展还是生态文明建设，根本目的都是要化解经济发展与生态环境质量改善之间的诸多矛盾，而其中的主要矛盾无疑是经济发展与污染防治。因此，污染防治与防范化解重大风险、精准脱贫一并成为当前我国的三大攻坚战和全面实现小康社会的内在要求。进一步，经济发展与污染防治这对矛盾的主要方面则应是经济发展，因为粗放型的经济发展是污染物不断产生的根本原因。追本溯源，经济发展方式之所以粗放，则是因为我国还没有建立起一个健全的绿色低碳循环发展经济体系。

建立健全绿色低碳循环发展经济体系也是构建现代经济体系的应有之义和必由之路。现代经济体系必然是绿色低碳循环发展的经济体系。在以供给侧结构性改革为主线，不断优化经济结构、转换增长动力以建立现代经济体系和推动高质量发展的过程中，制造业将在绿色低碳以及中高端消费、创新引领、共享经济、现代供应链、人力资本服务等领域培育新增长点、形成新动能，传统产业要实现优化升级，现代服务业也将瞄准国际高

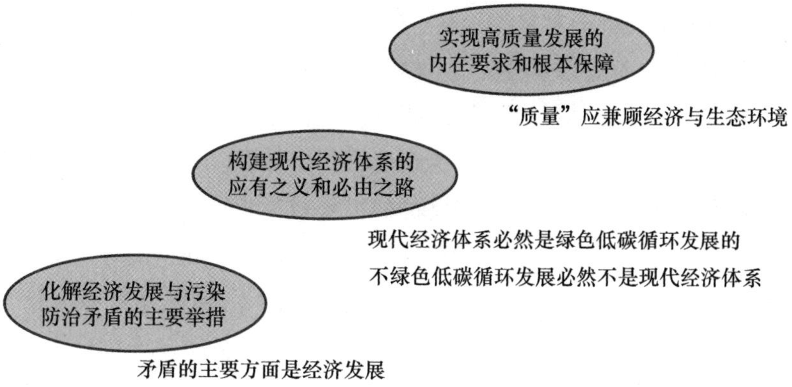

```
         实现高质量发展的
          内在要求和根本保障
                         "质量"应兼顾经济与生态环境
    构建现代经济体系的
     应有之义和必由之路
                  现代经济体系必然是绿色低碳循环发展的
                  不绿色低碳循环发展必然不是现代经济体系
化解经济发展与污染
 防治矛盾的主要举措
          矛盾的主要方面是经济发展
```

图 0.2 绿色低碳循环发展经济体系与生态文明建设和高质量发展关系图示

标准蓬勃发展。这样一来，那些以物质投入为主要发展动力、以生态环境破坏为代价的工艺、技术及相关企业和行业也将逐渐被淘汰，整个国民经济体系无疑也将逐渐转变为一个绿色低碳循环发展的经济体系。反过来，如果一个经济体系不具备绿色低碳循环发展的特征，很难想象那是一个现代经济体系。也很难想象一个不遵从绿色低碳循环发展理念来建设的经济体系会成为现代经济体系。

健全的绿色低碳循环发展经济体系还是高质量发展的内在要求和根本保障。高质量发展必须坚持质量第一、效益优先。这里的"质量"不仅包含经济维度的质量（如产品和服务质量），也应包含生态环境质量。同样，"效益"不仅包含经济效益（如投入产出比不断上升），也应包含生态环境效益（如单位生产总值的污染排放或资源消耗不断下降）。也就是说，高质量发展要求经济发展质量和效益的不断改善，也要求生态环境质量和效益的不断提升。如前所述，健全的绿色低碳循环发展经济体系则是经济发展和生态环境双重维度上质量和效益不断改善的根本保障。

三 以往研究简要回顾

虽然绿色低碳循环发展经济体系是一个新概念，但近年来已有大量研究就绿色低碳循环发展经济体系的某一方面进行了深入探讨。绿色经济作为一种发展理念或发展策略已有较长历史并被联合国里约 20 周年世界峰会所大力倡导（诸大建，2012），相关研究也很充分。例如，诸大建

(2012)对绿色经济的背景、效益、研究模型等做了系统梳理。杨平宇和刘昊(2019)认为可以从生产、分配、交换和消费四个环节入手,构建实体、金融、科技、人才相协同的绿色产业体系和政府、市场、社会公众多元联动的制度体系,从而建立绿色发展经济体系。在气候变化成为全球关注的环境问题后,关于低碳经济的研究也成为学界热点。已有研究不仅从学理上深入辨析了低碳经济的概念、内涵并建立了相应的评价指标体系(如潘家华等,2010;付加锋等,2010),还探讨、总结了低碳经济发展模式并提出了相关政策建议(如付允等,2008)。循环经济在中国的实践较早,相应的研究也起步较早且成果丰富,如解振华(2003)总结了中国在企业、工业园区、城市和省区三个层面的循环经济发展实践,并从政策法规、政府与市场的作用、产业结构调整、消费、国民经济核算制度、技术支撑六个方面提出了发展循环经济的建议。

不过,如前所述,绿色发展、低碳发展和循环发展三者之间并不等同,它们既有联系又有区别(翟淑君和苏振锋,2015;王植等,2020;张友国,2020)。无论是绿色发展经济体系、低碳经济还是循环经济体系,都只能代表绿色低碳循环发展经济体系的一个方面。因而最近一些研究围绕绿色低碳循环发展经济体系的科学内涵、意义、评价方法以及建设路径等问题展开了相应的讨论,大体可分为如下两大类。

一是对绿色低碳循环发展经济体系进行了一般意义上的思考和研究。从现有研究来看,学界倾向于认为绿色低碳循环发展经济体系不是绿色经济、低碳经济和循环经济的简单叠加,而是三者的交集,即同时具备三者的特征的经济体系(如张友国,2020)。绿色低碳循环发展经济体系的基本框架是现有研究的焦点问题,但相关学者并未就此达成一致。张友国等(2020)从发展动力、生产系统、生活系统、发展效益四个方面勾勒了绿色低碳循环发展经济体系的基本构成和特征。黄宝荣(2020)则将绿色低碳循环发展经济体系细分为绿色低碳循环发展的产业体系、绿色技术创新体系、绿色金融体系、绿色基础设施体系、绿色贸易体系和绿色消费体系六大子体系。关于如何建设绿色低碳循环发展经济体系的问题,现有研究(如成金华和易佳慧,2020;张友国,2020)也进行了简要讨论。值得一提的是,还有一些研究通过建立指标体系对中国各地区的绿色低碳循环发展经济体系建设水平(张友国等,2020)或绿色低碳循环发展水平

(赵慧卿和郭晨阳，2020）进行了定量评估。

二是围绕特定地区的绿色低碳循环发展经济体系建设问题展开研究。其中一部分针对国内特定地区的研究。例如，涂晓玲等（2017）通过对绿色低碳循环发展经济体系国内外建设经验总结、发展趋势的分析，从能源结构、产业结构、投资、消费和文化五个方面提出了江西的绿色低碳循环发展经济体系建设路径。又如，王植等（2020）以深圳市为例，讨论了绿色低碳循环发展经济体系存在的问题，并提出了相应的治理路径。此外，还有学者对国外的实践进行了研究，如王军和蔡莉（2017）将日本的绿色低碳循环商业发展经验总结为三条：其一，打造动静脉闭合循环的商业体系，其二，建立"官产学民"四位一体的驱动机制，其三，不断推进绿色低碳技术创新。

总的来看，现有研究对绿色低碳循环发展经济体系进行了有益的探讨，但目前的研究仍处于起步阶段，许多问题尚未达成一致。特别是关于如何建设绿色低碳循环发展经济体系的问题，目前的讨论还很不充分，亟待进一步研究，而这正是本书将要探讨的问题。

四　本书研究的目的及案例选择

当前，我国经济体系总体上离绿色低碳循环发展的标准还有不小的差距，存在不少短板，突出表现在：地区间、城乡间绿色低碳循环发展不平衡；绿色技术力量薄弱、创新能力不足，人才短缺严重；清洁生产水平不高，化石能源份额过重；产业结构转型升级滞后，节能环保、新能源等绿色制造业发展不充分和市场需求不足并存，绿色制造业体系尚未形成；生产系统和生活系统循环链接不充分、不通畅，资源综合利用效率亟待提高；体制机制创新不足，绿色金融还处于起步状态。同时，我国地域辽阔，地区间差异明显，各地区健全绿色低碳循环发展的经济体系应遵循当地情况，探索具有地方特色的路径和政策，避免一刀切决策。因此，就我国不同地区在绿色低碳循环发展方面存在的短板及其解决途径和体制机制展开调研，及时总结、提炼典型地区的经验和教训，对于我国健全绿色低碳循环发展的经济体系具有十分重要的意义。

本书的目的在于深入剖析若干典型地区绿色低碳循环发展实践中，针对不同问题所采取的政策措施；总结、提炼各地具有启发性的经验教训；

评估推进绿色低碳循环发展面临的困难和挑战，识别重点需要补齐的几个短板；从路径和体制机制方面，为我国健全绿色低碳循环发展的经济体系提供政策参考意见；同时为调研地区健全绿色低碳循环发展的经济体系提出思路和建议。

本书所选取的调研地点包括浙江省台州市、山东省威海市、贵州省六盘水市、四川省内江市，这些地方在构建绿色低碳循环发展经济体系方面具有各自的代表性。首先，这四个城市都是中小城市，而中国338个地级市中绝大多数也属于中小城市，因此选择这四个城市进行案例研究能够更好地为其他地区提供借鉴和参考。其次，这四个城市代表了当前的几种典型绿色低碳循环发展经济体系建设模式。其中台州市、六盘水市和内江市代表了以循环经济为主导的绿色低碳循环发展经济体系建设模式，威海市代表了以绿色经济为主导的建设模式。再次，这四个城市具有地区代表性，分别代表了沿海和内陆两大地区的城市，也代表了不同经济发展水平的城市。其中，台州市和威海市属于沿海发达地区城市，且台州市可代表南方地区的沿海城市，威海市可代表北方地区的沿海城市。六盘水市和内江市则代表了内陆地区城市，也属于经济发展水平相对滞后城市。最后，这四个城市代表了不同的生态环境质量水平的城市。以可吸入细颗粒物年平均浓度为例，根据《中国城市统计年鉴2019》的数据，2018年台州市、威海市、内江市的上述指标值分别为28微克/立方米、28微克/立方米、32微克/立方米，都达到了二级空气质量标准，六盘水市的上述指标为38微克/立方米，没有达到二级空气质量标准。再以建成区绿地覆盖率为例，根据国家统计局网站数据，2018年台州市、威海市建成区绿地覆盖率分别达到44.01%、45.77%，超过了全国平均水平（41.1%），而六盘水市、内江市的建成区绿地覆盖率分别只有37.85%、36.49%，未达到全国平均水平。具体来看，这四个调研城市还具有如下独特性和代表性。

台州市反映了民营经济活跃地区和制造业发达地区的绿色低碳循环发展经济体系路径。该市地处浙江省沿海中部，东濒东海，是长三角城市群16个城市之一，国家新型城镇化综合试点地区，更是21世纪海上丝绸之路的重要节点城市。2013年台州市被评为中国科技进步先进市，被列入浙江省首批创新型试点城市。台州市是中国民营经济的重要发祥地，股份制的发源地，其民营经济发达，民间投资占固定资产投资比重超过六成。近年来，台州市坚持走绿色发展之路，优先解决人民群众感受最深的大气、水、土壤等污染和突出的生态破坏问题，掀起一场"环境革命"风暴，已成功创成国家园林城市、国家森林城市、国家卫生城市、国家环保模范城市。同时，台州市经济保持平稳较快增长，转型升级取得明显成效，信息、环保、旅游、高端装备制造等产业取得长足发展，特色小镇和台州湾循环经济产业集聚区建设加快推进，成为台州市再创发展新优势的重要载体，互联网经济也呈现从"消费型互联网"向"生产型互联网"的转变，依托"互联网+"推动智能制造已成普遍共识。2016年，台州市提出建设独具魅力"山海水城、和合圣地、制造之都"的战略目标，将继续推进供给侧结构性改革、经济体系转型升级，加快新旧动力转换，为全市城乡一体化建设、促进解决美好生活与不平衡发展的矛盾上一个台阶。同时，台州市将继续强化环境综合整治、加大执法监管力度，为实现美好蓝图做出贡献。

威海市是著名的绿色生态城市，代表了这类城市的绿色低碳循环发展经济体系路径。威海市从建市初期就坚持"环保优先""一张蓝图绘到底"，在建设中保护，在保护中发展，坚决不走先污染后治理的老路；是中国第一个"国家卫生城市"、第一个"国家环境保护模范城市"群、第一批"国家园林城市"，两次被评为"迪拜全球改善人居环境最佳范例城市"，荣获联合国"人居奖"；在山东省17市中唯一获得"省级生态市"命名。2016年，威海市以城镇环境类第一名的成绩，荣获了环保领域最高社会奖项——"中华环境奖"。近几年，威海市全面落实"中国制造2025"战略，实施产业集群发展战略，传统产业稳步提升，新兴产业贡献逐年加大，医疗器械与生物医药产业园、碳纤维产业园、电子信息与智能制造产业园、海洋高新技术产业园、服务贸易产业园等高端产业园区呈现强劲发展势头，具有较强竞争力的特色产业体系日趋完善。威海市不断优化能源结构，加快推进核电、光伏发电、水电等绿色能源项目建设，构建清洁、高效、安全、可持续的现代能源体系。而且，威海市大力加强循环经济园区试点建设，大力推进清洁生产审核，3个经济技术开发区和14家企业被确定为省级循环经济试点园区、试点企业，216家企业通过省环保厅组织的清洁生产审核验收。

六盘水市是国家能源原材料工业基地，代表了资源型城市的绿色低碳循环发展经济体系路径。六盘水市是国家西电东送的主要城市，西南乃至华南地区重要的能源原材料工业基地，国家循环经济示范试点城市。六盘水市曾"一煤独大"，产业结构单一。为淘汰一批高污染行业和落后产能，六盘水市忍着损失上亿元的工业产值、减少上千万元税收的"阵痛"，先后淘汰关停了一大批落后产能。同时，六盘水市以提高资源转化率为主攻方向，建立产业转型准入机制，构建新型工业化推进机制，抢占产业链的末端和价值链的高端；以"大旅游、大数据、大健康"产业为引领，推动当地三产结构调整、优化升级；走出了新型工业化和发展循环经济产业的新路子。目前，煤炭资源就地转化率达到80%，煤矿机械化开采率达到69%，煤层气综合利用率达到43%。大数据、大健康、新型建筑建材等新兴产业发展风生水起，产值达到263亿元。2016年，六盘水市在建旅游项目340余个，梅花山、野玉海、黄果树瀑布源、娘娘山、乌蒙大草原等重大项目建设加快推进，成功推出了一批滑雪运动、低空飞行、康体养生、避暑度假、自驾露营、研学科考等现代山地旅游新业态。经过多年的生态修复，六盘水市森林覆盖率从20世纪90年代初的7.55%增至2020年的61.51%，获得全国"十佳绿色环保标志城市""国家农业科技园区""全国生态原产地产品保护示范城市"等一系列光荣称号。

内江市则代表了老工业基地的绿色低碳循环发展经济体系路径。内江市位于四川省东南部，是成渝经济区的中心城市，全国首批七个国家城市矿产示范基地之一，国家商品粮生产基地。作为四川的老工业基地，又是成都、重庆支柱产业的配套基地和副食品供应基地，2016年内江市把"着力推进绿色发展，建设美丽四川先行区"作为全市未来五年"六大任务"之一进行重点安排部署。一方面，紧紧抓住老工业基地调整改造等重大机遇，大力建设老工业基地转型升级示范区，积极发展页岩气、信息安全、节能环保装备等高端成长型产业和战略性新兴产业，打造绿色经济增长点；充分利用"一带一轴一区"重要交汇点的区位优势和产业基础扎实的优势，大力建设成渝经济区绿色优质农产品基地、现代服务业集聚发展示范区，打造成渝特大城市功能配套服务中心；充分利用文化底蕴深厚和科教、文化优势，大力发展文化创意产业和旅游业，努力实现从卖资源、卖原料到"卖风景""卖服务"的华丽转身。另一方面，内江市坚决实施工农业生产方式的绿色转型，实行最严格的节约集约用地制度和水资源管理制度，加强重点领域节能减排，落实全民节能、节水、节地、节材、节矿，全面提高资源利用效率。先后出台了《推进绿色发展建设美丽内江的实施方案》《内江市节能环保产业发展规划（2015—2020年）》等一系列绿色低碳循环发展方案。

本书前言和结语由张友国撰写，第一章由张友国、陈金晓撰写，第二章由韦结余、张友国撰写，第三章由朱承亮撰写，第四章由李玉红撰写；附录由张友国、窦若愚、白羽洁撰写；窦若愚、白羽洁、于宪荣参与了课题调研和资料整理工作。在调研过程中，课题组通过对地方政府及相关研究机构、社区、代表性企业、行业协会、个人进行实地考察和访谈，获取所需要的相关资料；同时通过收集相关政策文献梳理把握相关调研地区健全绿色低碳循环发展经济体系的总体战略路径，并与上述访谈法相结合有针对性地考察相关政策的实施状况。各地政府部门、相关科研机构、社区、企事业单位对课题组的调研给予了大力支持，特此致谢！

第 一 章

台州市：制造之都的绿色低碳循环发展经济体系建设路径[①]

第一节 台州市绿色低碳循环发展总体状况

一 经济社会发展概况

台州市是浙江省省辖地级市，地处浙江省中部沿海，东濒东海，是长三角城市群16个城市之一，国家新型城镇化综合试点地区，更是21世纪海上丝绸之路的重要节点城市。2013年台州市被评为中国科技进步先进市，被列入浙江省首批创新型试点城市。台州市是中国民营经济的重要发祥地，股份制的发源地，其民营经济发达，民间投资占固定资产投资比重超过六成。台州市也是国家级小微金融改革试点城市，是全国唯一拥有3家城商行的地级市。"十二五"时期，面对复杂多变的宏观环境，台州市围绕建设"山海秀丽、富裕和谐"的总目标，着力稳增长、促转型、抓改革、惠民生，实现了经济社会平稳较好发展。

综合经济实力跨上新台阶。截至"十二五"期末，台州市生产总值达3558.13亿元，年均增长7.5%，人均生产总值达59570元，年均增长6.9%，实现从高速向中高速的平稳过渡；社会消费品零售总额1826.68亿元，年均增长13.7%；进出口总额211.66亿美元，年均增长4.5%；固定资产投资五年累计7520.20亿元，年均增长20.2%。

产业转型升级取得新突破。形成"三二一"产业结构，第三产业增

[①] 本部分执笔：张友国、陈金晓。

加值占地区生产总值比重提高到49.3%。现代服务业加快发展,成功创建国家电子商务示范城市,天台山、神仙居成功创建国家5A级景区。信息、环保、旅游、高端装备制造等产业取得长足发展,特色小镇和台州湾循环经济产业集聚区建设加快推进,成为台州市再创发展新优势的重要载体。36家上市企业成为引领转型的龙头,六大产业集群入选省级产业集群示范区试点。战略性新兴产业增加值占规模以上工业增加值的比重达29.2%,成功创建"全国质量强市示范城市",多次获"全国科技进步先进市"称号。互联网经济也呈现从"消费型互联网"向"生产型互联网"的转变,依托"互联网+"推动智能制造已成普遍共识。农业"两区"建设加快推进,建成粮食生产功能区59.53万亩,省级现代农业园区136个,温岭、三门成功创建国家现代农业示范区。

城乡统筹发展展现新面貌。中心城区建成区面积达到139.8平方千米,建成市科技馆、规划展示馆和博物馆。成功创建国家新型城镇化综合试点城市。三区融合不断推进,中心城市经济首位度上升到1.55,实现市区公交、交警一体化,获评全国文明城市提名城市。县级中心城市加快建设。中心镇和小城市培育稳步推进,杜桥、泽国、楚门、金清被列入省级小城市试点。新农村建设扎实推进,建成75个省级宜居示范村,3个村镇入选"中国最美村镇"。成功申报3个省级特色小镇。

海洋经济发展实现新跃升。沿海开发大平台规模效应逐步显现,台州湾循环经济产业集聚区核心区块基本成型,三大海洋特色产业基地加快建设,海洋经济增加值比重逐步提高。港口开发取得新突破,启动融入全省"五港一体"建设,头门港一期实现开港运营,大麦屿港升格国家一类口岸。全市港口吞吐量达到6236.8万吨。海岛开发与保护有序开展,玉环被列为省级海岛统筹发展示范区,大陈被列为省级海洋开发与保护示范岛。

改革开放工作开创新局面。各领域改革全面推进,获批各类国家级改革试点34项、省级改革试点62项。小微企业金融服务改革创新试验区获国务院批复,成功创建国家民间投资创新综合改革试点,仙居成为全省首个县域绿色化发展改革试点。区域合作和山海协作不断深化。浙台(玉环)经贸合作区不断提升,进出口企业诚信体系建设经验多次全国推广。累计实际利用外资和对外投资分别达14.12亿美元和4.33亿美元。

生态文明建设取得新成效。近年来，台州市坚持走绿色发展之路，优先解决人民群众感受最深的大气、水、土壤等污染和突出的生态破坏问题，已成功创建国家园林城市、国家卫生城市、国家环保模范城市、全国绿化模范城市、国家森林城市，实现省级以上生态市（县）、森林城市全覆盖。创建国家循环经济示范城市，台州化学原料药园区（临海区块）、台州金属资源再生产业基地分别被列入国家园区循环化改造示范试点和"城市矿产"。节能减排全面完成上级下达任务，率先完成温室气体清单报告编制和评审。强力推进"三改一拆""五水共治""四边三化"和高污染燃料禁燃区建设等，获省首批"大禹鼎"。重点行业整治取得突破，主城区基本消除化工恶臭，空气质量居全国前列。

2016年，台州市提出建设独具魅力"山海水城、和合圣地、制造之都"的战略目标，将继续推进供给侧结构性改革、经济体系转型升级，加快新旧动力转换，加快生态文明建设，提升发展质量和效益，为健全绿色低碳循环发展经济体系，建设现代化经济体系做出新的贡献。

二 经济体系的绿色低碳循环发展特征日益突出

台州市的能耗指标一直处于省内甚至国内领先水平，节能潜力小，通过创建国家新能源示范城市，有效促进全市节能减排目标顺利完成。台州市入围全国第一批创建新能源示范城市，重点发展可再生能源电力。在循环经济产业集聚区建设与工业厂房、公共建筑等一体化的建筑光伏发电系统；建立以沿海高山、滩涂围垦区、近海岛屿等陆上风电场为核心，近海海上风电场为补充的风电开发格局；积极推动生物质垃圾焚烧发电和小水电开发利用。台州市创建新能源示范城市以促进城市可持续发展为目标，结合新型城镇化建设，遵循新城镇、新能源、新生活的发展理念，确立可再生能源优先发展战略，充分利用当地可再生能源资源，积极推动各类新能源和可再生能源技术在城市区域供电、供热、供气、交通和建筑中的应用，显著提高城市可再生能源消费比重。

随着清洁生产机制全面推行，"十二五"期间台州市加大对重点耗能、耗水企业的清洁生产审核力度，审核范围从工业企业拓展到全社会领域，完成企业清洁生产审核405家，污染减排水平明显提升，主要污染物减排达到省下达指标要求和任务。

"十二五"期间,台州市以节俭养德全民节约行动为引领,全面推动绿色低碳出行、推广绿色建筑、健全社会层面资源循环利用体系等,基本形成绿色、低碳、循环的消费模式。绿色出行条件大为改善,绿色出行比例达到12%,公共交通工具中新能源汽车比例达到35%。绿色建筑全面推广,新建建筑实行建筑节能标准达100%,城镇新建绿色建筑标准执行率60%,城市新型墙体材料的建筑应用比例82%,82个项目被列为省级建筑节能示范工程,11个项目获得绿色建筑评价标识。

三 形成了国内领先的循环发展经济体系

"十二五"期间,台州市发挥自身产业优势,全市以台州湾循环经济产业集聚区为引领,推进各类国家级、省级循环经济示范试点建设,形成一批循环经济发展典型模式,循环型产业链进一步延伸和拓展,在全市范围内形成"点、线、面"结合的循环经济示范试点体系,为沿海城市发展循环经济做出新探索。

一是已经基本构建医药化工、再生资源(废旧金属、橡胶、塑料)、汽摩配、海洋经济等循环产业链和产业体系,形成台州化学原料药产业园区、台州金属资源再生产业基地等一批循环经济产业基地,特色鲜明的区域循环经济格局初步成型,推动块状经济向循环产业集群方向转型。通过建设台州金属资源再生产业国家"城市矿产"示范基地,促进了再生金属和再生塑料综合规模化、高值化利用。通过浙江省化学原料药基地临海区块国家循环化改造试点以及椒江区块省级循环化改造试点,推动医化产业转型升级,加快恶臭治理、改善了环境质量。

二是生态循环农业体系建设成效显著。台州市以沼气为纽带的生态循环模式和以秸秆为纽带的食用菌生产循环模式在全市范围内得到推广,全市共完成椒江东部省级生态循环农业等11个省级生态循环示范区创建,完成仙居和天台两个省级生态循环农业示范县创建。

随着循环发展产业格局的形成,台州市能源、水、土地等资源利用效率不断提升。2015年,全市能源产出率2.81万元/吨标煤,水资源产出率201元/吨,建设用地产出率3.07亿元/平方千米。再生资源回收体系基本建成,"城市矿产"示范基地顺利推进,工业废弃物、农业废弃物和生活垃圾的"减量化、资源化、无害化"水平不断提高。2015年,工业固体废物利用率为95%，秸秆综合利用率为87.02%，城区推进生活垃圾分类收集的小区比例达到50%，主要再生资源回收率为86%，再生资源利用水平达到国内先进水平。节水型社会建设成效明显，全市水资源产出率提高到201元/吨。

台州市循环经济体制机制创新也取得显著成效。台州市在全省乃至全国率先建立绿色化发展评价指标体系，设立"绿色经济""红线管控""绿色生活和制度"三个方面共28个指标，为全市绿色化发展评价、考核提供了科学依据。先后出台了《台州市人民政府关于加快循环经济发展的若干意见》《台州市创建循环经济示范城市实施方案》等相关文件，为全市循环经济发展提供了很好的政策环境。2015年，台州市在国家循环经济统计试点工作基础上，探索开展市级层面物质流分析和资源产出率统计方法研究，为全国开展市级资源产出率统计做出示范试点。

专栏1.1　台州市国家级循环经济示范试点建设情况

国家循环经济示范城市。台州市于2016年被确定为第二批国家循环经济示范城市。以台州市湾循环经济产业集聚区为载体，进一步丰富、创新台州市循环经济发展模式，积极推进实施台州市循环经济"155行动计划"，探索建设全国海洋循环经济示范区、积极推广医化行业循环化改造模式、全面打造动静脉产业大循环的典范。创建期间，实施重点支撑类和一般支撑类项目44项，总投资约269亿元。

台州市金属资源再生产业基地。2013年，台州市金属资源再生产业基地被列为第四批国家"城市矿产"示范基地。基地全面建成后，将形成年综合拆解能力500万吨，具有再生金属回收、拆解、利用、精深加工及配套的物流、研发、教育、培训和旅游等综合功能的资源循环利用产业综合体，成为国内再生金属利用规模最大、资源利用效率最高、拆解和加工利用水平领先的国家"城市矿产"示范基地之一。创建期间，实施重点项目31项，总投资约21.7亿元。

台州市化学原料药产业园区。台州市化学原料药产业园区于2012年被列为首批国家循环化改造试点园区。台州化学原料药产业园区致力于打造"绿色药都",通过构建企业内外部循环型产业链、环境综合整治、公共服务平台建设等措施,加强园区企业间的分工协作,为传统化学原料药产业集聚区转型升级提供了良好借鉴和示范。创建期间,实施重点项目29项,总投资24亿元。

第二节 推进经济体系绿色低碳循环发展的主要做法

一 成立专门的领导机构推动战略实施

台州市于2005年成立了市发展循环经济建设节约型社会工作领导小组,领导小组由市委书记、市长分别担任组长和常务副组长,围绕实现经济增长方式的根本性转变,以节能降耗、发展循环经济为工作重点,推动增长方式和消费模式的转变。2014年,经市政府研究,决定在台州市发展循环经济建设节约型社会工作领导小组的领导下,建立台州市创建省级循环经济示范城市领导小组,领导小组由市长和常务副市长担任组长和副组长,完善循环经济领导机构以及分工协作的工作机制,切实加强对创建省级循环经济示范城市工作的领导,进一步明确任务,分解落实责任,加强对创建工作的组织协调和指导推动,及时协调解决有关问题,确保创建各项工作落到实处。

市创建循环经济示范城市领导小组下设办公室,具体研究制订循环经济发展的实施方案及推进计划,协调解决循环经济发展中遇到的新情况和新问题,督促协调各区、各部门规范有序地推进循环经济工作。将部分创建工作纳入"生态市创建""市海洋经济及集聚区发展"的考核平台,以促进创建工作强力推进。

成立市创建循环经济示范城市协调小组,创建所涉及的各个部门,按照责任分工,履行各自职责。市政府牵头,逐步开展资源产出率统计工作。市发改委、市财政局牵头负责管好用好专项资金,支持循环经济及有关产业发展,落实促进循环经济发展的各项税收政策。建立各单位联络机制,各相关部门、各区各司其职,于每年12月中旬,将本年度工作进展情况及下一年工作计划,报送市创建循环经济示范城市领导小组办公室。

专栏1.2　餐厨垃圾管理领导小组扎实推进餐厨废弃物资源化利用工作

　　台州市成立了由分管市长任组长的餐厨垃圾管理领导小组，并制定了台州市区餐厨垃圾管理办法（征求意见稿），明确了餐厨垃圾收运体系、工程技术方案、管理机制等重点内容，明确了相关部门工作职责。餐厨废弃物资源化利用收运体系采用收运一体化模式，按照PPP或BOT模式实行项目招标，实现市场化运作。项目选址台州市路桥区蓬街镇十塘沿海滩涂，共需土地约65亩（其中一期约43亩）。项目选择厌氧消化和制肥工艺作为本项目的主体工艺，规模处理餐厨废弃物150吨/日，集中处理椒江区（含台州市经济开发区）、黄岩区、路桥区的餐厨废弃物，工程投资概算1.09亿元，项目正在顺利推进中。

二　以科学的规划引领发展

　　台州市非常重视规划对循环经济发展的引领作用。市"十二五"规划纲要明确要求大力发展循环经济，并编制了"十二五"循环经济发展规划、"十二五"减排规划、"十二五"节能降耗目标分解方案、"十二五"资源综合利用规划、节水型社会建设规划、建筑节能发展规划等专项规划，为全市循环经济发展指明了方向。近年来通过以实施发展循环经济"155行动计划"（即"构建一个大平台、建设五大循环经济示范基地、壮大五条主导循环产业链"）为重要抓手，强化循环经济顶层设计，在一二三产业各领域发展循环经济，初步实现了循环经济在生产、流通、消费、回收各环节和企业、园区、社会各层面的全面发展，逐步开创了有台州特色的循环经济发展道路。

　　《台州市循环经济发展"十二五"规划》已得到顺利实施。一是初步构建一个大平台、五大循环经济示范基地、五条主导循环产业链为主要内容的发展循环经济"155行动计划"，实现循环经济在生产、流通、消费、回收各环节和企业、园区、社会各层面的全面发展。二是积极推进企业清洁生产的深化、特色优势产业的改造提升及现有工业园区的循环化改造，推动单向流动的传统模式升级为循环经济模式。三是在遵循市场经济规律和发挥市场配置资源的前提下,通过政府宣传引导,推动企业自觉按循环经济理念改造提升产业,引导公众参与和舆论监督,倡导绿色消费。

台州市还先后组织编制、实施了《台州市风力发电利用循环经济试点基地规划》《台州市清洁能源发展"十二五"规划》《台州市工业循环经济发展规划》《台州市循环经济行动计划(2011—2015年)》等具体专项规划。这些专项规划为台州市发展循环经济构建了良好的规划体系;逐一分解落实部门责任分工和工作任务,明确具体工作要求;将太阳能利用、光电技术、环保、新材料、生物医药等先进循环经济产业体系确立为有效发展领域。

三 着力推进产业体系转型升级

积极实施创新驱动发展战略推进产业结构升级。台州市深入推进供给侧结构性改革和"放管服"改革,加速"一城一区一廊"三大创新平台建设,积极创建国家创新型试点城市。实施产业升级发展战略,推动产业发展迈向中高端,着力打造民营经济创新发展的"新台州模式"。大力推进智能制造,加快重大项目建设,积极推进汽车城项目和彩虹无人机、北航长鹰无人机项目建设,台州市国际无人机小镇已成功入围省级创建名单。同时,大力发展现代服务业,积极推进10个省级现代服务业集聚示范区和15个市级服务业集聚区建设。全市还创建了国家生态旅游示范区2个和省级生态旅游区6个。2017年,全市固定资产投资比2016年同期增长15.5%,居全省第一;规模以上工业增加值1007.62亿元,比2016年同期增长11.6%,居全省首位;全市实现生产总值4388.22亿元,三次产业结构比为6.1∶44.2∶49.7,产业结构日趋合理。

以节能减排为抓手深化供给侧结构性改革。进一步淘汰落后产能,完成3个行业14家企业落后产能淘汰任务,淘汰电镀43万升、铸造0.7万吨、烧结砖8亿块标砖,节能8万吨标煤。深入开展"低小散"整治,继续开展以"四无"生产经营单位为主体的低小散整治提升行动,改造提升低小散企业(作坊)4054家,提前并超额完成省对市考核任务。严格实施固定资产投资项目节能评估和审查制度,暂停审批八大高耗能行业项目,鼓励新上能耗低于当地实际水平的项目。继续加大对重点耗能、耗水企业的清洁生产审核力度,审核范围从工业企业拓展到全社会领域,全市88家企业通过省级清洁生产审核验收。制定2017年度重大减排工程项目清单，实施完成1124个重点减排项目。同时，积极推进低碳发展，设立市应对气候变化和低碳发展合作中心，落实有关人员和相关经费。

扎实推进重点行业污染整治工作。以改善环境质量为目标，严格按照"培育一批示范企业、集聚一批小散企业、消减一批危重企业"原则和重点行业整治提升标准，深入推进重污染高耗能行业整治提升。集中培育5家环保领跑示范企业，完成15个工业集聚区污水"零直排"整治方案编制和6个工业集聚区的全面整治任务。全面开展涉水特色行业污染整治，加大对水环境影响较大的落后企业、加工点、作坊的专项整治力度，完成非电镀金属表面处理（电镀除外）、砂洗、废塑料、农副食品加工、水产冷冻、眼镜等涉水行业的企业排查工作和127家涉水特色行业污染整治工作。同时，全面实施矿山粉尘防治管理制度，完成49家矿山企业粉尘治理任务。

大力发展循环经济，不断改善资源利用效率。深入实施《台州市循环经济发展"十三五"规划》，继续推进国家级循环经济示范试点建设，实施园区循环化改造，加快推进国家级、省级园区循环化改造示范试点和省级餐厨垃圾资源化综合利用和无害化处置试点建设。大力发展生态循环农业，推进生态农业制度机制创新，成功创建天台、临海、仙居三个秸秆全量示范利用点。

四　加大生态环境治理力度

（一）全面落实污染防治行动

大力推进"五水共治"行动。制订出台《台州市劣Ⅴ类水剿灭战实施方案暨2017年度劣Ⅴ类水质断面削减实施计划》及《台州市治污水暨水污染防治行动2017年实施方案》，强势打响剿灭劣Ⅴ类水收官战，完成3个省控、6个市控和6个县控断面的"消劣"任务，完成整治24882个小微水体和13844个排污口。全面落实"河长制"，进一步建立完善河长制配套机制。台州市编制的《河长治水锦囊》得到水利部充分肯定，并由中国水利水电出版社出版发行。完成清淤1300万立方米，雨污分流改造管网53.2千米，清淤排水管网1946.14千米，改造"一户一表"5713户。深化长潭水库全国良好湖泊生态环境保护试点工作，连续六年保持Ⅰ

类水质,确保县级以上集中式饮用水源地水质达标率连续6年保持在100%。列入考核的10个国家"水十条"考核断面全部达到考核要求。

大力推进"五气共治"行动。成立"五气共治"领导小组办公室,出台实施《台州市2017年"五气共治"实施方案》,围绕燃煤烟气、有机废气、车船尾气、施工扬尘和城乡烟尘五大废气治理,坚持源头治理、综合防治。加快推进燃煤锅炉清洁化改造,完成3个省统调电厂、6个热电联产企业超低排放改造以及25台10蒸吨/小时以上的锅炉废气清洁化改造。深化5个省级和29个市级重点区域有机废气整治,推进重点行业、重点企业和重点因子治理,重点落实医化行业装备水平提升和环保设施优化改造,完成整治1602家。推进老旧车淘汰任务,淘汰老旧车3324辆,位于全省前列。积极推进绿色工地和"阳光施工"创建,严格落实"七个100%"施工扬尘防控制度标准。2017年,台州市空气质量优良天数344天,优良率94.2%,城市环境空气质量居全省第三。PM2.5平均浓度33微克/立方米,台州城市空气质量首次达到国家二级标准,首次实现"双达标"。

大力推进"治土"先行区建设。全面推进国家土壤污染综合防治先行区试点,成立工作领导小组,签订土壤污染综合防治目标责任书,制定实施台州市土壤污染综合防治先行区建设实施情况考核办法(试行)》和《台州市土壤污染综合防治先行区建设2017年度计划》,建立健全土壤污染防治工作体系。召开全市重点行业企业用地土壤污染状况详查工作部署会,开展并完成八大重点行业1398家企业的初步排查,确定了756家企业、4个重点区域和3个重点乡镇为土壤环境质量详查布设重点点位。扎实推进三门县海游镇善岙蒋区块化工企业原址地块污染风险管控项目建设,完成省里下达的77处疑似污染场地排查任务。强化危险废物监管,完成7032吨危废"存量清零"工作,基本消除危废超期贮存的风险隐患。严格实施建设项目重金属污染物总量控制制度,落实5个重金属减排项目,减排总量达214.75千克。

(二)打造城乡一体化的生态宜居家园

深入推进美丽城镇建设。落实多规合一,规划统筹,高标准做好新一轮城市总体规划编制试点工作。以生态宜居为特色,打造山海相依、城水相宜、人水相亲的城市品质。深化大湾区、大花园、大通道战略谋划,深化"三区两市"协同发展、市区一体发展，打造生态环境优美的特色港湾都市。进一步完善城镇基础设施，完成建设污水配套管网468.9千米，污水厂提标改造14座，新增污水处理能力16.3万吨/日，新增中水处理能力27万吨/日。加强城镇生活垃圾收集处理，制定年度台州市城区生活垃圾分类工作实施方案、考核办法，有序推进生活垃圾分类试点。在椒江区葭沚街道水门村建成日处理规模15吨/天的餐厨垃圾生态化智慧处置示范园，被住建部确定为全国生活垃圾处理终端公众开放示范点。积极推进美丽公路建设，全市共投资15.22亿元，建设819千米美丽公路示范路，重点打造15个入城口，创建11个美丽公路示范乡镇（街道）。大力开展小城镇环境综合整治行动，出台切实有效的考核办法，实施季度督查、年终考核、综合评价的考核机制，定期开展督查和排名通报，全市111个乡镇（街道）规划全部按照省整治办要求完成评审和成果备案，居全省第一梯队。

深入推进美丽乡村建设。以农村生活污水和生活垃圾治理为重点，积极开展村庄人居环境提升行动。强势推进农村生活污水治理，启动实施3458个建制村农村生活污水治理，新增受益农户77951户，治理村数、新增受益农户数、受益农户完成率均居全省前列。有效推进农村生活垃圾减量化资源化无害化处理，全市各地已建成578座农村生活垃圾堆肥处理设施，辐射带动了4179个建制村启动实施生活垃圾分类减量处理，实现全市农村生活垃圾分类"三化"处理工作体系全面覆盖。2017年8月7日至8日，全省农村生活垃圾分类处理现场推进会在台州市三门县顺利召开。全面推进四美三宜美丽乡村建设，全市共建成5个省级美丽乡村创建先进县、22个市级美丽乡村先进乡镇和94个市级美丽乡村精品村。

深入推进"三改一拆"行动。以"无违建"创建为主线，统筹推进"治危拆违""四边三化"、城中村改造等各大专项行动。出台实施《台州市2017年"三改一拆"工作安排》，全市共拆除违法建筑4264.12万平方米，完成城中村拆迁改造拆迁户数49295户，拆除面积1168.98万平方米，旧住宅改造847.61万平方米，旧厂区改造591.6万平方米，超额完成年度任务。开展新一轮排查整治工作，完成省级重点问题点位287个，市级自查自纠问题点位784个。全面推进"蓝色屋面"整治工作，完成整治处数6513处，排查面积449.44万平方米，整治面积449.44万平方米。

加快推进生态文明建设示范创建工作,提升创建水平。扎实推进仙居县、临海市国家级、省级生态文明建设示范区创建工作。基本完成市、县、乡镇生态文明建设规划编制工作,建立了市、县、乡镇三级全覆盖的生态文明建设规划体系。积极推进绿色创建细胞工程,全市已创建国家级绿色学校5所、省级绿色学校147所,国家级绿色社区2个、省级绿色社区49个,省级绿色医院17家、省级绿色饭店41家、省级绿色家庭291户,省级生态文明教育基地20个。

(三) 全面构建生态安全屏障

实施森林台州行动。积极推进森林台州建设,加强绿化造林、森林资源保护和林业产业转型,成功创建"国家森林城市"。全市完成平原绿化扩面0.7346万亩、珍贵彩色森林20.98万亩、新植珍贵树280.1万株,造林更新2.175万亩、公益林优质林分面积330万亩、松材线虫病疫情防控25.18万亩。按时完成森林资源二类调查和林地变更调查任务。全面落实林区警长制,台州市共划出警务区49个,建立警务室19个,设立一级警长62名,二级和三级警长107名,实行"一区一警,双警联动"。积极推进仙居国家公园试点,加强仙居括苍山省级自然保护区规范化建设,完成省级自然保护区界线矢量化工作。

加快海洋生态保护建设。科学划定海洋生态红线区,实施分类指导、分区管理和分级保护。印发《台州市迎检国家海洋督察工作方案》,积极做好国家海洋督察各项工作。推进玉环市国家级海洋生态文明建设示范区建设,完成玉环市国家级海洋公园创建工作。组织实施《2017年台州市海洋环境监测工作计划》,开展了99个海水水质监测站位的季度监测、椒江入海污染物总量月度监测、全市8个重点入海排污口月度监测和海水增养殖区监测等,并发布海洋环境水质季度通报3期。积极推进碳汇渔业建设,完成碳汇渔业建设30万亩。成功申报浙江省台州市椒江大陈海域国家海洋牧场示范区,成为台州市首个国家海洋牧场示范区。加强船舶污染防治,在全国率先成立海上溢油应急中心和推出船舶污染物接收转运处置联单制度,组建全国第一个防治船舶污染海洋环境的江域联防体。

五　强化绿色低碳循环发展体制机制建设

近年来，台州市致力于以针对性政策引导、支持和规范循环经济发展，从机构建设、规划编制、政策出台、责任落实、资金保障等方面为加快循环经济发展提供了强有力的支撑。经过多年的努力，逐步形成了"政府—市场—社会"三方共同参与的循环经济发展长效机制。政府是循环经济示范城市建设的主导力量，在组织、财税、投资、价格、服务体系等方面设计制定保障政策、机制，为全市循环经济提供良好发展环境。市场是推动循环经济的主要动力，企业是发展循环经济的重要主体。社会是循环经济发展的载体，动员社会力量参与城市循环经济建设，组织形式多样的宣传活动，各级新闻单位、文广新局等部门和社会团体广泛宣传节约资源、发展循环经济的重要意义，宣传相关法规和方针政策，形成全社会的合力，共同推动循环经济的发展。

（一）不断完善支撑政策体系

发布系列指导意见，为具体政策的制定实施提供依据。为有效推进循环经济发展，台州市先后出台了《关于加快工业循环经济发展的若干意见》（台政发〔2005〕46号）、《关于全面推行清洁生产的实施意见》、《关于印发台州市主要污染物排污权交易办法（试行）的通知》（台政发〔2009〕48号）、《台州市"十二五"节能降耗综合性工作实施方案》（台节能办〔2012〕10号）、《关于贯彻落实浙江省人民政府在全省开展单位地区生产总值能耗和能源消费总量"双控"工作实施意见的通知》（台政办发〔2012〕112号）、《台州市人民政府关于加快循环经济发展的若干意见》（台政发〔2014〕46号）等相关政策，以及节水型社会建设、集约利用土地等政策意见，为发展循环经济搭建了良好的政策支撑体系。

大力实施财政扶持政策，加大生态环保投入。近年来，台州市全面贯彻落实国家和省相关扶持政策，不断加大政府扶持引导力度，以期形成稳定的生态环保财政投入增长机制。财政扶持以项目为抓手进行，重点支持配套国家、省级循环经济示范试点、产业园区循环化改造补链项目、再制造产业化示范、资源循环化利用技术装备产业化等项目。例如，《台州市2017年"大抓生态环保项目"行动方案》计划全年投入161.30亿元，实施"治水""治气""治土"、生态保护和环保能力建设五大方面157个重点项目。又如《转发市财政局市经信委市发改委关于台州市本级制造业转型升级专项资金管理办法的通知》（台政办发〔2010〕123号）明确，要对循环经济、节能降耗项目按企业实际投入额的一定比例给予补助，以鼓励不同经济成分和各类投资主体，以独资、合资、承包、租赁、拍卖、股份制、股份合作制等形式参与循环经济发展，推进循环经济发展的市场化、产业化进程。同时，台州市积极争取上级资金和政策支持。国家有关部委已经通过国家"城市矿产"示范基地专项支持资金向台州市金属资源再生产业基地共下拨1.5亿元中央财政资金，浙江省通过省级园区循环化改造示范园区向椒江医化园区共下拨1920万元省级财政资金，浙江省每年通过省级循环经济"991行动计划"项目向省级循环经济示范城市下拨循环经济专项资金。

落实税收优惠政策。国税、地税等税务部门进一步加大政策宣传力度，强化业务登记辅导，根据《资源综合利用企业所得税优惠目录》《环境保护专用设备企业所得税优惠目录》《节能节水专用设备企业所得税优惠目录》等的规定，落实国家、省、市各项促进循环经济发展的税收优惠政策。鼓励不同经济成分和各类投资主体，以独资、合资、承包、租赁、拍卖、股份制、股份合作制、BOT参与循环经济发展。

健全价格调节机制。制定《台州市固定资产投资项目节能评估和审查管理办法》，结合国家、省、市的产业结构调整目录和落后产能政策意见，重点淘汰高污染、高能耗的落后产能。加快推行差别电价、水价政策，通过能源资源消耗统计，对消耗超过现有国家和省级单位产品能耗限额标准的企业和产品，执行惩罚性电价、水价政策，倒逼淘汰、转型。加强工业用地亩产税收考核，出台相应的扶持和惩罚办法，提高土地的集约节约利用和亩产贡献水平。同时，建立并实行工业污水按有害污染物浓度多因子计收污水处理费的制度，推进差别化水价政策全覆盖。

出台有吸引力的人才政策，强化人才队伍建设。围绕循环经济示范市建设，引进循环经济人才工作作为"500精英计划"实施的重要着力点之一，突出"两高一新"融智，落实台州市人才、创新团队引进和人才培训相关政策，加强落实人才培育引进工程，重点引进国际国内行业领军人才和创业团队。以项目带团队、以团队促项目，经专家认定"符合台州重点发展产业引进入选的人才项目"，有资格享受"创业启动资金和科研经费资助在已有额度的基础上再增加30%"。加强对经济升级、循环经济发展紧缺急需的高技能人才的定向集中培训，每年选送一批企业创新型人才培训深造。制定"人才标准"对高层次人才、高技能人才给予居住、就学、生活等方面优惠便利。

此外，台州市还积极进行相关制度改革，为绿色低碳循环发展创造良好的制度环境。例如，为推进生态红线管控制度建设，台州市制订了全市的生态保护红线划定方案，已经市政府常务会议通过并报送省环保厅。又如，在环保审批制度改革方面，台州市出台实施《台州市全面推行"区域环评+环境标准"改革实施方案》，组织召开"区域环评+环境标准"改革座谈会和培训会，推进省级以上产业园区及省级特色小镇规划环评编制或修编工作，启动推进"规划环评+环境标准"清单式管理工作。完成14个省级以上产业园区及特色小镇规划环评审查工作。

（二）加强舆论宣传营造良好的发展氛围

加大宣传力度，引导全社会建立循环经济发展理念，努力营造节约资源的社会风尚，积极倡导循环型、节约型的生活方式和消费方式。通过社会听证、政策咨询会等方式，积极吸纳社会公众参与循环经济政策制定及政策评估过程。充分利用广播、电视、报刊、网络等新闻媒体广泛开展多层次、多形式的舆论宣传、科普教育，促进全民参与和全社会监督。深入中小学和居民社区，积极宣传绿色出行、适度消费、资源分类回收等。广泛深入企业开展宣传教育活动，引导落实《循环经济促进法》，积极倡导企业开展清洁生产。鼓励公众参与环境保护类社会组织、志愿者组织，积极开展相关社会服务。

积极引导公众参与。加大生态文明宣传教育力度，开展"6·5"世界环境日、"剿灭劣V类我们一起来"等一系列环境宣传教育活动，成立由环保专家、环保志愿者等组成的台州市生态文明宣讲团，深入企业、学校、社区、农村宣传五水共治、环保法、环保生活常识等知识，倡导绿色生活方式。在《台州日报》连续5年开设《环保在行动》专栏，开辟了"台州环境污染典型案例"系列报道。开设《环保行动进行时》《环保在线》等栏目，开展生态建设、环境整治、环保法律等内容宣传，加大环境污染违法行为的曝光力度。加强与国家、省级等媒体合作，借助媒体力量，拓宽宣传面。在市级及以上主流媒体刊播环保新闻1000余篇，在

《中国环境报》头版头条刊登2篇。2017年，台州市公众生态环境满意度分值为82.14，位列全省第二位。

（三）建立严格的考核制度促进责任落实

制定创建工作考核机制，将创建工作纳入绩效考核，确保责任落实。按照该创建方案、任务分解以及年度计划安排，结合台州市实际，围绕循环经济指标体系、项目完成情况、资源环境情况等方面，制定循环经济示范市创建工作的领导部门考核体制。将创建工作考核纳入市委、市政府对镇街和部门年度目标责任制考核体系，加大检查考核和奖惩力度，形成长效机制，确保各项工作落到实处、取得实效。

积极落实省级循环经济示范城市创建工作。2014年，《台州市人民政府办公室关于印发台州市2014年创建省级循环经济示范城市重点工作及工作任务书的通知》（台政办函平〔2014〕42号），成立台州市创建省级循环经济示范城市领导小组、工作协调小组，建立工作联络人制度，强化重大决策、重大项目及配套措施落实。椒江区、黄岩区、路桥区以及台州湾循环经济产业集聚区、台州经济开发区分别成立相应组织机构，确保创建工作落到实处。按照生态市建设的要求，将创建工作的重点指标纳入生态市建设工作绩效考核中，将创建循环经济示范城市相关工作，列入全市海洋经济及集聚区发展考核的加分内容。

督促落实美丽台州建设行动。台州市委、市政府高度重视生态文明建设和美丽浙江建设工作，2016年6月市委常委会专题研究绿色发展，7月24日召开美丽台州建设领导小组第二次会议，研究部署美丽台州建设工作。修订美丽台州建设考核办法，制定印发美丽台州建设行动2017年工作要点、年度工作任务书、考核评分标准和责任分解方案等，进一步明确工作目标要求，落实职责分工，强化工作责任。在每年开展专项考核的基础上，市委、市政府将美丽台州建设整体纳入县市区经济社会发展目标责任制专项考核。加大生态文明建设整改提升和督查力度，强化动态跟踪和每月进展报送，及时通报美丽台州建设行动各项工作任务落实进展情况。

以中央环保督察促环保工作整改。出台《台州市迎接中央环境保护督查协调保障工作方案》，成立台州市迎接中央环境保护督察工作领导小组和协调联络组，建立中央环保督查协同响应和整改落实机制。督察期间，共调阅64项1162份资料，完成21期165条简讯编报；处置了33批次746件信访件，其中重点件25件，信访件数和重点件数都排名全省第五。出动13592人次，检查企业2917家次，责令企业整改615家，立案561起，罚款（拟）2825.848万元，停产478家，查封扣押205家，涉嫌环境污染犯罪移送公安机关10起，行政拘留8人，刑事拘留11人，约谈政府部门2个，问责集体3个，约谈个人60人，问责个人44人，实现了信访办理无反面典型案例、无退回重办件、无重点督办件的"三无"目标。深化落实中央环保督察后续整改，深入推进打击环境违法"十百千"行动计划和"铁拳"系列行动，持续保持高压执法打击力度。

此外，台州市还积极开展资源产出率统计研究工作，为科学决策提供支持。早在2010年，台州市已经被列为国家循环经济统计试点城市，初步探索开展了循环经济统计试点工作，为国家资源产出率统计研究工作提供了很好的案例。按照台州市创建国家级循环经济示范城市的要求，2015年7月，台州市启动开展了资源产出率统计研究工作，由省级资源产出率统计研究课题团队——浙江省发展规划研究院负责，并邀请国家资源产出率统计研究课题团队——清华大学指导。课题作为"十二五"国家科技支撑课题（资源产出率核算方法及指标区域分解体系研究与示范）的实证案例研究，探索开展市级层面物质流分析和资源产出率统计方法研究，已初步核算出2012—2014年台州市资源产出率，为全国开展市级资源产出率统计做出示范试点。

第三节 具有台州特色的循环发展经济体系建设路径

"十二五"时期以来，台州市先后发布了循环经济相关规划和政策，走在了全省前列。特别自2007年浙江省开展循环经济试点省建设以来，台州市一批企业和产业平台上升为国家循环经济示范试点和基地。在规划和示范试点的引导和推动下，全市循环经济快速发展，为台州转变经济发展方式提供了强力支撑。2014年，台州市被列入省级循环经济示范城市，2015年省级循环经济示范城市各项创建措施已见成效。循环经济组织领导工作已见成效。台州市成立了以市长为组长的台州市创建省级循环经济示范城市领导小组，形成市政府领导负总责的工作格局，各项工作协调推进。项目投资推进已见成效。创建工作共有重点项目共 64 项,总投资 278 亿元,其中 2014 年度投资 59 亿元。循环型产业发展已见成效。推进循环型企业创建活动,全年已通过省级清洁生产审核验收合格企业 74 家,创建省级绿色企业 5 家。稳步推进生态循环农业"2115"示范工程,开展畜禽养殖污染专项整治,深化农村清洁能源建设。扎实推进电子商务与物流配送协调发展,主导行业的集聚水平不断提高,服务业集聚平台建设加快发展。这些成绩的取得,在很大程度上要归功于台州市依据自身特色选择的循环发展经济体系建设路径。

一 以科学的战略布局推进全市大循环经济体系建设

台州市依托全市循环经济发展的现有基础和资源禀赋,构建以高端化、集聚化、智能化、绿色化为核心特征的循环经济联合体,促进各产业间的共生耦合,形成"一核、两带、三基地"的空间格局。

(一)"一核"——台州湾循环经济产业集聚区

台州湾循环经济产业集聚区是浙江省"十二五"期间重点建设的 15 个产业大平台之一,也是浙江海洋经济重点规划建设的九区之一。台州市以台州湾循环经济产业集聚区为全市循环经济发展的区域试验田,包括台州市区东部组团、台州石化工业园区、临海东部组团和温岭东部组团等四大部分。台州市将台州湾循环经济产业集聚区的发展目标定位为"国家级循环经济示范区",即以"发展模式循环型、产业导向高新型、空间环境生态型"为主要特色;充分利用台州集聚区现有循环经济发展基础和台州民营经济、块状经济发展优势以及海洋经济示范区建设优势;以大静脉、大临港等主导产业为龙头形成产业的集聚与循环,全方位、高层次、多领域打造循环经济产业集群;以浙江化学原料药基地和台州金属资源再生产业基地等国家循环经济示范试点建设为重要抓手,强化循环产业链的培育构建;以区域统筹的生态格局为基础形成城市的循环;以绿色市政的共建共享和清洁能源的大力利用为核心形成能源资源的循环;促进三次产业的循环融合协调发展,构建全市产业大循环体系,为全国循环经济产业大循环、产业集聚提供示范的模板,成为中国循环经济发展示范区。

(二)"两带"——农业循环经济发展带与海洋循环经济发展带

农业循环经济发展带,以天台、仙居、三门、临海、黄岩等县(市、区）丘陵山区现代生态循环农业发展为引导，转变农业发展方式为主线，提升农业"两区"和整建制推进生态循环农业试点县建设为抓手，推进农业供给侧结构性改革，大力推进农业产业精优化、产品精品化、加工精深化、技术精准化、环境精美化、主体精英化，全面提升农业科技创新与应用水平、农业社会化服务水平、农业物质装备水平和农产品供给保障能力，着力培育农业产业集聚区和现代特色农业强镇，构筑种养加融合、三产融合与"三生"融合的绿色农业产业体系，打造成为"现代农业要素集聚、多种功能融合、体制机制创新、生态循环发展、一二三产联动、农业增效农民增收"的现代农业发展示范区、体验区和先导区。

专栏1.3 整建制推进生态循环农业试点县

仙居县。完成现代生态循环农业整建制推进县实施工作，全县环境友好型农作制度、清洁生产和节能减排技术广泛应用，规模化畜禽养殖场排泄物基本实现生态消纳或达标排放，"主体小循环、区域中循环、县域大循环"发展格局基本构建，具有仙居特色的现代生态循环农业发展体系和农业可持续发展长效机制基本形成。测土配方施肥技术覆盖率达到85%以上，主要农作物病虫害专业化统防统治覆盖率达到30%以上，绿色防治技术应用面积达到30%以上，高效环保农药使用推广率达到90%以上，农作物秸秆基本实现资源化利用率达到90%，农药废弃包装物、化肥袋等农业投入品废弃包装物回收处理率达到80%以上，废弃农膜回收处理率达到95%以上。

天台县。实现"一控两减三基本"的目标，即农业用水总量控制，化肥、农药使用量逐步减少，畜禽粪便及死亡动物、秸秆、农业投入品废弃包装物及废弃农膜基本实现资源化利用或无害化处理。形成"主体小循环、园区中循环、县域大循环"的发展新格局。完成省级地力提升项目工程3万亩，畜禽规模化养殖率达到75%以上，规模畜禽养殖场排泄物处理与利用率达98%，实现病害动物无害化处理全覆盖。化学农药使用量减少9%，氮肥使用量减少6%。秸秆综合利用率达90%，农业投入品废弃包装物与废弃农膜回收处理达80%以上。

三门县。全面完成整建制推进现代生态循环农业目标任务,实现"一控两减三基本"的目标,环境友好型农作制度、清洁生产和节能减排技术广泛应用,"主体小循环、区域中循环、县域大循环"发展格局基本构建,具有本地特色的现代生态循环农业发展体系和农业可持续发展长效机制基本形成。畜禽粪便资源化利用率达到98%,农作物秸秆综合利用率达到95%以上,测土配方施肥技术普及率达90%以上,水稻病虫害统防统治覆盖率达到55%以上,高效、低毒、低残留农药普及率达90%以上,农业标准化实施率达到65%以上,农药废弃包装物、化肥袋等农业投放品废弃包装物回收处理率达80%以上,废弃农膜回收处理率达95%以上。

海洋循环经济发展带,以临海、黄岩、椒江、路桥、三门、温岭、玉环等县(市、区)海洋循环经济发展为引领,以海洋经济为主题,以循环经济为特色,以改革创新为突破口,在循环型海洋产业链构建、海洋循环经济特色基地和示范园区建设、海洋循环经济科技创新能力提升、海洋资源能源高效集约利用、海洋生态环境保护和污染治理等重点领域和关键环节,大胆开展先行先试,探索海洋循环经济发展的新模式和新举措,推进海洋经济向质量效益型转变、海洋开发方式向循环利用型转变、海洋科技向创新引领型转变,为浙江海洋经济发展示范区建设和浙江海洋经济发展试点工作发挥示范带动作用。重点发展台州海洋清洁能源产业基地、三门循环型海洋渔业示范园区、大陈海洋开发与保护示范岛、玉环省级海岛统筹发展试验区、玉环国家海洋生态文明示范区。

专栏1.4 海洋循环经济发展带发展重点

台州海洋清洁能源产业基地。依托三门沿海区域,联动临海、椒江、温岭、玉环等区块,加快发展核电及核电关联产业、潮汐能发电等,推进形成海洋清洁能源研发设计、装备制造、综合利用三大环节一体化的循环产业链,努力打造海洋清洁能源产业基地,争取在全省核电、海洋潮汐能发电领域发挥示范作用。

三门循环型海洋渔业示范园区。围绕做强三门青蟹主导产业，以省级主导产业示范区和省级特色渔业精品园为主要载体，重点抓好三门蛇蟠蟹虾主导产业示范区、沿赤省级琴海特色渔业精品园建设。深入实施蛇蟠岛设施渔业清洁生产项目，应用循环、高效养殖技术，实现海水养殖全过程清洁化生产，建设设施集约化、模式生态化、品种特色化的循环型现代海洋渔业园区。

大陈海洋开发与保护示范岛。依托大陈独特的海岛、海洋景观资源，按照生态化、循环化的理念，积极开发海岛型休闲度假、水上运动、海鲜美食、文化体验、红色旅游等海洋旅游产品。强化下大陈岛、一江山岛与路桥黄琅的旅游资源整合，推进大陈海洋生态旅游产业整体式开发、一体化布局。

玉环省级海岛统筹发展试验区。积极推动海洋循环经济发展，加快发展现代海洋产业，加强海洋生态保护，加强海陆污染综合防治、修复海洋生态环境，实现县域发展空间统筹、海洋产业统筹、城乡建设统筹和海岛开发保护统筹，建成浙江省城乡统筹发展示范岛、海洋产业转型升级先行岛、对台合作综合试验岛、海洋生态旅游岛，打造全国一流的新型海岛城市。

玉环国家级海洋生态文明示范区。以提高海洋资源开发利用水平、改善海洋环境质量为目标，围绕漩门二期城市功能区、大麦屿临港产业区、坎门渔港经济区、漩门湾湿地生态旅游区、披山岛及周边海域海洋特别保护区五大重点区域，和海洋生态产业、海洋资源利用、海洋文化科技、海洋生态环境保护、海洋管理能力建设五大重点领域，全面推进玉环国家级海洋生态文明示范区建设。

（三）"三基地"——循环经济载体和平台

循环化改造示范园区，立足浙江省化学原料药产业园区临海区块国家级园区循环化改造试点以及浙江省化学原料药产业园区椒江区块省级园区循环化改造试点，推动完成全市11个省级开发区开展循环化改造，促进产业集聚发展，实现能源梯级利用、水资源循环利用、废物交换利用、土地节约集约利用，不断提高园区循环经济发展的公共管理和公共服务水平,实现资源优化配置和关键技术、信息的共享,促进企业循环式生产、园区循环式发展、产业循环式组合。到 2020 年,培育 6 个国家级和省级示范园区。

专栏1.5　台州市省级开发区循环化改造重点

台州经济开发区。加快汽摩及配件、新材料、塑料模具、家用电器等产业转型升级,推广汽摩配、模具再制造技术和产品,推动二、三产业融合协调发展,推动基础设施共建贡献,加快打造金融集聚区、现代商务集聚区、文化创意产业集聚区。

黄岩经济开发区。依托塑料模具、工艺礼品、机械制造、汽摩配件等产业集群优势,构建塑料模具——汽摩配的循环产业链,打造再生塑料规模化、高值化产业体系,发展汽摩配、模具再制造产业。

路桥工业园区。以汽摩、机电产业为重点,发展新能源汽车和汽车零部件再制造,集聚发展再生金属资源产业,推动再生金属资源"圈区管理",打造再生金属资源回收—拆解—深加工/再制造—汽摩配/泵/阀循环产业链和产业体系。

临海经济开发区。以汽车及机械、建材、休闲用品礼品、船舶制造为重点,发展新能源汽车和汽车零部件再制造,推动建材废弃物资源综合利用,发展船舶用环保设备,引导产业转型升级、"退二进三",积极发展循环型生产性服务业。

天台经济开发区。推动交通机械设备、机电产业转型升级,发展汽车零部件再制造产业,加快发展新材料产业,培育水污染治理技术装备等环保产业。

仙居经济开发区。以生物医药为重点,延伸生物医药向高值化、高品质产品产业链,推进生物医药"副产物"和"三废"循环利用,加快推进固废处置中心、污水处理中心建设,提高"三废"集中处置和循环利用水平。

温岭经济开发区。加快汽摩配、泵与电机等产业转型升级,构建废旧塑料/废旧金属—汽摩配/泵与电机再生资源产业链,大力发展再生资源产业,加快发展再制造产业,鼓励发展新能源、新材料产业,打造新能源产业基地。

温岭工业园区。加快推动汽摩配、金属制品、泵与电机、鞋服产业等传统产业转型升级,重点发展汽摩配、泵与电机再制造产品,推进鞋服废旧纺织品回收利用,培育发展信息电子产业。

玉环经济开发区。加快以汽摩配、水暖阀门、家具等先进制造业为重点,发展汽摩配再制造产业,推动废旧铜再生利用集聚化、清洁化、高值化利用,推进高端家具制造产业发展,大力发展现代生态循环农业,加快推进玉环新城漩门二期区块"退二进三",建设产业转型升级示范区。

三门经济开发区。加快橡胶产业转型升级,推动橡胶产业集聚化发展,延伸橡胶产业链,推进再生橡胶清洁化、规模化、高值化利用,打造橡胶循环利用产业集聚区。

台州化学原料药产业园区。加大医化产业整治力度,推进化学原料药产业转型升级,引导医化企业向下游附加值高的医药制剂、生物医药、医药总部经济等领域延伸,重点对化学原料和有机溶剂进行回收利用,提高"三废"集中处置和循环利用水平,全力打造国内一流的循环经济示范园区和"绿色药都"。

节能环保产业基地,依托节能环保产业有较好基础和发展后劲的产业集聚区、工业园区、经济技术开发区、高新技术开发区等区域,构建以高端化、集聚化、智能化、绿色化为核心特征的产业体系,推动产业创新升级,促进产业集聚提升。到2020年,全市培育一批规模经济效益显著、专业特色鲜明、综合竞争力较强的节能环保产业示范基地,重点培育路桥节能环保制造业基地、台州水污染治理设备产业基地等节能环保产业基地,形成对区域产业发展具有明显示范辐射带动效应的节能环保产业集群。

专栏1.6 台州市节能环保产业重点基地

路桥节能环保制造业基地。以台州市金属资源再生产业基地金属拆解加工集聚化、规模化发展为基础，以吉利汽车路桥基地为依托，构建汽车及零部件产业链，做大做强汽车零部件再制造产业。进一步研发纯电动汽车、插电式（含增程式）混合动力汽车、燃料电池汽车等新能源汽车整车以及动力电池与电池管理、电机驱动及电力电子、电动汽车智能化等关键零部件和领域。加快完善新能源汽车应用环境，加大环卫、公交等公益性行业新能源汽车推广力度。

台州市水污染治理设备产业基地。根据浙江省节能环保产业规划，重点支持天台工业园区产业用布功能区的建设，打造台州市水污染治理设备产业基地。紧抓"五水共治"的发展背景，发挥省节能装备产业集群的规模优势，重点发展水处理膜、工业滤布等水污染治理装备制造业，培育龙头企业，做大做强一批重点企业，建设成为华东最大的水污染治理设备产业基地。

资源循环利用基地，完善废旧金属、废旧汽车、废旧家电、废旧塑料、废旧橡胶轮胎等再生资源以及餐厨生活垃圾的回收网络，建设回收、分类、拆解、加工、再生产、处置等各个环节的再生资源回收利用和废弃物资源综合利用产业链，建设一批废弃物资源化利用、再制造的示范项目。重点发展台州市金属资源再生产业基地、黄岩再生塑料高值利用基地、三门废旧橡胶综合利用基地、玉环废铜综合利用基地、温岭资源循环利用基地等资源循环利用基地。到2020年，争创多个国家级和省级资源循环利用基地。

专栏1.7 台州市资源循环利用重点基地

台州金属资源再生产业基地。通过继续完善再生资源回收体系、构建资源循环产业链、提升技术装备水平、调整优化空间布局、共建共享基础设施、强化环境保护治理、健全完善管理机制等式，将台州市金属资源再生产业基地建设成为具有再生金属回收、拆解、利用、深加工以及配套的物流、研发、教育、培训和旅游等综合功能的资源循环利用产业综合体，着力构建龙头企业内部、基地层面和台州湾循环经济产业集聚区层面三大循环圈，成为国内再生金属利用规模最大、资源利用效率最高、生态环境最优、拆解和加工利用水平领先的国家"城市矿产"示范基地之一，并成为国家进口废物"圈区管理"建设示范区、全国最大的再生金属利用现代产业集群。

黄岩再生塑料高值利用基地。鼓励培育龙头企业做大做强，推动好项目、大项目建设，强化工业设计等中间服务机构建设，通过电商渠道打造塑料制品的新形象，加快院桥等乡镇废塑料回收加工行业疏堵并举，推动黄岩再生塑料产业规模化、清洁化、高值化利用，打造再生塑料利用产业集群。

三门废旧橡胶综合利用基地。以丁苯橡胶为主要产品，加快建设三门废旧橡胶综合利用基地，与滨海新城工业园区形成互促共赢的局面。采用高新技术和先进适用技术改造提升传统产业，加快推进废橡塑—拆解再生—再利用"特色循环经济产业链的产业升级。加快推进高枧橡胶创业园基础设施建设，构筑产业发展平台。

玉环废铜综合利用基地。充分发挥玉环县作为国内重要的废旧金属、废塑料等废弃资源再生利用基地的优势，进一步完善再生资源市场网络，出台措施规范再生资源市场运行，提高资源回收效率，减少污染。针对县内熔炼行业"低、小、散"等问题，加快废铜熔炼企业向县金属熔炼产业提升区集聚，有效减少熔炼行业环境污染，提高再生资源回收利用率。将废铜熔炼和水暖阀门等小型零部件生产有机结合，形成"废旧金属利用—汽摩配、阀门（水泵）产品"的特色循环经济产业链，并推动再生资源利用产业向下游精深加工领域延伸，形成再生资源回收、加工利用、集中处理为一体的产业化发展。

温岭资源循环利用基地。以温岭东部垃圾焚烧项目为核心，构建"垃圾焚烧+病死猪处理+污泥干化+餐厨垃圾处理+粪便处理"五位一体的温岭资源循环利用基地，提高城乡低值废弃物的集聚化、规模化处理能力，建成与新型城镇化进程相适应的再生资源回收体系。建立"政府主导、市场推进、法律规范、科技支撑、公众参与"的运行机制，建立政府、企业、百姓多方面参与的高效监管体制，最终形成可复制、可推广的资源循环利用基地。

二　精心选取循环发展经济体系建设突破口

（一）区块示范——创建国家"城市矿产"示范基地、推动再生资源高值化发展

2013年9月，台州市金属资源再生产业基地作为浙江省唯一项目列入第四批国家"城市矿产"示范基地，基地再生资源产业实现的规模以上工业产值占台州市路桥区规模上工业总产值的35.16%，实现税收占当地规模上工业税收总额的22.74%，实现海关环节税收占当地海关当年税收的72.5%。另外，再生资源产业提供了大量的就业机会，社会效益显著。台州市路桥金属资源再生产业基地作为全省块状经济向现代产业集群转型升级示范区，探索了一条再生资源发展解决城市资源匮乏的有效途径。

再生资源发展推动了特色产业发展。再生资源产业提供的大量金属材料，成就了"台州制造"在国际、国内的产业竞争优势。一方面，通过再生资源回收利用解决了区域特色经济发展的原料来源，并形成产品的价格优势。据统计，金属资源再生产业为台州地区汽摩配、家用电器、缝制设备、阀门等相关制造业提供了生产所需80%左右的金属原料；另一方面，以再生资源利用产业尤其是金属资源再生产业，带动当地电线电缆、电机、水泵、摩托车配件、水道配件、卫生洁具、装饰装潢五金等产业的发展，形成以"吉利"汽车、"钱江"摩托、"飞跃"缝纫、"苏泊尔"压力锅等企业为代表的产业集群。

专栏1.8　台州市金属资源再生产业基地创建国家级"城市矿产"示范试点情况

台州市金属资源再生产业基地是浙江省唯一以"循环经济"命名的省级产业集聚区——台州湾循环经济产业集聚区的核心组成部分，2013年9月，列于国家"城市矿产"示范试点基地创建名单。资金规范管理已见成效。出台了《台州市金属资源再生产业基地国家"城市矿产"示范基地项目管理实施细则》，规范管理项目，明确了资金补助标准，下拨了3400万元补助资金。基地搬迁工作已见成效。40家已出让土地项目中有39家企业入园建设，其中有39家完成主体厂房建设、34家正式生产、3家试生产、投产13家。基础设施建设已见成效。基础设施完成投资16亿元，基本完成路网、绿网、电网、河网、综合管线等建设。项目推进已见成效。台州金属资源再生产业基地创建国家级"城市矿产"示范试点工作进展顺利，完成有效投资59.66亿元。资源贡献已见成效。2014年共拆解进口废五金约183.6万吨；回收铜约14.22万吨，铝约9.34万吨，铁、不锈钢及矽钢片约151万吨，塑料约3.46万吨。2014年拆解废家电529725台，其中回收铜149.6吨、铝5.4吨、铁1576.3吨、塑料1639.2吨。

（二）领域突破——开展海洋循环经济发展改革试点、突破体制机制创新

在省内率先开展海洋循环经济发展改革试点，推动发展具有台州特色的循环经济。根据《浙江省人民政府办公厅关于印发浙江海洋经济发展试点工作方案的通知》（浙政办发〔2011〕30号），台州已开展海洋循环经济发展改革试点工作。重点以海洋经济为主题，以循环经济为特色，以改革创新为突破口，在循环型海洋产业链构建、海洋循环经济特色基地和示范园区建设、海洋循环经济科技创新能力提升、海洋资源能源高效集约利用、海洋生态环境保护和污染治理等重点领域和关键环节，大胆开展先行先试，探索海洋循环经济发展的新模式和新举措，推进海洋经济向质量效益型转变、海洋开发方式向循环利用型转变、海洋科技向创新引领型转变。

（三）行业试点——以医化行业为示范、带动全市园区循环化改造

根据国家发展改革委、财政部《关于推进园区循环化改造的意见》（发改环资〔2012〕765号）和《省政府办公厅转发省发改委省财政厅关于浙江省园区循环化改造推进工作方案的通知》（浙政办发〔2013〕146号），充分发挥国家级园区循环化改造示范试点园区——浙江台州化学原料药产业园区（临海区块）的示范引领作用，扎实推进浙江省化学原料药基地椒江区块省级园区循环化改造，进而促进全市开发区（园区）循

环化改造工作。2019年，全市省级开发区（园区）全部实施循环化改造。全市医化产业通过淘汰落后污染产能、升级改造提升龙头企业、转型发展制剂和医化设备、谋划生物医药新兴产业"四部曲"推进产业转型升级，加强"三废"综合利用，促进环境恶臭治理、改善环境质量。

专栏1.9　浙江台州化学原料药产业园区创建国家园区循环化改造示范试点改造情况

浙江台州化学原料药产业园区前身为浙江省化学原料药基地，是由原国家计委和经贸委于2001年批准设立的、国内唯一的国家级化学原料药和医药中间体产业集聚区。2012年，园区获批成为国家园区循环化改造示范试点，创建初显成效。一是循环经济产业转型已见成效。以"绿色化学"为发展方向，通过园区医化企业技术研发和实践，在生产过程中进行回收利用设备改造，实现废弃物资源化利用，不仅减少资源消耗，同时也减少废气、废水排放中的有害物，减少废渣量，实现经济效益和环境效益的显著提升。积极推进省现代医药制造模式转型试点，完成55个车间改造，累计完成投资8.6亿元。二是有效投资已见成效。园区完成有效投资18.2亿元。三是重点项目推进已见成效。创建国家园区循环化改造示范试点重点项目有29个，已经全部完成。

2014年，浙江省化学原料药基地椒江区块被省发改委列为省级循环化改造示范试点园区，椒江区在省市发改委领导的支持、帮助和指导下，从产业转型升级、污染综合治理、空间布局优化、管理职能强化等方面入手，积极推进园区循环化改造进程。一是产业转型升级成效凸显，2014年，园区7家保留企业对装备、工艺等进行了全面的整改提升，基本达到"密闭化、管道化、自动化、信息化"水平。二是空间布局开始优化，根据实施方案的"五区"规划，各功能区发展方向逐渐明朗，初步建成以医化为主导的现代产业高地和国内一流、有国际影响的现代医药产业集群。三是新的循环链开始构架，随着部分项目的开工、完成、投产以及园区企业自身的升级改造，一批新兴的循环型企业正在崛起，新的循环网络也初显雏形。四是污染综合治理取得实效，对园区内的污水处理厂化工污水接纳池、生化池等进行加盖密闭；对垃圾填埋场填埋库区采取覆膜除臭措施；将九条河河水抽送到污水处理厂处理，再将处理后的中水放回到九条河，实行人工循环。五是园区总体改造有序推进，2018年通过了由省发改委、财政厅组织的专家终期验收，并获得优良等级。

三　大力实施重点工程项目推进循环发展战略落地

按照全省循环经济发展的统一部署和台州市循环经济发展重点，主要实施园区循环化改造工程、节能环保产业培育工程、循环型示范企业培育工程、餐厨废弃物资源化利用工程、水资源综合利用工程、固体废弃物资源综合利用工程、再制造和再生资源利用工程、农业循环经济示范工程共八大重点工程。围绕重点工程建设，"十三五"期间，全市共实施101个重点循环经济项目，总投资约209亿元。

园区循环化改造工程。督促各县（市、区）对新设园区制订循环化布局方案，对存量园区制订实施园区循环化改造行动方案，按产业链、价值链"两链"布局、改造和提升，促进产业结构升级，推进土地节约集约利用，大力推行清洁生产，促进企业间废物交换利用、能量梯级利用、水资源循环利用、共享资源、共用基础设施，形成低消耗、低排放、高效率、能循环的现代产业体系。积极争取国家和省级资金和政策，完善多渠道投入机制，大力推进PPP、环境污染第三方治理等模式，鼓励和吸引社会资本尤其是民间资本参与。到2020年，全市11个省级开发区全部实施园区循环化改造，新建园区要实现循环化布局，推动园区实现绿色转型。

循环型示范企业培育工程。围绕医化、冶金、纺织印染、造纸、制革、电力、建材等行业，推动企业清洁生产，在资源节约集约、资源综合利用、再生资源利用、再制造等重点领域，形成具有行业循环经济先进水平的典型代表，引领带动行业循环经济发展。到2020年，争创一批国家循环经济示范企业，培育一批省级循环经济示范企业，总结一批行业循环经济发展经验，推广一批循环经济发展的典型模式。

再制造和再生资源利用工程。以汽车零部件、模具、工程机械、电子产品、计算机服务器等再制造为重点，推进再制造规模化、集聚化、产业化发展，支持再制造企业加快技术升级改造，推动再制造服务体系建设。

以废旧金属、废塑料、废橡胶等再生资源利用为重点，合理延伸产业链，促进再生资源高值化利用和集聚化发展，加大再生资源回收体系信息化建设，推行"互联网＋回收"线上投废、线下物流的再生资源经营模式，提升再生资源利用产业化发展水平。到2020年，建设一批再制造重点项目，培育一批再制造龙头骨干企业，建成国家"城市矿产"示范基地。

节能环保产业培育工程。加快发展节能降碳和清洁能源技术装备、环保技术装备、资源循环利用技术装备、节能环保服务业、节能环保新材料、节能环保信息技术六大领域技术装备，打造集研发、设计、制造、服务"四位一体"的节能环保产业体系。推动产业创新升级、调整产业结构，促进产业集聚、优化空间布局，强化市场培育、扩大产业影响，培育新兴业态、挖掘发展潜力，将节能环保产业发展成为重要的战略性新兴产业。到2020年，扶持一批节能环保龙头骨干企业，建设一批节能环保产业大项目，培育一批节能环保产业基地，推进一批节能环保产业特色小镇建设，推动节能环保技术、装备和服务水平显著提升。

生态循环农业创建工程。深入实施生态循环农业"十百千万"工程，重点推广测土配方施肥、农药化肥减量施用、生物防控、畜禽粪污综合治理、秸秆还田、绿肥轮作和水肥一体化技术等项目，推进农业清洁化生产和农业废弃物资源化利用，确保全市基本实现"一控两减四基本"的目标。到2020年，全市3个县完成生态循环农业整建制建设，建成现代生态循环农业示范主体90个，美丽牧场100个；推广测土配方施肥400万亩，推广应用有机肥10万吨、沼液肥10万吨；每年建设10个绿色防控示范区，推广农药减量控害技术100万亩次。

固体废弃物资源综合利用工程。以大宗工业固体废弃物、建筑垃圾等为重点，全面推动固体废弃物规模、科学和高效利用。推动大宗工业固体废弃物综合利用，利用钢渣、矿渣、粉煤灰和脱硫石膏等生产高性能胶凝材料和节能建筑产品。加快建筑垃圾资源化利用，推进建筑垃圾生产粗细骨料、再生填料和建材，规模化用于路基填充、路面基底层等高速公路建设。到2020年，培育一批专业化、具有市场竞争力的固体废弃物综合利用骨干企业，建设一批产业废弃物综合利用示范基地。

水资源综合利用工程。加强医化、纺织印染、造纸、电力等工业企业中水回用，提高工业用水重复利用率。加快推进海水直接利用和海水淡化，重点支持沿海大型电厂等临海重化工业开展海水淡化、海水直接利用、亚海水利用等，鼓励以海水淡化水作为沿海及海岛大型高耗水企业的生产用水。围绕节水型社会、节水型城市和海绵城市建设，加快推进中水回用、雨水利用和分质供水工程，引导城市绿化、市政环卫、洗车等行业使用再生水等非常规水资源，鼓励城市大型公共建筑、居住小区内建设区域性中水回用系统，提高社会水资源综合利用率。到2020年，建设一批海水直接利用工程和海水淡化工程，建设一批中水回用示范工程，争取创建国家海绵城市建设试点。

餐厨垃圾资源化综合利用工程。全面落实《浙江省人民政府办公厅转发省发改委关于浙江省餐厨垃圾资源化综合利用行动计划的通知》要求，统筹规划布局餐厨垃圾资源化综合利用项目，全面落实全省餐厨垃圾资源化利用和无害化处理五大行动，采取政府主导、企业主体、市场运作的方式，推进餐厨垃圾资源化利用和无害化处理，规范餐厨垃圾投放、收运、处理行为，促进全市餐厨垃圾资源化综合利用环保产业加快发展。到2020年，建成市区省级餐厨废弃物资源化利用和无害化处理试点，推动县（市）创建省级餐厨废弃物资源化利用和无害化处理试点，构建安全高效、覆盖全市的餐厨垃圾资源化综合利用体系。

第四节 台州市进一步推进绿色低碳循环发展经济体系建设的建议

一 需要着力克服的困难

台州市循环经济工作起步早、基础扎实，"十二五"时期循环经济发展取得显著成效。但是，与国家循环经济示范城市建设目标相比，全市循环经济发展还有较大的提升空间。一是循环经济经验做法有待加快复制推广。"产业集聚区区域试验、城市矿产区块示范、海洋循环经济领域突破、医化行业试点"等循环经济发展模式有待推广。二是循环经济科技创新有待加强。再生资源高值化利用技术、再制造修复技术、清洁生产技术等循环经济关键共性技术的研发应用亟待增强。三是能力建设有待提升。绿色化评价指标体系和资源产出率统计体系有待进一步强化，县（市）全面推广工作亟须开展。四是社会参与度有待提高。参与循环经济发展、投资的社会力量有待加强，公众参与、企业主导、政府引导的良好环境有待营造。

(一) 产业转型升级能力不足

台州市农业资源环境约束大，基础设施薄弱。随着城镇化、工业化深入推进，水土污染、耕地退化等问题威胁着农业生产，要保住有限的耕地数量和质量面临巨大的挑战。台州市人均耕地面积不到 0.50 亩，低于联合国粮农组织规定的 0.79 亩的人均最低警戒线。在生态环境、资源条件的"紧箍咒"下，转变农业生产方式，保障农产品有效供给和质量安全，实现农业可持续发展的压力日益增加。同时，台州市农业基础设施较为薄弱，集中表现为农业灌溉水利用系数、旱涝保收农田面积比重低于全省平均水平，设施农业发展不足，抗御自然灾害能力较弱，靠天吃饭问题未能从根本上解决。

工业转型升级能力偏弱，产业链亟待升级。台州市以中小企业为主体，亿元以上企业仅占全部规模以上企业总数的 23.3%，其中 10 亿元以上企业仅占 1.2%，产值占全部规模以上企业的 25.4%，企业在规模、技术、品牌、市场网络等方面仍处于劣势，转型升级能力偏弱，更多依靠加工和模仿创新，导致多数支柱产业升级乏力。工业企业科技创新能力还需进一步提升，科技创新载体对工业转型升级的支撑作用还需加强。台州市缝制设备、家电制造、医药化工、塑料制造等行业普遍具有附加值不高、技术密集不足、出口依存度高、市场定位中低端、研发设计环节缺失等特点。

现代服务业发展层级偏低，总体竞争能力有待增强。台州市服务业发展总体层级偏低，传统行业集中度较高，其中批发和零售业、房地产业和住宿餐饮业三个行业占全部服务业增加值仍达 45.07%。工业设计、信息服务、商务服务、科技服务和人力资源等新兴高端服务业占比较低，对经济转型的拉动作用未能充分发挥。"十二五"时期，全市服务业增加值由 2010 年的 1021.83 亿元增加到 2015 年的 1754.09 亿元，年均增速达 9.52%。但与浙江省其他地市相比，全市服务业竞争力还有待提升。"十二五"期间，全市服务业年均增速（9.52%）仅高于丽水市和温州市，位列全省倒数第三；2015 年，台州市服务业增加值仅占全省 8.22% 左右。此外，服务业带动力强的大型骨干企业较少，全市无一家服务业上市企业。

（二）绿色低碳循环发展的要素保障亟待加强

企业"低小散弱"的状态没有根本改变，科技、人才等高端要素支撑不足，新经济新动能培育缓慢、科技型企业占比不高，港湾资源尚未充分转变为现实生产力，重大基础设施和高端开放合作平台建设有待加快。

土地、资金等要素配套需进一步改善。企业在扩建或新建循环经济项目时所需土地指标和发展空间需要进一步优先解决。财政的统筹力度需进一步提升，对部分企业主动发展循环经济的积极性调动不够，需要进一步加大循环经济专项资金补贴和扶持力度，特别是对提供循环经济公共服务产品的企业的扶持力度需要进一步加强。

循环经济关键技术研发推广有待加强。高端人才缺乏，技术研发的市场化程度低，知名度大、研究能力强的科研院所有待进一步扩大，产业研发供给能力低，环境工程技术、废物资源化技术、清洁生产技术等循环经济关键共性技术的研发应用比较滞后。另外，以台州湾循环经济产业集聚区为核心的循环经济发展大平台建设处于起步阶段，循环经济产业发展空间拓展需要一个较长的过程。

循环经济统计体系有待完善。循环经济基础数据监测和统计工作不够完善，资源产出率统计研究工作正在开展中，资源产出率的统计体系还需进一步完善。对循环经济数据和信息掌握不够全面，数据更新比较缓慢，难以为循环经济发展提供有效支撑。循环经济统计、监测、评价和考核机制有待进一步健全。

（三）全市统筹协同发展水平有待提高

中心城市带动力、辐射力不强，片区融合程度不高，生产力布局各自为战、缺乏整合，构建城乡美丽一体化的制约因素仍然较多。城镇环境整治和美丽宜居村庄建设需进一步推进。交通基础设施亟待完善，城市污水处理厂扩容提标，污水管网改造建设，农村污水处理设施提标改造等任务进程有待加快。

城市组合效应不强。从历史上看，台州市从撤地设市之初，中心城市空间形态就直接跃过集中圈层式的发展阶段，构建了组团式的形态，先有"区"、后有"市"。市区发展"统"的力度不够，椒黄路三大组团自治为主，协调不足。各个组团定位不清晰，空间布局分散，功能布局重叠，用地相对粗放，中心城市整体发展水平不高。组团的边界定位不清，生态预留不足，缺乏统筹开发，存在"半城市化"问题。

基础设施缺乏统筹建设。城市公共设施、基础设施共享性、连通性不强。城市路网结构不够合理，通行效率不高，没有整体成环成网。市区地下污水管网互不相通，市政设施缺乏整体规划设计，园林绿化、地下管线、信号灯等建设标准各个县（市、区）均不统一。

台州城市的"颜值"在不断提高，但也有不少"疤痕"。环境局部"脏乱差"，城市的蓝皮屋、边角地，农村的"赤膊墙"等问题仍然存在。人造景观建设多，自然风景融入少，城市建设中过多硬化，改变了原有的水乡、山城、田园等风貌。水资源空间分布不均，仙居、天台、临海等县（市、区）水资源丰富，但市区内河生态补水又严重不足，备用水源少，水资源没有高效利用。

（四）环境保护形势依然严峻

一是环境质量仍然不容乐观。备用水源数量少，供水安全隐患比较突出；水污染依然严重，地表水水质问题依然是主要环境问题，彻底消除劣Ⅴ类水体和水质达到或优于Ⅲ类比例的任务还很艰巨，国控交接断面水质总磷超标问题亟须解决。35.5%的河道不能满足水环境功能区要求，近岸海域水质基本达不到水质类别要求。部分区域大气污染及恶臭问题仍然存在，以对医化、橡胶等行业投诉为最，PM2.5浓度达不到二级标准要求，机动车尾气污染日益突出，局部区域恶臭仍时有发生。局部区域土壤受到重金属、持久性有机物污染，农田土壤受农药污染比较突出。VOCs 治理和土壤修复任务新，内容复杂，尚处在探索阶段。覆盖各类危废处置的保障能力仍然不足。

二是环境整治的任务依然繁重。区域性、结构性污染问题仍然突出，医化、电镀、印染、制革等重污染高耗能行业整治提升成果有待巩固深化，产业结构"低小散"现象尚未实现根本性改变。城乡生态人居环境迫切需要加快改善，城乡环境综合整治任务依然艰巨。植被破坏、水土流失、生态系统功能退化、生物多样性降低等生态环境问题依然存在，自然生态环境保护有待加强。

三是环境安全形势严峻。台州市工业企业数量众多，环境风险源点多面广，特别是部分重污染园区和企业分布在流域中上游、主城区和居民区周围，发生突发性环境污染事故隐患较大，环境安全防范的能力和水平严重不足，环境安全形势不容乐观。由于规划理念和执行等历史原因造成城市建设过程中部分区域生态、生产、生活（简称"三生"）格局不合理的局面。部分区域由于污染型民营小企业众多，环保治理设施效果不到位，矛盾更为突出，群众信访较多。

四是环保能力建设总体滞后。防污治污能力与高位污染负荷不匹配，环境保护基础设施还满足不了生活污水、生活垃圾和工业固废等污染排放处理处置需求。环境保护管理能力与繁重的环境管理任务不匹配，环境执法队伍和装备建设不足，环境信息化水平和环境监测能力有待进一步提升。

五是环保体制机制改革有待深化。环境保护领域的地方性立法有待加快推进，污染源排污许可证"一证式"管理、网格化监管等环境管理改革试点制度还需要加快落地，饮用水源地、流域等生态补偿机制仍处在试点探索阶段，环境污染第三方治理和第三方环境监测等环保技术服务市场化程度相对较低，环保公众参与机制亟须加强。生态文明建设必须实现共建共享。

（五）节能工作面临挑战和压力

经济持续高增长下带来的能源供应和节能目标之间的矛盾突出。未来五年，台州市经济仍将持续增长，大抓项目、抓大项目均需要资源支撑。国家重大电力项目落户能源需求量大，单位能耗高，挤占了全市有限的能源空间。第三产业刚性发展，居民生活用能增长，均将会导致能源消费呈一定速度的自然增长。因此，能源需求与经济社会发展之间的矛盾更加突出。

节能空间相对较少。"十二五"期末，全市能源消费总量为1239.3万吨标煤，单位GDP能耗为0.356吨标煤/万元，处于全省领先水平。由于能源总量小，能耗水平低，技术节能和管理节能的潜力已得到很大程度的挖掘，进一步节能的边际成本和难度提高，对节能工作形成较大压力。

原有不完全统计造成的压力。"十二五"期末，全市煤炭消费总量（剔除省统调电厂）统计用量不足90万吨，许多原来分散消耗的煤炭由于企业没有进入统计，随着燃煤小锅炉的全面淘汰，天然气用户的不断增加，工业园区采取集中供热，出现煤炭、天然气使用量大幅度上升，导致能源消费总量大幅提高。

（六）生态文化建设有待提升

生产生活绿色化的意识有待加强，促进生态文化发展和生态文明宣教的工作需持续推进。台州市社会经济发展迅速、人民生活水平不断提高，群众的生态环境保护观念虽然日益增强，但仍体现出不均衡性，一些干部群众生态文化意识相对薄弱，局部无视生态环境保护的意识和行为依然存在。教育宣传是提高公众生态文化意识的关键，台州市生态文化教育宣传仍有不足，关于生态文明的宣讲活动，覆盖范围仍然较窄，重点以社区、学校为主，对政府机关和企业关注不足，部分政府部门工作人员对生态文明建设的内涵和重大意义认识不到位，对生态文明建设工作的高效开展造成了负面影响。生态文化宣传渠道仍需拓宽，单纯的生态文明知识宣传普及已经难以满足公众的生态文化需求。如何将和合精神融入生态文化建设、提高百姓生态文明意识是工作的重点。

二　实现产业体系绿色低碳循环发展的新突破

（一）依托良好的循环经济基础加快推动制造业转型升级

鼓励产业集聚发展，实施园区循环化改造，促进企业循环式生产、园区循环式发展、产业循环式组合，加快产业改造升级，推进清洁生产，构建绿色低碳循环型制造业体系。

一是加快循环型产业集群化发展。加快在产业集群、产业集聚区、开发区（工业园区）、试点基地内构建各具特色的循环型产业体系，推动区域循环经济发展。进一步提升发展台州湾循环经济产业集聚区，大力促进三次产业的循环融合协调发展，构建全市医化、再生资源、汽摩配、装备制造循环产业链网，打造全方位、多层次、高水平循环产业体系，推动医化、再生资源、汽摩配等块状经济向产业集群转型升级，为全国循环经济产业大循环、产业集聚提供示范的模板，打造成为国家级循环经济示范区。

二是促进产业链式循环发展。围绕医化、冶金、纺织印染、造纸、制革、电力、建材等重点行业，促进循环型产业链的纵向延伸和横向拓展，推进产业转型升级，形成全市循环经济产业的骨干体系。加快建设医化企业研发中心，增强企业新兴和生物医药研发和生产能力，走医化产业链延长化和高端化道路，打造具有国内竞争力的医药生产基地。大力提升再生金属资源高质化利用,发展再制造产业,促进再生塑料资源化、清洁化、高效化利用。重点淘汰电力、冶金、建材、印染、造纸、化工、制革、砖瓦、燃煤小锅炉等行业落后产能。

专栏1.10　台州市四大循环经济产业链

海洋生物循环产业链。加快构建以海洋渔业、海洋生物医药产业为重点,兼顾海洋食品加工、海洋废弃物利用等内容的海洋生物产业链。推进海洋生物医药产业链向前端药源养殖领域延伸,大力开发海洋生物医药产品、海洋中成药以及海洋保健食品,开展海洋生物甲壳资源及鱼皮、鱼骨、鱼油等资源的高值化利用。

静脉循环产业链。重点培育"废旧金属、废电机设备—拆解分类—深加工—再制造""含银废弃物、废液—提炼白银—白银制品""废塑料—拆解再生—再利用""废旧汽车—再制造""废电器(线路板)—拆解利用""废粉煤灰、炉渣、废石膏、淤泥—水泥、新型建材""废弃蟹壳、虾壳—提炼甲壳素—保健产品""废弃树木—板材、活性炭""污水—中水回用"等产业链。

装备循环产业链。加快产业集聚区建设,形成梯级行业供应链,重点打造以汽摩制造、船舶制造、成套设备制造、电器电子等为支撑的梯级利用产业链,提高装备制造水平。

医化循环产业链。坚持高新技术产业化与传统产业高新技术化相结合,积极打造医化行业内部产业链,培育化工行业有机溶剂回收利用产业链和"中间体—原料药—成品药"梯度产业链。

三是积极推广医化行业循环化改造模式。浙江省化学原料药基地以医化产业为主导产业结构,其循环型产业链的构建以企业内部为主,园区企业间以及行业间产业链上下游分工协作关系较紧密。针对园区物质流的特点,以化学原料和溶剂的循环利用为重点,着眼于产业提升和污染减排,着力构建和完善企业内部的循环型产业链;在此基础上,引导产业链延伸发展,加强园区企业间的分工协作,强化园区中循环建设。构建企业

"小循环",根据行业特点,重点对氟化渣、硫酸、压缩氢气、各类废有机溶剂等进行回收利用,形成在废气、废水中提取有机溶剂的多条循环型产业链,同时,利用"三废"处理过程中产生的余热发电,供给企业循环利用。完善园区"中循环"产业链,通过充分挖掘产业间的关联性,鼓励开展产业链耦合,形成产业分工协作的循环型产业链,促进能量梯级利用、水循环利用以及原料投入和废物排放的减量化、再利用和资源化。

四是推动园区循环化改造。按照"布局优化、企业集群、产业成链、物质循环、集约发展"的要求,对存量园区实施循环化改造,构建循环经济产业链,实现企业、产业间的循环链接,提高产业关联度和循环化程度。根据物质流和产业关联性,改造园区内的企业、产业和基础设施的空间布局,实现空间布局合理化。实行产业链招商、补链招商,建设和引进产业链接或延伸的关键项目,实现产业链接循环化。开发能源资源的清洁高效利用技术,推动余热余压利用、企业间废物交换利用和水的循环利用等,实现资源利用高效化。加大传统产业改造升级力度,强化污染集中治理设施建设及升级改造。建设园区能源资源环境管理平台和统计体系,循环经济技术研发及孵化中心等公共服务设施,制定入园企业、项目的准入标准等,实现运行管理规范化。

五是加快循环型企业发展。加快循环经济龙头企业培育,发挥龙头企业的示范引领作用。大力推进企业清洁生产,推行产品生态设计,推广"3R"生产法,加快企业节约、循环、清洁化发展,促进企业资源高效利用。以电力、精细化工、印染、造纸、水泥、冶炼等行业为重点,深入持续开展清洁生产审核。加强对能源、水、原材料三大消耗和固、液、气三大排放以及有害有毒物的管控。对超标、超总量排污和使用、排放有毒有害物质的企业实施强制性清洁生产审核,扩大自愿性清洁生产审核范围。引导和鼓励企业投资开发清洁生产技术和产品,推动产学研相结合,提高清洁生产的技术水平。

六是大力培育发展节能环保产业。以高技术和高附加值为导向,实施一批重大产业创新发展工程和重大应用示范工程,不断壮大新能源装备制造,着力研发推广新能源汽车,推进新能源装备和新能源汽车规模化、产业化发展。力争台州打造为国内领先的新能源产业发展高地、全国重要的新能源汽车研发中心和生产基地。以优化能源利用方式为核心,因地制宜、突出重点、合理布局，大力推动太阳光伏发电工程、太阳能热利用工程、风电开发工程、生物质利用工程、地源热泵推广工程，有效提高可再生能源在当地能源消费结构中的比重，优化能源消费结构，走清洁可持续的低碳能源发展道路，努力把台州市建成国家级新能源示范基地。

专栏1.11　台州市六大传统特色产业

家用电器产业。按照低碳、节能、环保、时尚的发展方向，巩固提升制冷、厨卫、小家电等系列主导产品，积极开发新兴产品，做大做强产品配套优势，提升行业竞争力，实现高新化。

塑料产业。加快塑料制品、塑模行业的升级和换代，重点发展高端塑料制品，配套发展高性能塑料原料，打造全国塑料制品的源头市场和国际采购中心。

鞋帽服装产业。提高设计水平，改进生产工艺，引进先进技术和国内外知名品牌，提升产品档次，扩大产品出口。

家具产业。积极开发可拆装、时尚化、现代化的板式家具，提升古典家具优势，培育一批营销网络健全、市场占有率高的知名家具集团。

食品饮料产业。以安全性、经济性、方便性和美观性为发展导向，高度重视加强原料管理，实施品牌战略，实现与国际市场的对接。

眼镜产业。加大眼镜产品研发和技改力度，延长成镜、镜片、电镀、配件、包装等产业链，引进先进检测设备，强化质量管理，提升台州眼镜产业核心竞争力。

七是加快传统产业改造升级。运用新工艺、新技术，进一步改造和提升家用电器、塑料制品、鞋帽服装、家具、食品饮料、眼镜等产业。发展节能家用电器，采用纳米、数字电子信息等新技术，推广节能环保家用电器产品。鼓励使用再生塑料，加快可降解塑料原料的应用、回收废旧塑料的改性利用等技术开发，开发高档日用塑料制品，提高产品附加值。加快特色消费新产品研发，以新技术、新材料、新工艺和新装备不断融入鞋帽服装、家具、食品饮料、眼镜及配件等特色消费品产业的发展中，开发推广特色消费新产品。

八是加大清洁生产力度。扩大开展清洁生产企业规模,从源头上大力降低生产过程中资源消耗和污染物产生量,推行物料、能量在生产工艺间循环利用,运用清洁生产工艺,更加高效地将物料和能源转化为产品。结合医化、造纸、印染、熔炼等重点行业整治工作,进一步提高开展清洁生产工作的企业数量。继续加大清洁生产审核企业的监管力度。继续深入实施《清洁生产促进法》,贯彻执行重点行业清洁生产标准和评价指标体系,培育清洁生产示范企业和低消耗、低污染、高效益的绿色企业。力争到2019年,重点行业清洁生产企业通过审核率分别达到40%。

(二)发展工农融合的生态循环农业

着力培育农业产业集聚区和现代特色农业强镇,构筑种养加融合、三产融合与"三生"融合的绿色农业产业体系,打造成为"现代农业要素集聚、多种功能融合、体制机制创新、生态循环发展、一二三产联动、农业增效农民增收"的现代农业发展示范区、体验区和先导区。

一是大力建设现代生态农业示范园区。以建设现代生态农业为目标,以路桥区沿海省级生态循环农业示范区等建设为载体,立足当地经济发展水平、资源区位条件和产业发展基础,集聚各类资源要素,以现代农业园区为依托,加大新品种、新技术、新设施、新模式的试验示范和推广应用,以点带面推动全市农业转型升级,使现代农业园区成为全市农业主导产业集聚的功能区、先进科技成果转化的核心区、生态循环农业的样板区、体制机制创新的试验区、各种资源要素整合的投入区。打造产业布局合理,要素高度集聚,多功能有机整合,循环清洁生产,一二三产联动发展的现代生态农业综合区。

专栏 1.12　路桥区沿海省级生态循环农业示范区

路桥区沿海省级生态循环农业示范区位于路桥区省级现代农业园区内,区域面积5000亩,其中葡萄精品园1000亩、稻菜轮作示范区4000亩、养殖场3家。示范区形成了以稻菜轮作示范区、葡萄精品园两大产业为主的产业区块,同时结合3家保留的养殖场,产业之间形成了以农业废弃物多级循环利用模式为纽带的产业耦合。示范区运用地膜覆盖、拱棚、塑料大棚、温室等各类设施农业面积达到2000亩，拥有各类农机具7500多台套，综合机械化率达到83%。畜禽养殖设施配套齐全，养殖棚内自动给水系统、定量喂料设备、通风降温保温系统齐全，畜禽养殖节水节料设施化率达到100%，沼液利用设施齐全。示范区内建立了测土配方、统防统治等制度，太阳能杀虫灯、性诱剂等绿色综合防控技术全面推广；建立全程自动化畜禽养殖场，实现了全程清洁化生产。示范区以农业废弃物资源化利用为主线，通过农牧结合，建立"农作物（秸秆）—青贮饲料—养殖业（粪污）—有机肥—农作物"的生态循环利用模式，秸秆利用率达100%；通过生态消纳地落实，规模畜禽养殖场排泄物处理与利用率达100%，病死动物无害化处理率为100%；示范区内农业废弃物基本实现了资源化循环利用。

园区为省级生态循环农业示范区创建点，将继续加强畜禽养殖业综合治理，执行严格的畜禽养殖准入制，对现有3家规模养殖场进行生态化改造，完善"两分离、三配套"，将3家养殖场全部纳入液肥配送体系。实施肥药减量增效工程，依托路桥区农业面源污染三年行动计划，全面推行统防统治应用及有机肥替代工程。每年建立统防统治核心示范面积5000亩以上，建立有机肥核心示范面积5000亩以上。建立废弃物循环利用长效机制，以农业废弃物资源化利用为主线，建设有机肥加工场所、沼气池、贮液塔、贮液池、沼液输送管路等，将有机肥、沼液用于种植业；有偿收购示范区内的农作物秸秆，青贮或烘干制成饲料饲喂畜禽；组建"三沼"综合利用社会化服务组织，免费提供沼气池检修、沼液运输等服务，从而实现示范区内农业废弃物的资源化循环利用。

二是大力推进农业清洁化生产。深入实施种植业"肥药双控"，全面推进测土配方施肥技术和病虫害统防统治、物理生物防控、高效农药替代等绿色防治技术，加快推进有机肥、配方肥和新型肥料应用，推进低毒低残留农药的示范推广，提高肥、药利用率，实现化肥、农药减量。大力推广农牧结合、种养结合环境友好型农作制度。大力发展畜禽清洁养殖，依法落实畜禽禁养区、限养区，引导畜禽养殖向生态规模养殖小区集聚，鼓励利用山地丘陵、沿海滩涂发展农牧结合生态畜牧业，实行生猪养殖总量、污染物排放总量双控，实现畜禽养殖排泄物就地或异地生态消纳或达标排放，建设一批种养结合、生态循环型牧场，促进生猪产业提质转型。推进农药废弃包装物回收处置试点建设，完善农药废弃包装物和废弃农膜回收处理机制。

三是构建工农复合型循环体系。全面拓展农业多样性功能，重点突出休闲创意农业和"互联网+农业"，积极推进现代物流、电子商务、文化旅游、休闲养生等产业与农业融合发展。立足"转型升级、提质增效"，以农业"两区"为主平台，构建农业全产业链发展体系。打造"农工贸旅一体化、产加销服一条龙"全产业链，重点建设水果、水产、中药材等省级示范性农业全产业链，逐步形成一批台州区域特色的农业全产业链。重点把发展农产品加工业作为重要环节，把六大主导产业转型升级作为重要支撑，把发展农产品电子商务作为重要方向，把优化发展环境作为重要保障，集聚资源要素，加快形成优势特色产业基地、农产品加工和现代营销、休闲农业等一二三产业联动发展的现代农业产业体系，促进"三生"融合、三产融合发展。着力建设一批生产集中布局、资源集约利用、产业相互融合、生态环境友好的农业产业集聚区。

四是建设整建制推进生态循环农业试点县。以"一控两减四基本"和提高农业资源利用率为主线，按照结构优化、布局合理、产业融合、资源节约、功能多元、环境优美的要求，优化调整种养业之间及其内部之间的结构，统筹布局农业废弃物的收集、处理、配送等配套服务设施，形成种养业相互依存、相互融合、物质多级循环的产业结构，完善"主体小循环、园区中循环、县域大循环"的发展格局。以种养大户、家庭农场、农民专业合作社、农业企业等为主体，创建生态农场、生态农庄和生态企业，通过种养结合、循环利用等途径，实现主体小循环。以乡镇街道为重点，创建一批生态循环农业示范区，通过沼气工程、沼液配送、农业废弃物收集加工处理等节点建设，构建种养平衡、产业融合、物质循环的区域中循环。以县（市、区）为整体，统筹布局农业产业以及废弃物回收利用企业、动植物无害化处理中心、畜禽粪便收集处理中心、有机肥加工企业等配套服务设施，实现全域大循环。

五是加强农业废弃物综合利用。按照立体化、循环化、无害化要求，构建大循环机制和废弃资源的深度开发利用。集成推广"畜—沼—作物""稻鸭共育""稻田养鱼""园地养鸡"等畜禽养殖排泄物资源化利用模式和农村能源社会化服务，积极推进种养配套、粪便养蝇蛆（蚯蚓）、有机肥加工、沼液利用等畜禽排泄物的综合利用。加强死亡动物无害化收集点集中建设，创新病死猪能源化、资源化、生物化生态利用新模式，完善长效运行机制。集成推广"秸秆—有机肥—农业""秸秆—饲料—畜牧业""秸秆—基料—食用菌""秸秆（畜禽粪便）—发电—有机肥—种植业"等综合利用模式，加快推进秸秆饲料化、肥料化、基料化、能料化等资源化利用。鼓励发展以有机肥加工、沼气发电、农作物秸秆和加工剩余物综合利用为重点的生态循环企业和社会化服务组织。

（三）积极发展循环型服务业，促进三产融合协调发展

加快构建循环型服务业体系，推进服务主体绿色化、服务过程清洁化，促进服务业与其他产业融合发展，鼓励发展节能环保服务业，推动全市产业转型升级。

一是推进生产性服务业绿色发展。加强物流业、信息服务业、批发业等生产性服务业循环经济发展。提高物流运行效率，大力发展多式联运，优化城市配送网络，鼓励使用节能环保和新能源车辆，加快绿色仓储建设，支持建设绿色生态型物流园区。鼓励批发企业对废弃包装物、废弃食品、垃圾等进行分类回收，鼓励批发企业采用以旧换新等方式回收废旧商品，积极培育租赁业、旧货业发展，促进产品再利用。鼓励采用分布式基站网络结构，鼓励建设云计算、仓储式及集装箱式数据机房，广泛应用先进节能技术。

二是推动生活性服务业循环发展。加快旅游业、餐饮住宿业等生活性服务业清洁化、循环化、绿色化发展。推进旅游业开发、管理、消费各环节绿色化，积极构建循环型旅游服务体系，推进旅游景区建设和管理绿色化，引导低碳旅游和绿色消费。推进餐饮住宿业绿色化，推动餐饮住宿业对照明、空调、锅炉系统进行节能改造，鼓励大型住宿餐饮企业建设具有集中加工、采购、贮存和配送功能的厨房，提高餐厨垃圾资源化利用和无害化处理水平，倡导绿色服务，减少使用一次性用品。

三是加快节能环保服务业快速发展。结合"互联网+"、PPP模式等新业态，积极培育全市节能环保服务业，鼓励组建专业化节能环保服务公

司,加快推进节能环保服务业综合发展,打造一批从事节能环保技术研发、咨询服务、推广应用的服务平台和机构。引进、培育一批重点节能服务公司,开展能源审计和"节能医生"诊断,打造"一站式"合同能源管理综合服务平台,推进"互联网+节能"模式。在城镇污水处理、生活垃圾处理、烟气脱硫脱硝、工业污染治理等重点领域,鼓励发展包括系统设计、设备成套、工程施工、调试运行、环境监测、维护管理与环境咨询的环保服务总承包和环境治理特许经营模式,鼓励推进环境污染第三方治理。健全废旧物资回收、产品营销、溯源等信息化管理系统,构建废弃物逆向物流交易平台,支持再制造工程技术研发、再生产品安全性检测、再制造产品的质量鉴定等服务平台建设。

(四)积极探索建设全国海洋循环经济示范区

台州市作为典型"山、陆、海、湾"联动发展的滨海城市,具备建设全国海洋循环经济示范区的基础和条件,台州市循环经济将推行新的发展阶段,重新定位和塑造台州市经济发展的路径。打造首批国家海洋循环经济示范城市,为台州市新一轮经济发展和转型提供新的发展思路和契机,对浙江省乃至全国海洋经济发展起到示范作用。台州市应努力以海洋经济为主题,以循环经济为特色,以改革创新为突破口,探索海洋循环经济发展的新模式和新举措,推进海洋经济向质量效益型转变、海洋开发方式向循环利用型转变、海洋科技向创新引领型转变。海洋循环经济示范区的建设,重点是提升海洋生物循环产业链、打造海洋新能源装备制造和应用示范基地、建设循环型现代港口物流平台、构建陆海生态农业循环体系、推进生态型滨海旅游发展,构建一二三产业融合发展的海洋大循环战略。

一要加大推动海洋资源高效循环利用。加快构建以海洋渔业、海洋生物医药产业为重点,兼顾海洋食品加工、海洋废弃物利用等内容的海洋生物产业链。加快养殖塘生态化改造,提高养殖尾水处理和达标排放率,实现渔业清洁生产,鼓励发展工厂化养殖、循环流水养殖等技术集约型、资源节约型设施养殖。鼓励发展"碳汇渔业"和生态渔业,推广浅海贝藻复合养殖、养殖塘多品种混养、轮养轮作等生态循环养殖技术和模式。加快海洋医药和生物制品科研成果转化,积极引进开展海洋生物资源高附加值产品开发利用的企业和项目,推进海洋生物医药产业链向前端药源养殖领域延伸，大力开发海洋生物医药产品、海洋中成药以及海洋保健食品。加强海洋生物废弃物利用，开展海洋生物甲壳资源及鱼皮、鱼骨、鱼油等资源的高值化利用。

专栏1.13　海洋生态渔业发展重点工程

渔业生态文明建设工程。按照发展环境友好型渔业，建设渔业生态文明的要求，实施渔业水域生态环境、资源保护修复项目，推进渔业转型促治水。全面完成禁限养区域的划定和整治。在东部沿海，实施养殖塘生态化改造2.8万亩，发展贝、藻、鱼类浅海生态养殖1.75万亩。到2020年，全市生态健康养殖面积达到45万亩，占水产养殖总面积的75%，对"十二五"期间已建成的现代渔业园区全面实施养殖尾水处理等生态化设施改造。

设施渔业建设提升工程。建设和完善水产养殖设施，提升设施养殖水平，加快养殖业转型升级。新创建特色渔业精品园、渔业主导产业示范区等现代渔业园区2个，在三门湾、东矶列岛、台州列岛、鸡山岛群、乐清湾等重点海域，发展离岸智能化深水网箱、浅海围网养殖1.57万亩，建设浅海防浪消浪设施，拓展浅海养殖空间。引进高档经济鱼类，新发展陆基工厂化养殖、循环流水养殖等技术集约型、资源节约型设施养殖2800亩，改造提升水产育苗场设施，推广建设养殖尾水净化处理设施、水质监测、产品检测、信息化智能化管理设施。

休闲渔业培育工程。挖掘渔业的生态价值、休闲价值、文化价值，开发渔业多种功能，培育休闲渔业等新兴产业。利用沿海渔业生产设施、生产活动、自然和人文景观，突出渔文化内涵、产业特色和区域特点，培育都市型休闲观光渔业、黄金海岸型休闲渔业，重点创建特色渔乡小镇6个。充分利用内陆地区的生态优势，培育生态型休闲渔业，发展休闲、垂钓、品鲜和生态观光旅游为主体的生态休闲渔业，扶持30个休闲渔业精品基地，支持观赏鱼养殖产业发展。

二是积极建设海洋清洁能源。积极推进海上风电前期工作，加快华电

玉环海上风场、温岭1号20万千瓦海上风电项目建设，加快推进玉环大麦屿风电场、港北风电场和大园头风电场等陆上风电场建设，加快健跳潮汐电站建设进度。积极借鉴国外成熟技术，探索波浪、潮流能、温差能规模化发展；推动开展临海雀儿岙海岛的风能、潮汐等多种海洋能发电技术集成研究示范基地建设；探索海洋能源与海水淡化等产业循环互动。

三是加快发展海洋生态旅游。科学利用渔业生产设施、生产活动、自然和人文景观，大力开展渔业休闲、观光和旅游活动，发展都市型休闲观光渔业、黄金海岸型休闲渔业和内陆生态型休闲渔业，创建一批产业、文化、旅游"三位一体"和生产、生活、生态"三生"融合的特色渔乡小镇。加强旅游资源与工、农渔业资源的循环互动，积极拓展三门核电站、江厦潮汐电站等工业旅游、玉环漩门湾国家湿地公园以及漩门湾观光农业园、坎门渔村、三门农博园等休闲农渔业旅游；积极推进路桥游艇小镇建设，打造台州滨海休闲旅游新高地；以大陈岛、大鹿岛、蛇蟠岛为旅游中心，带动扩塘山岛、五子岛、温岭石塘半岛、东矶列岛、海山岛、鸡山岛等海岛旅游；加快温岭东南部、临海东部、三门滨海新城、玉环新城等旅游区块开发，力争形成沿海、海岸、海岛和海域相协调的台州滨海旅游体系。

四是鼓励推广海水淡化。积极推进海水淡化和综合利用技术，重点支持沿海大型电厂等临海重化工业开展海水淡化、海水直接利用、亚海水利用等，鼓励以海水淡化水作为沿海及海岛大型高耗水企业的生产用水，鼓励有条件的工业园区配套建设海水淡化集中供水站，鼓励示范和推广可再生能源分布电源对海水淡化系统分级供电的技术。引导海洋清洁能源利用与海水淡化、水产养殖、休闲旅游相结合，提高对亚海水、电厂高温余热的利用水平，推动海洋清洁能源产业链向农业和服务业领域延伸。

三 进一步加强资源高效利用和生态环境保护工作

（一）加强资源节约集约利用

根据全市资源环境承载力水平，加强资源总量控制，推动节能、节水、节地、节材工作在重点领域、重点行业、重点企业全面深入推进。

一是加强资源总量控制约束。通过合理设定资源消耗"天花板"，加强能源、水、土地等战略性资源管控。建立能源总量管理和节约制度，强化能源消耗强度控制，做好能源消费总量管理，完善节能管理工作机制，将能源"双控"与经济增长放在突出位置，加强源头管理和落后产能淘汰，做好重点用能单位的能源监察。完善最严格的水资源管理制度，始终把节水放在优先位置，强化需求管理，实行水资源消耗总量和强度双控行动，深入落实最严格水资源管理制度，加强水资源开发利用控制、用水效率控制、水功能区限制纳污三条红线管理，强化水资源刚性约束，基本形成红线约束、市场配置的水资源管理体系，"十三五"期间全市用水总量控制在20.8亿立方米以内。完善最严格的土地节约集约利用制度，全面推广"亩产论英雄"评价制度，力争实现土地"零闲置"，有效控制建设用地开发量。

二是深化重点领域资源节约集约。开展重点行业、重点企业资源节约集约利用工作，创新节能、节水、节地、节材技术，推广资源节约集约模式。推广先进节能技术和产品，推进能源合同管理，抓好工业、建筑、交通运输等重点领域节能，健全节能市场化机制。加强雨水资源化利用和城市初期雨水治理，加强农业节约用水、工业废水回收再利用和区域性中水回用系统建设，全面推进节水型社会，落实全民节水型计划。积极盘活存量建设用地，推进城镇低效用地再开发，规范整合农村建设用地。通过生态设计、生产、制造和服务，减少原材料的消耗，加大再生材料和替代材料推广力度。

（二）建立起全社会资源循环利用网络

加强工业固废综合利用，建设完善的城市生活垃圾回收利用体系，开展餐厨废弃物等城市典型废弃物回收和资源化利用，深化生产系统和生活系统的循环链接，形成再生资源回收体系。

一是推动工业废弃物综合利用体系建设。加强对工业"三废"的监控、防治和综合利用。推进以浙江省化学原料药基地、黄岩江口医化园区、仙居经济开发区为重点的医化行业有机溶剂等副产物综合利用，持续提升医化、合成革、制鞋等企业的废气、废水处置能力。加大电镀污泥、污水处理污泥、电厂脱硫石膏、锅炉炉渣等工业废弃物综合利用，鼓励塑料、汽摩配、阀门、电机等企业对生产边角料进行回收再利用。依托家具制造业，鼓励木材加工"三剩物"和次小薪柴造板。全面推进台州市绿色矿山建设工作，重点开展萤石、建筑用石料、地开石、高岭土等矿产的综合利用。

二是推进再生资源回收利用和再制造发展体系建设。巩固台州市国家再生资源试点城市建设成果，推进全市再生资源网络建设。以台州市金属资源再生产业基地国家"城市矿产"示范基地和黄岩再生塑料回收利用集聚区为重点，完善国内国外再生资源回收体系，促进再生资源产业规模化、产业化、集群化发展，打造全国静脉产业循环发展示范基地。分类构建再生资源回收体系，鼓励和推进废旧商品回收网点和交易市场体系建设，重点建设分拣中心和社区、乡镇标准化再生资源回收网点，以再生金属交易市场回收体系项目为重点，打造一批再生资源回收基地、培育一批全产业链再生资源龙头企业。加快废旧金属、橡胶、塑料等传统再生资源产业转型升级、集聚发展，大力管控二次环境污染，不断提升台州再生资源利用水平。依托汽摩配、电机等产业基础，加快发动机、变速箱、压缩机、水泵、轮胎等零部件再制造发展，加快培育再制造龙头骨干企业。

三是建设城市生活垃圾回收利用体系。①推进生活垃圾源头分类。加强生活垃圾分类收集宣传，组织生活垃圾分类收集试点和推广，购置、建设相应的分类收集作业设备及处理设施，实施源头减量。按照城乡统筹和垃圾处理"无害化、资源化、减量化"要求，通过政策引导，大力探索并建立"农户自觉分类会聚，村街入户收集分拣，乡镇区域压缩运输，全区分区无害处理"的垃圾收运模式，创新"两次分拣、双层减量"的垃圾减量机制，最大限度实现生活垃圾减量化目标。②健全垃圾收运体系。优化生活垃圾收集站点空间布局，加快垃圾站的建设和改造，实现椒江、黄岩、路桥三区生活垃圾收集系统的全覆盖。改造生活垃圾处理中转站，提高垃圾分类收运能力和水平，实现"集中收集、就地分拣处理、综合利用"。加快垃圾运输车辆的改造和更新，淘汰敞开式中转和运输方式，推进固体废物收运车辆的"全密闭、压缩化、高运能"运行，按照密闭化的要求升级改造现有城镇生活垃圾收集、中转和运输设施。③增强垃圾处理能力。合理选择生活垃圾处理方式，提高垃圾无害化、减量化、资源化利用水平，推进垃圾处理设施一体化建设和网络化发展，减少原生生活垃圾填埋量。完善现有生活垃圾处理设施技术改造和污染防治措施，加快建设和完善沼气、垃圾渗滤液收集、处置设施，减少污染物的排放。推广焚烧发电、沼气工程等生活垃圾资源化利用方式，提高城镇生活垃圾资源化率,重点加快推动静脉产业区项目建设。

四是促进城乡典型废弃物资源化利用体系建设。加快市区省级餐厨垃圾资源化利用试点,加快建设市区餐厨垃圾处置项目。建立专门的收运系统,采用收运一体化模式,按照PPP或BOT模式实行项目招标,实现市场化运作,成立专业运输队伍,保证餐厨垃圾的密封清洁运输。建设餐厨废弃物处理厂,实施餐厨废弃物资源化、无害化、减量化处置。加强建筑垃圾回收、分类和分选,全市布局建筑垃圾处理试点,规模化、市场化推动建筑垃圾处理处置。加强废旧纺织品资源化利用,开展废旧纺织品和服装回收利用专项行动。规范园林废弃物收集,鼓励生产生物质能源和有机肥利用。

五是强化生产系统和生活系统循环链接。①推进余热余压在社会生活系统中的循环利用。实施区域热电联产工程,加快推进生产系统的余热余压等在社会生活系统中的循环利用,逐步推动高炉煤气、焦炉煤气等资源在城市居民供热、供气以及出租车等方面的应用,以及推动农业养殖生产的沼气等资源在农村居民供热、供气等方面的应用。发展热电企业冷却水在水产养殖业上的应用。②推动中水在社会生活系统中的应用。以医化、印染、光电等行业为重点,开展中水回用技术研究和应用示范工程建设,研究典型行业废水循环利用集成技术、新型高效污水生物处理技术及生物技术等水处理技术。针对不同的行业特点和区域特征,因地制宜地采取符合实际的中水回用技术路线,引导城市绿化、市政环卫、洗车等行业使用再生水等非传统水资源。鼓励城市大型公共建筑、居住小区内建设区域性中水回用系统。创建期间市区规模以上工业用水重复利用率、污水处理回用率有较大幅度提高。③鼓励企业生产设施协同资源化处理城市废弃物。推动水泥等工业窑炉、高炉开展协同资源化处理城市废弃物,逐步实现污水处理厂污泥、垃圾焚烧厂飞灰、污染土等废弃物的协同资源化利用,构建企业小循环与社会大循环的良性互动。大力发展机电产品再制造,推进资源再生利用产业发展。规划建设一批理念先进、技术领先、清洁高效的静脉产业基地,加快推进静脉循环产业园项目建设。

（三）继续推进节能减排和污染整治

加快淘汰落后产能和设备,严格限制"三高"产业发展,大力发展低能耗、高附加值产业,全面推进节能降耗,实施排放总量控制,扎实推进污染减排工作，完成对重点行业的整治任务。

一是全面推进节能降耗。加大落后产能淘汰力度，加快淘汰落后用能设备，通过淘汰一批、关停一批、迁建一批推动用能的腾笼换鸟，完成铸造、造纸、化工、牛皮标准张、标准砖的落后产能淘汰工作。积极开展固定资产投资项目的节能评估与用能审查，严格限制高耗能产业发展。大力发展低能耗、高附加值的战略性新兴产业和现代服务业，加快发展先进制造业，推进建筑节能、交通运输节能、商业及民用节能和公共机构节能，鼓励技术创新，全面推进清洁生产，确保完成年度节能任务。

二是全面实施污染排放总量控制。采取工程减排、结构减排、监管减排和科技减排等综合措施，扎实推进污染减排工作，重点要加快推进污水处理厂和截污管网建设，加大重点工业企业污染减排力度，加快脱硫脱硝工程建设，同时加快推进畜禽养殖、机动车、重金属减排项目建设，发挥应有减排效果，确保实现化学需氧量、氨氮、二氧化硫、氮氧化物等主要污染物完成减排目标；完善排污刷卡制度，扩大排污刷卡范围，完成50%市控以上企业排污刷卡任务；全面实施排污权有偿使用制度，启动征收初始排污权有偿使用费，积极培育排污权有偿使用二级市场，进一步完善可交易排污权转让交易制度。

三是全面完成重点行业整治。加快黄岩江口等地恶臭整治，完成医化保留企业整治任务，完成黄岩江口等区域整治验收；加快造纸、印染行业整治，完成造纸、印染行业整治验收；加强工业危险废物管理，建立完善危废管理长效机制。加强电镀行业长效管理，巩固整治成果；强化企业环境监管，督促企业完善治污设施，改善厂区内部环境，提高污染源自动监控设施运行水平，确保重点企业污染物稳定达标排放，确保无重特大环境污染和生态破坏事件。

四　积极创建绿色低碳循环发展的生活体系

（一）推进城镇建设绿色低碳循环化

在城市改造和新区建设中充分体现资源环境承载能力，推进城市基础设施系统优化、集成共享，加强土地集约节约利用，构建城市生态系统，发展公共交通和绿色建筑，推广分布式能源。

一是推进城市基础设施集约共享。①完善污水处理设施建设。加强工业企业废水达标整治，推广废水处理设施第三方委托运营，试点推广市区工业企业废水处理设施电表单独计量改造。研究出台分行业单位工业增加值耗水量、排水量和中水回用率等管理考核指标，从严控制工业企业用水量。加强市区污水管网和截污泵站建设，强化城市污水处理厂提标改造和脱氮除磷。全面推进雨污分流制，新城区严格控制雨污分流，逐步建立分流制排水系统。同时大力推广雨水利用技术，老城区结合拆迁地块做改造。②加强生活垃圾处置设施建设。完善生活垃圾的分类、收运和处理系统。鼓励居民对可回收、不可回收垃圾进行分袋包装，在此基础上，进行生活垃圾分类收集、清运和处理。全面推行生活垃圾集中处理，对未实现垃圾无害化、机械化处理的小区进行跟踪服务，加大宣传力度，鼓励采用垃圾无害化、机械化处理设施，逐步实现垃圾无害化处理。采取生物降解技术降解生活垃圾，实现生活垃圾减量化、资源化。加强生活垃圾再生利用，今后使用的环卫工具房、果皮箱、垃圾桶等设备尽可能使用再生产品，加强废物的回收利用。③推进清洁能源设施建设，以建设国家新能源示范城市为契机，大力推动太阳光伏发电工程、太阳能热利用工程、风电开发工程、生物质利用工程、地源热泵推广工程。积极推进太阳能光伏发电设施建设，抓住国家实施"金太阳"工程的有利时机，实施一批光伏产业重大项目。借助省内清洁能源示范区（县）创建，推进一批光伏发电设施项目的建设。大力推广沼气利用项目。因地制宜地开展沼气集中供气、沼气发电、农村户用沼气和生物燃气等工程项目。

二是加强城镇建设用地高效利用。①以国家新型城镇化综合试点为主抓手，实施主体功能区战略和都市区引领战略，科学布局市域国土空间，统筹陆海、南北、城乡协调发展，推进土地资源节约集约利用，构建"一核两副四县多点"都市区发展格局。优先盘活城市存量用地，加快推进城市旧城改造、"三改一拆"，推进峰江金属资源再生园区旧厂房搬迁改造提升，优先开发空闲、废弃土地，盘活存量土地。集约开发城市新增用地，加强城市新区开发前期规划、设计的审查工作，合理布局用地结构，提高土地配置和利用效率。积极推进住宅建设节地示范工作，继续推动节能省地型住宅小区建设工作。充分挖掘后备资源，大力推进低丘缓坡综合开发利用和滩涂围垦进度。②推进节约集约用地。全面实施工业建设节地工程，深化"以亩产论英雄、集约促转型"理念，坚持实施资源节约优先战略,积极引导企业开展节地挖潜。切实抓好住宅建设节地工程。积极推进住宅建设节地示范工作,继续推动节能省地型住宅小区建设工作。扎实推进土地开发整理工程。充分挖掘后备资源,大力推进低丘缓坡综合开发利用和滩涂围垦进度。继续深入实施"千村示范、万村整治"工程,切实加强农村宅基地整理示范村建设,实施农村土地综合整治示范工程。③加强低效用地再开发。做好低效用地地块年度更新工作,及时做好补充调查工作。制定城镇低效用地再开发年度实施方案,确保再开发工作有序推进。继续引导和鼓励各相关权利人加快低效用地再开发工作。鼓励原国有土地使用权人开展城镇低效用地再开发,引导农村集体经济组织开展低效用地再开发,鼓励市场主体参与城镇低效用地再开发。强化再开发监管措施落实到位。

三是构建城市生态系统。①开展生态型社区建设。切实抓好城市社区以及城中村生态改造。按照国家生态社区标准,结合台州实际,加快生态示范社区建设,并进一步在市区范围内全面推广,努力实现社区的规划布局合理化、工程质量标准化、建筑材料环保化、能源消耗清洁化、资源利用循环化、环境建设生态化、公众参与制度化、消费行为绿色化。②深入开展市区水生态环境整治。加强河道综合治理。切实封堵河道两侧违法排污管,积极推进市区河道疏浚清淤,加强市区河道水系沟通,全方位实施河道水面日常保洁。加快实施城乡垃圾无害化、减量化和资源化处置制度,有效解决生活垃圾污染市区河道问题。健全河道长效保洁机制,强化落实河道保洁责任。积极开展河道生态修复工程,切实改善市区河道水生生态环境。加强畜禽养殖场排泄物治理。完成现有畜禽养殖场的全过程治理,完善已整治畜禽养殖场治理措施,提高排泄物综合利用率。加快养殖小区和生态园区建设,合理布局畜禽养殖场。③构筑海洋生态系统框架。重点加强台州湾循环经济产业集聚区沿海防护林、高标准的海塘与生态景观工程建设,建立完善的沿海防灾减灾应急救助体系和生态安全保障体系。不断改善近海海域生态环境,保护海洋生物多样性。加强海岸带生态保护,特别是加强生态脆弱带与受损生态系统的生态修复。

四是构建绿色综合交通运输体系。①着力构建升级版的立体式、便捷化、绿色化的综合交通大框架,实现对外互联互通,对内无缝换乘,三市南北中央通道及轨道贯通,三带东西海陆纵深链接,构建"十纵十横"

的公路网和"三纵二横四支"的铁路网。全力推进市区"一绕三环三纵三横"路网建设，加快城市骨干路网的衔接，确保重点骨干道路各区之间如期对接，推进高速公路、国道、省道等对外交通通道建设，构建台州中心城市核心区20分钟生活工作圈，形成"外快内畅"的交通路网格局。②健全完善公共交通系统，推广拼车等现代新型交通组织形式，推动建立交通运输装备能效标识制度，鼓励市民优先购置新能源汽车，加快充电桩等基础设施建设。构建绿色交通网，依托城市江河湖海岸线，串联城市公园绿地，构建以步行、非机动车为主要交通的慢行绿色交通网。

五是实施绿色建筑行动。①推进既有建筑节能改造。以改善人民群众居住条件，提高既有建筑能效和资源理由效率为目标，按照"经济、适用、美观、高效"的原则，依据国家、省现行绿色建筑和建筑节能设计标准和规范，对既有建筑进行节能改造，提高既有居住建筑能源、资源利用效率。②全面推广绿色建筑。颁布绿色建筑激励政策，逐步增加建筑节能专项资金，重点支持新建建筑绿色提升、既有建筑节能改造、建设科技创新、可再生能源建筑应用等项目。宣传推广绿色建筑评价标准，全市推广建立自愿性与强制性相结合的标识推进机制，并逐步过渡到对所有新建绿色建筑进行标识评价。推广绿色建筑相关技术，积极推广太阳能、地源热泵和中水回用、雨水收集等节能新技术的应用，并建立从设计标准、施工验收规程、标准设计齐全配套的技术体系。③大力推进建筑垃圾资源化利用。开展建筑垃圾资源化利用的研究，大力推进综合资源利用技术的应用，推进硬质建筑垃圾和渣土生产再生建材。采取相应措施鼓励开发商住宅工业化施工，大幅度降低建筑建造过程中的消耗，促进集设计、生产、施工于一体的住宅工业化基础建设，加快全市住宅工业化进程。

（二）推动生活方式绿色转型

提高全社会的节约意识，推广绿色产品，引导居民进行垃圾分类，倡导绿色低碳出行方式，提高绿色产品市场占有率。

一是倡导绿色消费和生活方式。①进一步提高公众绿色消费、绿色生活意识，依托社区和村庄的宣传栏、宣传墙，广泛开展节水节能家用器具推广、垃圾分类、减少一次性用品使用、抑制过度包装、绿色出行交通指南等绿色生活理念宣传。推动循环经济知识进校园、进课堂、进教材，发挥中小学生、大学生在全社会的带动辐射作用。利用世界环境日、世界地球日、全国节能宣传周、科普活动周等广泛开展主题宣传活动,在全社会树立节约集约循环利用的资源观。②积极开展形式多样的循环文化创意活动,充分利用广播电视、报纸杂志、互联网、手机等多种途径普及循环经济知识、宣传典型案例、推广示范经验。深入开展节俭养德全民节约行动、光盘行动等社会活动,引导居民广泛使用节能节水型设备,选择公共交通工具出行,购买具有环境标志的绿色产品,加快形成节约集约利用资源的绿色循环消费模式和生活方式。把循环经济理念和知识纳入国民教育体系,提高社会公众对循环发展的认识,培育形成绿色循环发展的社会氛围。

二是培育绿色产品消费市场。减少一次性产品使用,制定餐饮休闲行业再生产品、再制造产品目录,并推广利用。抵制过度包装,进一步加强限制生产销售使用塑料袋的监管力度,在巩固超市、商场限塑成果基础上,深入推进集贸市场的限塑工作。鼓励使用绿色材料制品、可拆解再利用产品、节能节水型产品、环境无害型产品,完善绿色产品统一标识制度,畅通绿色产品流通渠道,鼓励消费者购买和使用绿色产品。推动全市光热、光电和地(水)源热泵等可再生能源建筑规模化应用的全面发展,推动可再生能源建筑一体化应用。

三是推动全社会践行绿色办公。发挥党政机关在节能减排、绿色消费方面的表率作用。切实建设节约型政府,深入推进绿色节能产品政府采购制度,制定政府绿色采购目录或清单,严格执行强制或优先采购节能环保产品制度。加强节能产品政府采购的管理,完善节能产品政府采购评价监督机制。在党政机关、学校、医院等各类公共设施和保障性住房中全面执行绿色建筑标准。全社会切实推广电子政务和电子商务,鼓励无纸化办公,建立办公大楼能源需求与使用管理系统。鼓励电视电话视频会议,减少公务用车出行。

五 完善绿色低碳循环发展的制度保障和公共服务体系

在国家和浙江省制定的生态文明制度框架下,根据全市建设指标、重点建设领域和重点项目要求建立统一的管理体系,建立覆盖各相关部门、各县(市、区)的管理标准,从而实现生态文明建设管理的标准化、常态化和科学化,调动社会各方面的积极力量,形成政府垂范和引领、全社会积极参与的互动局面。同时，积极转变政府职能，构建完善的服务体系，助推绿色低碳循环发展。

（一）完善资源总量管理和全面节约制度

完善最严格的耕地保护制度和土地节约集约利用制度。完善基本农田保护制度，划定永久基本农田红线，实行严格保护。加强耕地质量等级评定与监测，强化耕地质量保护与提升建设。完善耕地占补平衡制度，对新增建设用地占用耕地规模实行总量控制，严格实行耕地占一补一、先补后占、占优补优。实施建设用地总量控制和减量化管理，建立节约集约用地激励和约束机制，调整结构，盘活存量，合理安排土地利用年度计划。

建立能源消费总量管理和节约制度。健全重点用能单位节能管理制度，落实能源总量控制目标。健全节能低碳产品和技术装备推广机制，强化节能评估审查和节能监察。加强对可再生能源发展的扶持，逐步建立碳排放总量控制制度和落实机制，建立增加森林、草原、湿地、海洋碳汇的有效机制，加强应对气候变化国际合作。

扎实推进用水总量控制红线试点。全市严格实行用水总量控制，建立取水户年度用水量申报制度和年度审核检查制度，清查核实取水许可证的有效性和实际取水情况。强化建设项目水资源论证工作，限额（年取水量50立方米）以上建设项目未开展水资源论证或水资源论证未通过的，不予批准取水。依法加强水资源费征收，加快制定高耗水工业和服务业用水定额标准。推进监测计量能力建设，建立水资源监控体系是水资源管理的基础工作，切实提高监控水平。

建立海域使用权管理。依法依规，严格控制围填海规模，在用海出让方案论证和申报时，严格依照海洋功能区划的功能定位和管理要求做好审查。强化区域用海规划理念，对于成片围填海区域，必须走区域用海规划报批途径，严禁化整为零，严控规划范围。做好围填海年度计划的编制，通过年度计划调节，控制围填海规模和进程，控制海岸线开发规模和强度，有效保护并合理开发利用海岸线资源。

完善资源循环利用制度。建立健全资源产出率统计体系。实行生产者责任延伸制度，推动生产者落实废弃产品回收处理等责任。加快建立垃圾强制分类制度。建立资源再生产品和原料推广使用制度，相关原材料消耗企业要使用一定比例的资源再生产品。完善限制一次性用品使用制度。落实资源综合利用并促进循环经济发展的税收政策。

（二）深化资源要素配置改革

健全竞争性价格获取机制，构建资源要素交易体系，加强土地、能源、水资源等集约高效利用，提高资源要素市场配置水平，形成推动资源集约节约的良好环境。开展工业企业综合评价工作，对工业企业实行分类排序，并与用地、有序用电、排污指标、税费调整、能源配置等相挂钩，对企业进行分类管理，打通要素流通渠道，淘汰低小散企业，引进具有市场竞争力、创新性强的企业，推进资源要素向优势产业、先进企业和重大项目集聚。围绕资源配置的精准、高效，强化评价结果应用，使资源价格差别化、资源总量配置差别化、资源征收方式差别化措施更具针对性。建立公开公正的效益综合评价排序机制、差别化的资源要素价格机制、"腾笼换鸟"激励倒逼机制、便捷高效的要素交易机制。通过充分发挥市场和政府的作用，合力形成要素配置与企业质量和效益相挂钩的机制，切实推动资源配置向发挥市场决定性作用转变，推动企业由要素驱动向创新驱动转变，推动政府管理向积极有为、强化服务转变。

（三）建立循环经济统计和评价制度

建立循环经济统计指标体系。在国家和浙江省设计的循环经济指标体系的基础上，结合台州市地方特点和统计基础，以资源产出率为核心指标，设计具有实际可操作性的指标体系。完善统计核算方法，建立统计核算制度和数据发布制度。开展资源产出率统计研究工作，建立健全资源产出率统计体系，完善循环经济统计指标体系。

完善循环经济评价考核体系。以资源产出率为核心的循环经济统计指标体系为基础，建立循环经济统计评价考核制度，以反映循环经济发展成效。创建全市开发区（工业园区）循环经济发展水平评价制度，把循环经济评价主要指标纳入经济发展方式转变综合评价体系，对发展循环经济成绩显著的单位和个人依法给予表彰和奖励。

健全循环经济统计调查制度和监测预警制度。强化职能部门对循环经济指标基础数据的统计和监测，加强循环经济统计队伍建设，建立以发改、经信、环保、统计、镇街、园区等部门为主要成员的循环经济统计配合小组，建立完善的数据报送和审核制度，做好数据采集和分析工作。建立统计监测预警制度，对台州市循环经济系统的指标体系进行监测，对循环经济发展中出现的非合理情况发出警报,并采取相应的调控手段。

(四) 完善环境治理体系

建设海洋环境监测体系。建立全市海洋生态环境监测网络与信息共享平台,健全市(区)级海洋生态环境监测机构,完善环境监视监测体系,逐步形成集航空遥感、监测船舶、海洋监测浮标、海上自动监测平台、重点企业在线监控的立体化监视监测网络。开展重点区域排海污染物总量控制。

深化排污权有偿使用和交易。继续深入开展台州市排污权交易试点工作,由台州市排污权储备中心具体负责全市排污权的收储交易,行政区域内新建、改建、扩建及技术改造(包括易地搬迁)的建设项目新增加COD、SO_2二项主要污染物排放量的,污染物排放指标均通过排污权交易获得。按照国家和浙江省碳减排要求,探索建立区域碳排放权交易市场,积极开展碳排放权交易,建立碳减排市场化机制,发展碳金融市场。

试点区域生态补偿机制。针对区域自然条件和产业布局,进行生态补偿机制与政策研究。开展台州市西部山区和东部海域的生态补偿试点工作,确定区域生态补偿的基本原则、具体内容(包括补偿主体、对象及方式)和补偿费的计算及使用。推动生态补偿工作在法制、市场机制等方面的改革和突破。

建立市场准入环境"倒逼"机制。建立项目筛选和准入评审制度,由招商部门以台州市产业导向为基础进行项目筛选,由发改、经信、环保等部门根据台州循环经济统计指标对项目进行评审,严把项目引进关。大力推行"绿色招商"和产业链招商,围绕台州市产业和技术瓶颈,"补链引资",完善产业循环链。重点引进和发展资本密集、技术密集和专业特色型产业,以形成具有自己特色的产业结构。

(五) 构建高效的绿色低碳循环发展公共服务体系

充分发挥专家咨询、行业协会、中介机构和科研院所的作用,完善信息和技术服务体系,积极开展对外交流与合作,构建高效的循环经济发展支撑服务体系。

一是完善循环经济信息和技术服务体系。加大循环经济共性关键技术研发和产业化,推动组建医化、再生资源、海洋经济等重点领域循环经济产业联盟,重点支持减量化、再利用与再制造、废物资源化利用、产业共生与链接等方面的关键技术、工艺和设备。充分发挥专家咨询作用,全面系统地分析循环经济发展的信息和国内外发展动态,为各级政府和管理部门提供必要的信息服务。及时发布循环经济技术的有关信息,建立循环经济技术转让市场,加速循环经济技术的推广、应用和扩散。充分发挥行业协会、节能技术服务中心、循环经济咨询中心、清洁生产审核等中介机构的作用。强化与各类高等院校及科研机构的合作,培养一批发展循环经济的专业人才和实用人才,完善循环经济技术咨询服务平台,构建高效多元的循环经济发展的支撑服务体系。

二是健全循环经济公共服务平台。①建设再生资源信息中心。一是开展在线回收业务,开通免费收购热线电话和废品收购电话,通过电话联系开展上门回收服务,为市民投售再生资源提供方便。二是开展网络业务,通过网站发布再生资源相关信息,并通过网上交易平台填写网上收购订单,网络信息员根据再生资源数量以及订单地址安排车辆开展上门回收服务。三是建立信息服务互动网络平台,建立再生资源回收利用信息系统和数据库,及时收集、整理和发布国内外再生资源回收利用信息,传播有关再生资源分类、回收、处理、加工等最新信息。②搭建共性技术推广平台。针对机电、医化等主导产业面临的循环经济发展的共性问题和共同的技术难题,建立循环经济技术推广平台,依托台州市科技创新公共信息服务平台等现有技术平台,组织专家团队,通过考察、研究攻破难题,在推广平台上加以宣传、推广,促进产业的整体转型升级。③强化循环经济信息化公共服务平台。建设支撑循环经济发展和示范城市建设的数据统计、项目管理、信息服务、技术研发推广等公共服务平台。充分依托循环经济统计体系,建立循环经济基础数据库,构建集循环经济信息服务管理、技术研发应用与推广、电子商务平台、金属加工废弃物交易等功能于一体的全市循环经济信息化平台,为全社会提供循环经济宣传、网上交易、技术服务的公共服务平台。

三是拓展对外合作领域与渠道。鼓励引进国内外先进的循环经济技术和经营管理模式,建立示范项目推进机制,加快成熟技术、工艺、设备、管理的推广应用。在资金、技术、人才、管理等方面积极开展国际国内交流与合作。利用产业导向和优惠政策,鼓励外资投资高新技术、污染防治、节能和资源综合利用项目。建立以企业为核心的循环经济技术创新体系，积极开展全方位、多层次、高水平的国际科技合作交流，支持高校、院所和大型企业参与国际重大科技课题攻关。加强对循环经济、低碳发展等紧缺急需的高技能人才的引进和定向培训深造。

第二章

威海市：森林城市的绿色低碳循环发展经济体系建设[①]

威海市位于山东半岛东端，北、东、南三面濒临黄海，北与辽东半岛相对，东与朝鲜半岛隔海相望，西与烟台市接壤。总面积5797.74平方千米，其中市区面积2606.65平方千米，海岸线长985.9千米，辖环翠区、文登区、荣成市和乳山市。改革开放以来，威海市一直坚持产业强市、工业带动、突破发展服务业，推动三次产业协调融合发展。2018年实现全年地区生产总值3641.48亿元，按可比价格计算，比上年增长6.7%，其中，第一产业增加值281.21亿元，同比增长2.6%；第二产业增加值1601.20亿元，同比增长5.6%；第三产业增加值1759.07亿元，同比增长8.3%。全市三次产业结构为7.7∶44.0∶48.3，经济结构进一步优化。

威海市在绿色发展方面更是走在了全国的前列，多次获得"国家卫生城市和先进城市"称号。其中，1984年威海市成为第一批中国沿海开放城市，1990年被评为中国第一个国家卫生城市，1996年被建设部命名为国家园林城市，2009年5月7日被评选为国家森林城市，2017年入选为第五届全国文明城市，2018年1月入选首批社会信用体系建设示范城市，2018年10月威海市获评健康中国年度标志城市，2018年12月被确认为"无废城市"建设试点城市。威海市作为绿色发展的典型代表城市，在绿色发展方面具有一些典型做法和成功经验，走在了全国前列。

[①] 本部分执笔：张友国、韦结余。

第一节　威海市绿色低碳循环发展概况

"十三五"时期以来,特别是党的十八大以来,威海市坚持把发展循环经济作为落实习近平新时代中国特色社会主义思想、推进节能降耗、转方式调结构的一项重要工作来抓,按照"加快科学发展、建设生态城市"的总体要求,着力延伸资源综合利用链条,推动全市经济绿色发展、循环发展、低碳发展,引导企业走长远发展、可持续发展道路,努力建设人与自然和谐共生的现代化。整体来看,"十二五"期末,全市万元GDP能耗同比累计下降23.00%,完成山东省政府下达的"十二五"总进度目标的140.30%,在全省节能目标总体考核中位居全省第一。2016年和2017年,全市万元GDP能耗同比分别下降5.43%、5.58%,超额完成省政府下达的年度下降3.43%的节能目标任务。具体来看,威海市在促进经济绿色发展方面取得的主要成效如下。

制造业改造升级不断推进。围绕山东省十强产业方向,结合威海市产业优势,威海市出台了《关于培育壮大千亿级产业集群的实施意见》,提出大力发展新一代信息技术、新医药与医疗器械、先进装备与智能制造、碳纤维等复合材料、海洋生物与健康食品、时尚与休闲运动产品、康养旅游等七大千亿级产业集群。同时,还联合相关部门正在分产业集群编制三年行动计划和科技支持、精准招商、特色细分产业集群培育三年行动计划,形成"1+10"的工作推进体系。2017年,全市规模以上工业增加值增长8.1%,高新技术产业产值占比达到41.13%,比年初增长1.18个百分点,占比居全省第4位。

服务业增量扩容、提质增效明显。威海市坚持突破发展服务业特色产业,出台《关于突破发展服务业特色产业的实施意见》,优化提升旅游休闲业、商贸流通业、现代物流业,培育壮大现代金融、电子商务、科技和信息服务、健康养老、文化创意、体育休闲等现代服务业,推进服务业发展提速、比重提高、水平提升。2017年,服务业增加值完成1664.13亿元,增长9.6%,占GDP比重达到47.8%,同比提高1.2个百分点。全市电子商务交易额约为1939亿元,同比增长32.1%;金融业增加值102.92亿元,占GDP的比重为2.96%,同比提高0.13个百分点。

绿色生态农业高效发展。2017年，威海市共争取中央资金7867万元，促进威海市生态农业发展。主要从两个方面推进生态农业发展。一方面，积极布局生态农业工程建设。一是支持威高农业生态园等6个大型沼气工程建设，项目数量和扶持资金位居全省首位；二是对大中型畜牧养殖场进行标准化改造，减少农业面源污染；三是建设沿海防护林1.25万亩，构筑绿色屏障；四是建设高区双岛湾一期等3个防潮堤项目，提高防潮减灾能力。另一方面，加快推进农村产业融合发展。一是推动荣成市等35个农村产业融合试点先行先试，挖掘典型、推广经验，带动全市面上工作，积极培育"新六产"，形成农业农村发展新动能。二是争取全市57个项目列入省农村产业融合发展规划，筛选23个试点经验，形成《威海市农村产业融合发展经验》汇编，其中，威海市、荣成市以及温泉镇等6个镇、村农村产业融合发展工作经验入选《山东省农村产业融合发展典型案例汇编》。

清洁能源大力发展。近年来，威海市致力于发展非化石能源，着力构建清洁、高效、安全、可持续的现代能源体系。在光伏发电方面，将国家政策与威海市实际充分结合，积极指导各区市科学、理性、稳步推进威海市光伏发电项目建设，截至2018年，威海市备案分布式光伏装机已达165兆瓦；在核电建设方面，华能高温气冷堆核电站示范工程，计划于2019年8月并网发电；国核大型先进压水堆CAP1400核电站示范工程，一号机组计划2021年建成投产；在水电建设方面，山东文登抽水蓄能有限公司昆嵛山抽水蓄能电站项目，预计2020年发电机组到位安装，2022年5月首台机组开始发电，2023年上半年全部6台机组并网发电；在风电方面，建成运行风电场20个，总装机容量达97万千瓦。

全面完成煤炭压减任务。2012年以来，威海市通过压减过剩产能、提高煤炭利用效率，不断优化能源结构，煤炭消费总量控制工作取得了积极进展和成效。截至2016年年底，全市煤炭消费总量比2012年下降291.2万吨，比省里下达的压减目标多减220.2万吨，超额完成了省里2015年下达给威海市的"2017年煤炭消费总量比2012年降低70万吨"的任务目标。2017年，威海市全社会煤炭消费总量比2016年净压减10多万吨，根据《山东省煤炭消费压减工作情况通报》来看，再次完成省下达给威海市"2017年煤炭消费比2016年净压减2万吨"的任务目标。

第二节　威海市推进绿色低碳循环发展的主要做法

一　完善顶层设计

威海市三面环海、一面接陆，独特的地理位置造就了威海市得天独厚的自然环境。在城市发展道路上，威海市没有在以牺牲环境为代价的发展浪潮中冲在前面，而是始终坚持生态立市、绿色发展。经过不断探索，威海市建立了"3+3+3"模式，通过建立"三个体系"，实施"三节工程"，围绕"三个环节"，来全面推进绿色低碳循环发展。

（一）以"三个体系"健全推动循环经济与节能低碳发展机制

威海市、市政府对发展循环经济，实施低碳发展高度重视，将其纳入建设节约型城市的重要议事日程。

一是完善了发展循环经济实施低碳发展的组织领导体系。为了适应新形势下节能工作的需要，威海市调整了节能减排工作领导小组，健全了联席会议制度，统筹、协调和指导全市循环经济与节能低碳发展。设立了市政府节能办公室，建立了市节能执法监察支队，各区市也成立了相应的领导机构和工作机构，形成了上下联动、部门互动的有效工作机制，为发展循环经济，实施低碳发展提供了强有力的组织保障。

二是建立了发展循环经济实施低碳发展的政策支持体系。先后制定印发了《威海市节能减排综合性工作方案》《威海市"十三五"节能与循环经济发展规划》《关于发展循环经济建设资源节约型社会的意见》等一系列文件，建立了比较完备的循环经济与低碳发展的政策支撑体系。设立了节能减排与技术创新专项资金，用于支持节能节水、循环经济、清洁生产、煤炭清洁利用重点项目建设及关键技术的推广和产业化。

三是建立了循环经济与低碳发展统计评价体系。建立了能源消耗状况月报告制度和定期通报制度，依托省资源综合利用统计系统和节能环保产业统计报表系统，每季度对全市资源综合利用和节能环保产业发展情况进行分析，为威海市发展循环经济提供科学支撑。

（二）以"三节工程"为载体推动循环经济与节能低碳发展

严格遵循循环经济与节能低碳发展的内在规律，以资源节约和再生利用为突破口,以工程项目为载体,积极促进资源的高效利用和循环利用。

一是实施节能工程。以电力、化工、建材、机械制造等高耗能行业为重点,综合运用节电、节煤、节油、能量系统优化、余热余能回收利用等技术,实施了一批节能技术改造项目。"十二五"时期以来,每年组织市百户重点用能企业实施百企节能重点工程,年可实现节能量9.5万吨标准煤。重点实施了荣成市弘久锻铸有限公司铸造生产工艺系统综合节能改造项目,年可节约标准煤2.05万吨;组织实施了威海蓝星玻璃股份有限公司浮法玻璃生产线废气余热发电技术改造项目,年可节约标准煤0.91万吨;组织实施了文登市西郊热电有限公司低温循环水节能改造项目,年可节约标准煤1.1万吨。

二是实施节水工程。以电力、造纸、冶金、化工等高耗水行业为重点,切实加大了各类节水工程的组织实施力度。实施了威海热电集团有限公司智慧热网集成技术及应用项目,具有显著的节能节水效果。

三是实施节材工程。以提高原材料使用寿命、强化原材料替代水平等为目的,切实加强了对原材料消耗大、利用率低的重点行业的产品生态设计,推广了一批节材新技术、新产品。组织实施了山东蓝岛新型建材科技股份有限公司年产360万平方米新型低碳环保建筑板线项目,年可利用工业"三废"25万吨、农业"三废"12万吨,节约水泥5万吨,替代石材、瓷砖、木材、石膏板、水泥纤维板等400万平方米,对于引领建筑业向环保节能方向发展,起到了积极的示范作用。

(三)以"三个环节"为重点推进循环经济与节能低碳发展

以资源的高效利用和循环利用为核心,以减量化、再利用、资源化和无害化为原则,切实提高资源能源的使用效率。

一是围绕"减量化",着重抓好节能降耗。严格落实固定资产投资项目节能评估审查制度,认真实施超耗能加价和差别电价政策,进一步加快落后产能关停并转步伐,综合运用市场手段和法律手段,从源头上严控"两高一资"项目,积极化解产能过剩和淘汰落后产能。"十二五"时期以来,威海市把淘汰落后产能作为促进经济发展方式转变、推进产业结构调整、促进节能减排和技术进步的重要措施,列入国家淘汰落后产能计划的威海文隆电池有限公司、文登市文盛染织有限公司、威海海马地毯集团有限公司等企业落后生产工艺全部按期淘汰。同时,严格按照市里统一部署，全力化解玻璃、轮胎、船舶三个产业存在的落后和存量过剩产能。实施能耗动态管理制度，督导重点用能企业深入开展对标挖潜及全方位降本增效活动。

二是围绕"资源化"，着重抓好资源综合利用。积极推动企业、行业通过产业链的延伸与耦合，实现工业"三废"综合利用产业化。重点培育的省级循环经济试点企业好当家集团，初步建立了"食品加工剩余物—养殖饲料—有机肥料—农业种植—食品加工"的循环经济发展模式，实现了两个产业间的生态循环。大力发展资源综合利用，对冶炼废渣、粉煤灰、炉渣等固体废弃物基本做到了当年排放当年全部利用。组织实施了园区循环化改造，引导荣成、文登、经济技术开发区3个省级园区按照既定实施方案要求，认真落实"省级园区循环化改造方案"，积极实施省循环经济示范专项建设，荣成市经济开发区申报获批为"山东省循环经济示范单位（第二批）"，通过节能、节水、节地、节材构建企业内部、企业之间的循环经济产业链进行改造。实施了荣成德远塑业有限公司利用废塑料改性生产断桥隔热节能建筑型材产业化等5个省级循环经济计划项目，培育了14家省级循环经济示范单位；文登奥文电机有限公司的再制造电机产品通过国家认定，被工信部确定为国家机电产品再制造试点单位。积极组织开展重大关键共性循环经济技术的研发攻关，实施重大循环经济科技专项10多项。其中，由威海索通节能科技股份有限公司的"高黏度油专用离心式净油机的研发与应用"获省循环经济创新科技重大成果奖。

三是围绕"无害化"，着重抓好清洁生产。认真贯彻落实《清洁生产促进法》，制定出台《威海市大气污染防治重点行业清洁生产推行方案》，按照"典型示范、注重实效、重点突破、整体推进"的工作原则，以化工、造纸、印染等高耗能、高污染行业为重点，对威海市明珠硅胶有限公司烘干窑改造等5家企业的6个清洁生产项目实施了改造，承担并实施了天润曲轴股份有限公司节能环保型球铁曲轴铸造生产技术改造项目等2个中央财政清洁生产专项资金支持的关键共性清洁生产技术应用示范项目。积极推行自愿性清洁生产审核，160家企业通过了审核验收。努力实现末端治理到源头控制的转变。

二 推进绿色低碳循环发展的产业体系建设

近年来,威海市积极探索绿色低碳循环发展产业体系的市场化发展路径。组织开展全市环保产业调查工作,全面掌握环保产业基础状况,立足威海市经济社会发展需要和环保产业链条,精准查找潜在环保需求和薄弱环节。进一步规范环保产业市场,积极培育环境治理和生态保护市场主体,培育扶持创新性强、增长速度快、具有一定规模的环保龙头企业。深化环境服务试点,创新区域、行业、企业环境治理一体化等污染治理与管理模式。壮大第三方监测、第三方治理及政府与社会资本合作等服务市场。支持拥有核心技术或拳头产品的龙头企业向环保服务领域拓展,成立综合性环境服务集团公司。开展小城镇、园区环境综合治理托管服务试点。在污染物排放量大、治理技术成熟的重点行业以及工业园区大力推行环境污染第三方治理,提高污染物治理的产业化、专业化、市场化程度。同时,威海市通过强化科技支撑增强循环经济创新能力,积极整合科研力量,逐步建立和完善支撑循环经济发展的绿色技术体系,同时加大对资源节约和循环利用及清洁生产关键技术的攻关、引进、消化和吸收,并将其纳入科技开发和产业发展计划,推进传统产业升级改造,实现低碳循环发展。

(一)努力做强做优电子信息产业

2017年11月1日,世界"500强"、全球打印机领军企业美国惠普公司投资10.5亿美元正式入驻威海高新区,标志着惠普并购三星打印机业务圆满收官,也同时标志着威海市从一个电子信息制造加工基地,加快转型为集研发创新、智能制造为主要方向的全球打印机"产能第一、技术水平第一"的新高地。

第一,引进惠普公司,带动电子信息产业转型升级。引进美国惠普公司,将带动整个电子信息产业的新旧动能转换,主要体现在三个方面。

一是实现产品的更新换代。三星电子于1993年在威海市成立了三星电子(山东)数码打印机有限公司,是山东省最大的韩资工业项目,主要生产A4打印机,产品的市场均价不足1500元/台,由于附加值较低,在2014年之后收入连续下滑,2015年下滑24%,2016年下滑11%。而引进美国惠普公司后,主要以生产A3打印复合机为主,该机型整合了三星的激光打印技术优势和惠普的智慧系统优势，单品最高售价约 30 万元，相当于一辆凯美瑞轿车的价格、是原产品的 20 倍，核心部件的技术含量达到世界一流水平。惠普入驻之后，2017 年当年即实现满负荷生产，主营业务收入（77 亿元）增长 40%、外贸进出口（85 亿元）增长 42%、缴税金额（4.93 亿元）增长 131%。

二是实现产业的转型升级。围绕三星电子（山东），多年来在威海集聚了 117 家配套企业，遍布威海 3 区 1 市（县），这其中没有 1 家投资过 1000 万美元，2017 年之前，最大的配套企业年主营业务收入不足 3 亿元，呈现规模小、布局散、产品技术含量低的特点。而引进美国惠普公司后，迅速引进了总投资 12 亿美元的 5 个过亿美元配套项目，其中总投资 5 亿美元的香港亿和、总投资 3 亿美元的台湾正崴、总投资 1.5 亿美元的新加坡茂森是打印机产业全球配套企业的"前三强"，香港亿和是 2017 年"香港山东周"现场签约的投资额最大的科技产业项目，并且将随项目同时入驻企业的全球研发制造中心。新的配套项目全部达产后，整个产业链收入将突破 1000 亿元，形成千亿级的特色产业集群。

三是实现技术的迅速飞跃。美国惠普公司是全球打印机遥遥领先的巨头，在全球打印机市场上，惠普一家独占 40%，是排在其后的佳能、兄弟、三星等的总和，并购三星打印机后，其全球市场份额将达到 50%。但此前，惠普打印机一直由佳能、捷普等代工，没有自己的研发制造基地，惠普打印机全球总裁洛里斯以及全球副总裁理查德、玛丽亚、庄正松等高层均明确表示，惠普将以并购三星为新起点，致力于实现激光打印、3D 打印、生物打印、医疗打印等智能领域的跨界融合发展，全面领跑全球打印机研发创新和智能制造，威海基地作为惠普全球唯一的直接管理基地，正在积极承接惠普亚太研发中心等重要平台，未来将成为全球打印机"技术水平第一"的新高地。相关技术、管理、运营模式的引进，也必将带动山东省电子信息产业整体的新旧动能转换。

第二，大力发展电子产业，形成产业集聚优势。在全球制造业加快向国际转移的大背景下，威海能够实现留住三星（山东）A4、整合三星（苏州）A3，引进美国惠普的成绩，主要得益于三方面的工作。

一是坚持发展特色产业。威海立足本地实际，明确把电子信息产业作为重点打造的七大千亿级特色产业之一，规划建设了电子信息与智能制造产业园等五大特色园区,实现了产业聚焦、园区聚焦、政策聚焦。为了引进美国惠普,紧盯国际资本向中高端流动的新趋势,高新区在三星(山东)要转移的关口,敏锐地分析出三星试图降低成本、剥离非核心产业的战略动机,捕捉到惠普亟须掌握激光打印技术、拥有自己的研发制造基地的战略诉求,针对两大国际巨头的战略制定专业的措施。把整合三星作为前提,以引进惠普作为落脚点,重点在完善产业发展生态上下功夫,提出"产业全链条、园区全配套、供货零库存",规划建设了4000亩的惠普OA全球产业园,提前引进了香港亿和、台湾正崴、新加坡茂森等全球配套巨头,在园区集中集约布局,原三星电子副社长、打印机事业部部长金基镐表示"威海在关键时刻,行动最快、措施最专业",成为整合三星、引进惠普的关键。

二是坚持集聚高端平台。三星电子落户威海多年,但最终增长乏力,甚至计划转移,症结在于仅仅将威海作为生产基地,没有配套产业向高端化、智慧化发展的创新平台。因此,威海决定加快建设立足山东半岛、以两化融合为特色的国家(威海)区域创新中心,紧扣电子信息等产业高端化、智慧化发展需求,加快构建创新平台体系,支撑产业由制造向创造、智造跃升。国家(威海)区域创新中心中,重要的组成部分是直属工信部的工信部威海电子信息技术综合研究中心。工信部作为全国电子信息产业的主管部门,拥有制定规则、引导方向的广阔资源,把该中心建设在紧邻惠普OA全球产业园旁边,为惠普和配套企业提供国家级的检测、认证等"上门"服务。特别是,惠普目前在中国,呈现出市场大、声音小的窘境,亟须扩大在制定标准、引领创新等领域的话语权,在这方面工信部拥有独一无二的优势。在惠普并购审批过程中,工信部领导明确表态:威海是工信部的重要创新基地,支持惠普以威海为"海上丝绸之路"的起点,深度融入国家"一带一路"倡议,得到了惠普的热烈回应。

三是坚持推进机制创新。三星电子和惠普公司都是世界500强企业,威海要整合三星、引进惠普,面临的是越南、苏州、重庆、广州等地全球的激烈竞争。在这个过程中,威海充分发挥"有为政府"作用,以可行的办法代替不可行的理由,以机制创新优化服务,被惠普誉为"全球最佳合作伙伴"。高新区成立了专门的OA办公自动化招商服务处,"点对点"跟踪研究三星、惠普,为了完善配套,这个团队拆分了多台三星和惠普打印机的主导产品，逐个部件研究、逐个零件计算成本，产业链缺什么就有针对性地引进什么，所有配套按照最优半径布局，国际国内近百次对接、谈判，最终才引来了香港亿和、台湾正崴、新加坡茂森等全球知名的配套企业。同时，为了赢得与苏州的竞争，达到"就地扩建"的目标，高新区在5个月时间调整、建设厂房10万多平方米，被三星誉为"建企以来速度最快、质量最好的厂房"。不仅如此，在惠普并购案审批受阻时，省政府、省商务厅和威海市政府一起到北京商务部、工信部现场办公，白天跑部委、晚上利用时差对接美国惠普总部，最终在限期内争取商务部加班通过审批，确保了并购案的圆满完成。

目前，惠普在威海发展信心非常足，2018年第一季度主营业务收入增长20%左右。入驻完成以来，惠普的多位全球副总裁到山东、到威海，均明确表示要在威海加快发展。4月中旬，惠普全球供应商大会在威海举行，来自全球各地的100多家配套企业通过现场考察，洽谈合作。惠普的品牌、市场，将确保惠普打印机在未来抢占50%左右的全球市场份额，各类打印机产量达到1700万台（其中A3复合机200万台）。

（二）大力布局海洋产业，发展蓝色经济

威海市所辖荣成市地处山东半岛最东端，海岸线近500千米，海洋经济占GDP比重在60%以上。在习近平总书记经略海洋的重要精神指导下，在中央和山东省委、省政府，威海市委、市政府的正确领导下，荣成市抓住供给侧结构性改革重大机遇，启动新一轮转型跨越，坚持以争当全省县域践行新发展理念排头兵为目标，以创新型城市建设为主线，全面展开新旧动能转换重大工程，深入推进新兴产业培植和传统产业升级，深度拓展绿色发展空间和开放发展空间，构建现代化、高质量海洋经济体系，加快区域发展由资源依赖向创新驱动转型，由传统渔业大市向海洋经济强市跨越。2017年，完成生产总值1160亿元，增长8.3%；一般公共预算收入71.9亿元，增长9.7%，税收占财政收入比重达到80%。

第一，突出抓园区创新和招商创新，培育壮大新兴产业。立足荣成资源禀赋和产业基础，瞄准海洋经济前沿领域，打造"两园一区"、发展三类产业，培植海洋经济新的增长点和转型点。

威海海洋高新技术产业园，主攻从传统海洋食品中分离出的海洋生物科技产业，抢占未来海洋经济制高点。园区按照国家级园区的标准高端开发，实施 16.5 亿元的基础设施 PPP 工程，完善路网绿化、污水处理、热电联产等配套，投资 3 亿元建设海洋生物技术创新中心、创业服务中心、专业孵化器和梦工厂四个平台，搭建从技术研发、交易到中试、产业化的服务平台，拉开 1 平方千米核心区框架，集聚海洋生物医药、医用食品、功能性保健食品、生物制品等海洋生物科技成果，2016 年获批国家级科技园区。园区坚持专业化运作的理念精准招商，聘请安永咨询制定产业规划，与华夏幸福空间家等机构合作开展招商，严把科技和环保底线，入驻项目必须符合产业规划，必须拥有自主知识产权和发明专利，已引进袁隆平院士团队、山大泰山学者团队、厦门大学团队等，实施 6 个填补国内空白的产学研项目。园区采取辐射式转化的模式全域带动，既是海洋生物科技产业发展的主战场，也是从技术上支撑全市海洋经济转型升级的总平台，研发、孵化环节放在这里，产业化生产根据资源分布情况在全市布局。比如，海带提取物产业化，放在"全国海带第一镇"俚岛镇；生产海洋鱼类蛋白和有机肥的鸿德生物项目，放在渔货集散地石岛区域。力争通过这种模式，用几年时间使荣成的海洋经济实现更新换代。

核能利用国际创新示范园，主攻以核电项目为依托的衍生产业，培植海洋战略性新兴产业。荣成现有两个在建核电项目，由中国华能集团、国家核电等投资 1200 亿元建设，其中的高温气冷堆核电项目，是国家科技重大专项，也是同行业世界首座示范工程，2019 年将并网发电，衍生的新能源装备、新能源应用、新能源科研等领域前景比较广阔。核能利用国际创新示范园与清华大学开展战略合作，聘请清华同衡规划设计研究院进行业态策划和产业规划，主要建设国家级核能研发中心、清华核研院研究生院、先进核能产业化基地等，开展核电装备、海水淡化、新能源等技术入驻转化和产业项目招商，拉长核电项目产业链条。通过核电项目和专业园区带动，促进全市的海洋战略性新兴产业突破发展。

国家全域旅游示范区，主攻顺应消费升级趋势的旅游、文化、体育、健康、养老"五大幸福产业"，放大滨海资源优势。过去受制于"边陲"区位，现代服务业一直是荣成发展的短板，随着城铁、高速开通，拉近了荣成与省内省外的时空距离。荣成以此为契机，积极创建首批国家全域旅游示范区，策划"自由呼吸·自在荣成"的城市品牌，聚焦"五大幸福产业"，融入蓝色元素，推动跨界融合，打造新的产业链和消费链。结合乡村振兴，推进全域美丽乡村建设和大规模绿化行动，挖掘大天鹅、海草房、渔家民俗等文化内涵，引进北京唐乡等企业实施精品民宿项目，吸引央视、八一电影制片厂等 20 多个剧组前来取景拍摄，东楮岛、烟墩角、牧云庵等 10 多个村获批中国历史文化名村、全国最美渔村等国字称号，成为连接全域旅游、促进富民增收的乡村走廊。结合体育惠民，用抓经济产业的思维抓民生事业，投资 1.7 亿元对城市湿地进行保护修复，建成 2.8 平方千米樱花湖体育公园和 6 千米环湖最美赛道，举办荣成国际滨海马拉松、全国航空嘉年华、全国青少年帆板锦标赛等 9 个赛事，打造"海陆空"体育赛事品牌，拉动赛事经济和全域旅游发展。2018 年 4 月 29 日举办的第二届"荣马"，在央视直播，吸引线下 1.2 万人和线上 20 万人参加。结合项目招商，推动滨海优质资源高端开发、精品打造，引进实施那香海文旅小镇、金石湾艺术基地、海洋食品博览中心等项目，正在规划建设歌尔集团引智小镇、好运角健康产业城，新增 2 处 4A 级景区、总数达到 4 处，全市年接待游客 1100 万人次，旅游旺季城铁日流量保持在 1 万人次以上。五大幸福产业的培育壮大，带动了荣成现代服务业突破发展，2017 年占 GDP 比重达到 47.7%。

第二，突出抓技术创新和业态创新，改造提升传统产业。积极对接"互联网+"、新六产、平台经济等新技术新业态，与海水养殖、食品加工、外贸进出口等相嫁接，促进传统产业"老树发新芽"、全链条提升，把旧动能积累的优势转换为新动能成长的条件。

一是推动海洋牧场向休闲渔业提升。按照山东省建设"海上粮仓"部署，压缩近海低端养殖，科学开发海域资源，以 55 万亩海洋牧场为主阵地，鼓励企业建设产品综合展厅、海洋牧场控制室、海洋科普馆、科研站所"四个一"，发展赶海垂钓、海上采摘、工业旅游等休闲渔业经济，推动卖产品、卖资源向卖风光、卖体验转变，促进海洋三次产业深度融合、提质增效。以寻山集团国家级海洋牧场为例，投资 8000 万元，打造集海洋科普展示中心、海上休闲体验平台、沙滩亲海旅游项目于一体的综合基地，旅游旺季日均收益 30 万元，获批全国精品休闲渔业示范基地。目前，全市已建成西霞口、俚岛鸿源、宁津鸿泰等 11 处全国休闲渔业示范基地，2017 年 7 月全省海洋牧场建设现场会在荣成召开。

二是推动食品加工向精深加工提升。以267家规模以上食品企业、1300亿元产业集群为依托，鼓励企业加大技术改造和市场开拓力度，向高端产品、终端市场等高附加值环节转型，叫响"中国海洋食品名城"品牌。赤山集团投资6亿元建设海都海洋食品产业园，从挪威引进8条鱿鱼自动加工生产线，研发九大类120多种产品，鱿鱼精深加工能力20万吨以上，成为国内单体规模最大的鱿鱼精深加工企业，年出口创汇2亿美元。好当家集团作为全国首家海水养殖加工的上市公司，开发出"好当家"牌系列冷冻调理和休闲食品、保健品，在全国设立300多家"好当家有机刺参"连锁专卖店，2017年获得商务部直销经营许可证。鑫发集团投资5.5亿元建设金枪鱼综合加工基地，与北京化工大学等合作，研发五大类20多种产品，年加工量3万吨，产能居国内前列。近年来全市食品企业新实施精深加工项目54个，总投资88亿元。

三是推动市场营销向平台服务提升。转变企业单打独斗的传统销售模式，搭建专业平台、集中资源力量，抱团竞争更大市场。由国资公司牵头，引导赤山、好当家、石岛集团等8家龙头企业参股，组建威海国际海洋商品交易中心，在全省创新开展介于现货与期货的大宗商品交易，已上线海带、鱿鱼、海参等5个交易品类，发布海带价格指数，打造"荣成海鲜"区域品牌，2017年交易额达8亿元。支持泰祥集团发挥多年进出口积累的资质、市场等优势，搭建皇朝马汉外贸综合服务和"同线同标同质"两个平台。皇朝马汉获批省级外贸综合服务平台，是全省食品行业中唯一一家，已入驻企业180家，2017年交易额1.3亿美元。"三同"平台通过国家认监委批准，为出口日韩的食品企业开展内销服务，是全国同行业唯一一家，已入驻企业83家。

第三，突出抓环保创新和开放创新，拓展向海发展空间。深刻领会新时代绿色发展和开放发展的内涵要求，创新思维理念，打破路径依赖，从生态保护、临港开放和远洋捕捞入手，为海洋经济发展提供新空间。

一是整出绿色发展空间。牢固树立"绿水青山就是金山银山"的绿色发展理念，把良好生态作为最大优势，按照全省全国领先标准推进生态环保。坚持治理与保护并重，创新推行湾长制，实施桑沟湾、天鹅湖、北部海岸带等20项岸线修复工程，全面清理近海低端养殖和加工、冷藏等"小散乱污"企业，恢复自然原貌，打造中国北方最美黄金岸线，为发展滨海休闲旅游、健康养老等绿色产业提供支撑，全市自然岸线保有率达到60%。坚持海上与陆上并重，围绕鱼粉加工、扬尘腥水、干海产品晾晒等14个领域，常态化开展专项治理和执法检查，压实企业主体责任，从源头上保护好海洋生态。全市"蓝天白云、繁星闪烁"天数比例始终保持在90%以上，2017年入选首批国家生态文明建设示范市。

二是开放临港发展空间。依托石岛和龙眼两个国家一类开放口岸，优化岸线开放布局，规范岸线资源利用，提升开放型经济发展水平。围绕完善通关功能，开通至韩国仁川、日本大阪等15条国际国内航线，争创进境澳牛屠宰、冰鲜水产品等6个指定口岸资质，在全省县级率先启动中韩海运跨境电商业务，全市开放岸线比例达到70%、泊位69个，是全国开放港口最多、岸线最长、密度最大的县级市，年运送旅客稳居全省前列。围绕严格港口管理，制定港口规范化标准，划定环保、安全生产等底线红线，创新推行以港管船制度，坚决整治和淘汰低端渔港码头，促进产业转型和生态保护同步提升。围绕发展临港制造，鼓励造船企业向高技术船舶领域拓展，黄海造船建成行业领先的省级船舶研究设计中心，获批军工资质，自主研发的豪华客滚船、重吊船占国内市场70%以上；总投资3.4亿美元的三星重工，由船段生产向海上钻井平台部件制造等高端领域迈进。全市规模以上修造船企业52家，产业集群400亿元。

三是竞争远洋发展空间。针对近海资源衰退、环保约束趋紧的实际，压缩近海小型捕捞，大力发展远洋渔业，全市建成专业远洋渔船317艘、占全省70%，2017年远洋捕捞产量32万吨，其中回运比例达到75%。围绕提升综合服务和资源集散能力，实施印尼、斐济等5个海外基地项目，已建成北方唯一、全国第二家国家远洋渔业基地，配套仓储物流、精深加工、交易市场、海关监管、大型冷库等软硬件配套设施，中心渔港已经投入使用，吸引国际远洋渔资在荣成集散和交易，为食品加工、平台销售、专业修船等海洋经济发展提供坚强保障。

(三) 积极推进再制造产业发展

再制造是通过运用先进的清洗技术、修复技术和表面处理技术，使废旧产品达到与新产品相同的性能，它不仅延长了产品的使用寿命，而且充分利用了废旧产品中蕴含的二次资源，可有效节约制造新产品所需的能源、水和原材料，减少原生资源的开采。有关资料显示，再制造与新品相比，能够节约60%的能源、70%的原材料，降低成本50%左右，几乎不产生固体废弃物，大气污染物排放量降低80%以上。再制造产业是节能环保产业的重要组成部分，发展再制造产业不仅有利于形成"资源—产品—废旧产品—再制造产品"的循环经济模式，而且能形成新的经济增长点，为社会提供大量就业机会，是促进制造业与现代服务业发展的有效途径。

近年来，随着节能环保产业的发展和再制造业的兴起，威海市再制造产业在有关部门的引导和支持下，取得重大进展。一方面，威海轮胎再制造产业已初具雏形。轮胎翻新已经成为发达国家处理废旧轮胎的主要手段之一，目前世界上发达国家的轮胎翻新比例相当高，如美国等国家轮胎翻新与新胎的比例已达1∶1的水平，而我国轮胎翻新率不足5%，但也正是目前极低的轮胎翻新率，使我国的轮胎翻新产业蕴藏着巨大的发展潜力。威海市轮胎翻新企业虽然数量不多、规模不大，但具有良好的发展基础，同时，威海市还拥有三角集团、成山集团两大轮胎制造企业，轮胎翻新产业具有借势进一步做大做强的基础。另一方面，威海市发展电机再制造产业具有得天独厚的优势条件。随着我国高效电机推广工作逐步推进，淘汰替换的低效电机越来越多，如何科学、合理、规范处置旧电机成为亟待解决的问题，据了解，目前国内仅有上海电科电机科技有限公司和安徽皖南电机股份有限公司具有生产再制造节能电机的资质，整个产业尚处于发展的初期。威海市的电机产业在全省乃至全国都属于先进水平，华力电机、奥文电机等企业都是国家认证的节能电机生产企业，在行业中排名前列。依托威海市电机行业的资源、技术、人才等优势条件，大力培育发展高效电机再制造产业，是促进威海市再制造产业加快发展的重要突破口。但是，由于产业结构、资金投入等方面的影响，再制造产业存在发展滞后、行业整体缺乏竞争力、产业体系不健全、行业先进技术尚未普及以及技术创新体系不完善等问题，迫切需要进一步发展。

> **专栏 2.1　威海市再制造企业情况**
>
> 　　三角（威海）华达轮胎复新有限公司是三角集团下属子公司，2007年建成投产，固定资产5800多万元，现有员工600余人。主要为废旧轮胎提供翻新业务和服务三角集团本部的配套件生产业务。该企业采用意大利和北京多贝利公司先进的轮胎翻新设备，年可翻新轮胎10万条。
>
> 　　威海高濑翻新轮胎有限公司是由威海鸣球毛毯有限公司、威海鼎力投资公司、日本高濑商会、威海城郊场站发展有限公司共同出资，于2009年成立的一家中外合资企业，主要从事翻新子午轮胎的生产和销售及服务。该企业配备马来西亚吉隆有限公司全套翻新轮胎设备和意大利全电脑打磨设备，采用日本高濑商会世界最先进的冷翻新技术，设计年产量为15000条。
>
> 　　威海三盾耐磨科技工程有限公司是一家专门从事耐磨堆焊制品研发、生产、经营的专业性公司，该公司实施了煤矿刮板输送机中部槽再制造项目。刮板输送机中部槽是井下采煤机械中最重要的组成部分，磨损非常严重，消耗量巨大，该公司采用自主研发的废旧设备再利用专利技术对中部槽进行再制造，价格只有新品的60%—80%，但再制造产品继续服役寿命可达进口原装产品的2倍和国产原装产品的3倍以上，具有巨大的市场潜力。该项目建成后，预计年可再制造中部槽5000节，每年可新增销售收入2亿元。

（四）大力发展生态循环农业

近年来，威海市农业局以促进农业可持续发展为目标，坚持生产与生态并重，不断加大农业环境保护工作力度，努力推动农业发展方式转变，促进资源节约型、环境友好型农业快速发展，打造农民安居乐业的美丽家园，让良好生态成为乡村振兴支撑点，推动绿色发展、实现生态宜居。

第一，稳步推进生态循环农业建设。坚持项目带动，连续7年财政累计投入7720万元，实施生态农业与农村新能源发展项目，创建省级以上生态循环农业示范基地6个，占地面积达3万亩。坚持示范创建，开展现代生态循环农业示范创建活动，获评全省第一批生态循环农业示范县4个、生态循环农业示范点5个。坚持拓展功能，与生态环保、休闲观光、文化传承等相结合，获评国家级休闲农业与乡村旅游示范县1个、中国美丽田园2个、中国最有魅力休闲乡村1个、中国美丽休闲乡村1个，认定省级休闲农业和乡村旅游示范点9个、省级生态休闲农业示范区5个。第二，扎实开展化肥农药零增长行动。推广测土配方施肥，化验土壤指标4800项，开展田间试验17项，发布施肥大配方10种，打造测土配方施肥高产高效示范区300万亩，测土配方施肥技术覆盖率达90%。推广病虫草害综合防治，大力推广专业化统防统治，发展规范化专业防治组织37个，每年开展专业化统防统治200万亩次，推广高效低毒低残留生态友好型农药30余种，建设统防统治与绿色防控融合示范区20个，示范推广面积10万亩，获评省级专业化统防统治组织2个。第三，农业投入品监管成效显著。在全国率先建立农药经营告知制度，公开农药经营告知产品达到2796个，农药经营告知率达到100%。率先实行高毒农药定点经营及实名购买制度，禁止生产、销售、使用和储存高风险农药产品达到67种。定期开展"绿盾护农"等专项整治行动，每年抽检食用农产品样品3000多个，检测项目7万多项，抽检合格率达到99%以上，本地生产的农产品中禁用药物监测合格率达到100%。投入3000万元，建立农产品质量安全追溯体系，生产企业、专业合作社、家庭农场的农产品可追溯率达到100%。绘制全市"韭菜地图""草莓地图"，对1200家韭菜和草莓生产单位实时监控，即时定位排查。第四，不断提高农业废弃物资源化利用。稳步发展农村沼气，建设大中型沼气工程34处，各类沼气工程池容量达到3.9万立方米，年处理畜禽粪便和农业废弃物总量达到54.6万吨，年产沼气近585万立方米。加快推进秸秆综合利用，每年秸秆利用量达到130多万吨，利用率达到98.5%，高于全省6.5个百分点。开展农田残膜污染治理，推广应用降解生态地膜76吨，覆膜率达到85%；开展地膜回收与综合利用示范项目，回收地膜面积40万亩。推广可重复使用反光布，既解决了维纳斯黄金等高品质苹果着色问题，又从根本上解决了反光膜污染问题。

> **专栏 2.2　威海市农业绿色化发展重点工程**
>
> **山水林田湖生态保护和修复**
>
> 推进国土绿化建设、计划。2021—2022 年完成成片造林及森林生态修复 4 万亩、森林抚育 4 万亩，力争每年创建省级森林乡镇 1 个、省级森林村居 10 个。保护修复湿地与河湖生态系统，新增 2 处国家级湿地公园、4 处省级湿地公园、6 处市级湿地公园。加大水土流失治理和预防监督力度，新增水土流失治理面积 270 平方千米。实施大天鹅、迁徙猛禽濒危动物和濒危植物抢救保护工程。恢复自然植被、改善生态环境和野生动植物的栖息状况。完善荣成大天鹅国家级保护区建设，新建米山湖省级自然保护区和正棋山市级自然保护区 2 处自然保护区。
>
> **生态循环农业**
>
> 加快建立废旧农膜回收利用体系，推广使用地膜回收综合利用技术。荣成市建设回收点 1 处，乳山市回收地膜面积 40 万亩，建设废旧地膜回收点 4 处，基本实现了地膜的离地回收。不可降解地膜回收利用率达到 85% 以上。持续推进农村可再生能源工程建设，2022 年，新建大中型沼气工程 5 处，以各类农村沼气工程为基础，建成"畜—沼—果""畜—沼—菜""畜—沼—茶"等多种模式的生态循环农业示范基地 30 处。
>
> **节水农业和水肥一体化**
>
> 大规模推进农田水利建设，加快建立覆盖全市、具有区域特色的节水灌溉工程体系。加大水源条件具备区域特别是山区贫困村塘坝、平塘、大口井等小水源工程建设，修建各类水源工程 998 处。大力推进末级渠系及田间工程改造，搞好田间水网工程联网配套，新建管道 960 千米、发展管道灌溉 38 万亩。加快水肥一体化工程建设，发展水肥一体化面积 35 万亩。加快推广农艺节水。启动实施种养结合农业示范工程，开展区域规模化高效节水灌溉示范，争取到 2022 年，节水灌溉面积达到 160 万亩，占灌溉面积的比例提高到 72%。

（五）大力发展绿色交通产业

"十三五"时期以来，威海市交通运输局扎实推进交通运输节能减排工作，不断提高绿色循环低碳交通运输体系建设水平，让"绿色低碳"融入交通运输的各个方面，倾力打造绿色交通运输体系，为全市绿色低碳循环发展经济体系建设做出了积极贡献。

第一，坚持统筹一体推动，打造绿色交通基础设施。一是优化公路工程设计。充分利用旧路资源，避免大改大调、大填大挖，加强施工现场管理，杜绝车辆带泥出门、高空抛撒、现场搅拌混凝土、现场焚烧废弃物现象，做到工程建设和环境保护相协调。加强公路沿线焚烧行为管控，协调沿线镇办，联合治理秸秆焚烧现象。二是实施港口岸电项目。各港区都配备了岸电设施，可以为靠港的拖轮、集装箱船舶、散货船舶等货运船舶提供岸电服务。特别是威海港于2016年建成新的靠港船舶使用岸电系统，能够实现高低压转变、高低频转换，具备了全泊位、全船种、全天候岸电供应能力，可以同时满足散杂货船、国内航线班轮、国际航线班轮等靠港船舶的使用岸电需求，减少了靠港船舶使用燃油造成的污染物排放。三是开展码头污染防治。编制完成《威海市港口和船舶污染物接收转运及处置设施建设方案》，各主要港口与具有船舶污水回收资质的江海缘船舶服务公司签订了《港口防污染协议》，对港口船舶油污水、残油、垃圾等污染物进行接收和处置，防止危险废物对环境的污染。四是加强道路运输污染物排放整治。严格实施燃料消耗量限值标准和准入制度，扎实开展运输车辆燃料消耗量核查，大力发展绿色维修，优先选用绿色维修设备，继续推行废机油、废轮胎、废电瓶、废防冻液、氟利昂等回收制度。推广使用电子（电磁）风扇离合器、高压共轨等节能防污的发动机及底盘性能匹配合理的车辆，并通过运输资源的整合，提高运输效率和车辆实载率，减少车辆尾气排放。

第二，加强危货市场监管，防治运输过程污染。一是严把车辆准入关。对新进入道路危险品运输市场的车辆，严格进行道路运输车辆燃料消耗量核查，凡是不达标车辆一律不准进入市场。倡导企业发展集约型运输，用新款大型车辆代替老旧小型车辆。二是严把从业人员关。督导危货运输企业加强从业人员对法律法规及专业知识的培训学习，要求全体从业人员参与节能减排工作，提高节能减排和安全生产意识。特别是引导驾驶员掌握良好驾驶技能，降低燃料消耗，提高车辆技术状况。三是开展科技降耗行动。汽油介质运输罐车全部安装油气回收装置，部分车辆和专用停车场地配备了环保吸油设备,科学制定车辆运行路线,避开水源地,防止危险品泄漏造成水源地污染。

第三,强化重型柴油车管控,降低污染排放。一是加强组织领导。制订了《全市道路运输行业环境保护突出问题综合整治攻坚方案》,成立了以主要领导同志任组长的整治工作领导小组,细化任务要求,确保相关工作扎实有序推进。二是逐车建立台账。加强同公安、环保部门的沟通联系、协作配合,完成国Ⅲ排放标准重型柴油营运货车的数据比对工作,建立了包括车牌号、营运证号、发动机型号、车型、载质量及行驶证注册日期等车辆信息的台账资料。三是强化政策宣传。通过行业例会、日常检查等途径积极做好政策宣传和动员部署,引导业户提前淘汰车况较差的车辆、购置清洁能源或国Ⅴ以上标准车辆。截至目前,全市共有95辆国Ⅲ重型柴油营运货车退出道路运输市场,同时密切关注行业动态信息及省内其他地市工作进展情况,平稳有序地开展各项工作。

第四,优化交通产业结构,促进行业降本增效。在调结构转方式上下功夫,引导运输经营者向专业化、集约化、规模化方向发展,促进行业的降本增效。一是加强运输结构调整。客运方面,整合市场资源,积极推进班线客车集约化改造,区县内短途客运班线全部实行公交化运作,市域内各区市间探索发展城际快线的客运模式,行业集约发展水平大幅提升。货运方面,鼓励企业优先选用大、专、特货运车辆,提升行业专业化发展能力,全市"大专特"载货汽车总数达到16720辆,占货运车辆总数的64%。二是加快发展多式联运。积极推动辖区物流企业参与多式联运、甩挂运输等新型运输组织方式的探索与实践,培育以威海中外运、威东航运、英航国际货代以及威广物流等企业为龙头的物流企业,在国际集装箱、零担货物运输等环节积极试行海陆、海铁、海陆铁等多式联运业务,通过运输组织方式的变革实现效率提升和节能减排。三是加强绿色低碳交通科技创新应用。维修方面,积极推广应用新技术、新材料、新工艺,开展行业技术性节能减排,组织举办了1期汽车钣喷新材料新技术培训班,聘请专家对水性油漆、无尘干磨及低压喷涂装备等技术进行理论、实践操作培训和现场答疑,全市共56名维修技术人员参加培训,同时积极推进烤漆房的环保改造,做好维修废机油、制动液、制冷剂、废铅酸蓄电池等废弃物的回收处置,目前危险维修废弃物普遍得到较好处理。驾培方面,积极推广应用燃气教练车、模拟驾驶仪等设施设备，目前威海市"油改气"教学车达到210辆、配备模拟驾驶器210台，有效降低了经营成本，取得了较好的节能减排效果。

三　重视制度建设，营造绿色发展环境

（一）深化商事制度改革，助力绿色发展

近年来，威海市工商局通过深化商事制度改革服务，大力促进"绿色低碳循环发展经济"发展。2014年3月以来，威海市工商局牵头全面启动实施了以减少行政审批、降低准入门槛、优化营商环境、促进创新创业为重点的商事制度改革，带动和引领全市"放管服"改革系统、整体、协同推进。四年来，全市市场主体平均每年保持20%以上的增长速度，是改革前年均增长率的4.8倍；全市市场主体总量达27万户，较改革前翻了一番多；平均每万人拥有市场主体930户、企业283户，分别是改革前的2倍和2.2倍，均居全省第3位。市场主体的持续高速增长，对促进创新创业、推动经济发展、维护社会稳定发挥了重要作用。

第一，涉照改革基本到位。一是创业资金门槛明显降低。除国务院规定的银行、保险、期货等27个行业外，其他行业企业由过去的注册资本实缴制改为认缴制，取消了最低注册资本限制，理论上"1元钱就可以办公司"，有效解决了群众有创业意愿又苦于无启动资金而作罢的问题。同时取消公司验资环节，企业根据需要自主选择是否验资，有效降低了创业成本。二是住所登记条件不断放宽。出台了《威海市企业住所和经营场所登记管理办法》，允许"一照多址"和"一址多照"，在创业孵化器、众创空间等场所内探索推行"席位注册"，实现了"一张办公桌就可注册公司"，进一步释放了场地资源，有效解决了制约初创企业发展的经营场所问题。据统计，全市有2700多家小微企业通过"席位注册"方式实现了创业。三是企业退出渠道更加畅通。全面推行企业简易注销改革，简化登记程序、减少申请材料，有力地破解了企业"入市容易退市难"的问题，改革以来，已经有2300多家企业采取了简易注销程序退出市场。

第二，扎实推进涉证改革。一是前置事项大幅减少。推进"先照后证"改革，工商登记前置审批事项由改革前的226项减少为32项，精简率达到87%，登记审批效率进一步提高。二是证照事项有效整合。推行

"三证合一""五证合一""多证合一"改革，将涉及 16 个部门的 31 项涉企证照事项全部整合到营业执照中，实行"一套材料、一表登记、一窗受理"工作模式，减少了企业在多个部门之间奔波申请，节省了大量时间成本。仅"检验检疫部门原产地企业备案"一项，平均可为企业压缩办理出口业务时间 6 个工作日。三是"双告知"机制不断健全。在办理营业执照的同时，通过"山东省企业信用信息交换共享平台"，同步将涉及后置审批市场主体信息推送至相关办证部门，实现信息及时共享、证照办理无缝衔接，先后推送涉证市场主体信息 14 万余条。

第三，创新优化服务流程。一是放权力度持续加大。除法律法规明确规定由市工商局登记、市政府国有资产监管机构或授权部门履行出资人职责的公司登记外，其他各类市场主体的登记管理权限全部下放至各区市，累计下放企业 4125 家，占市直登记企业的 67%；将冠"威海"市区划名称企业登记权限下发至各区直接审核，70% 左右的冠名企业做到就近登记；委托环翠区、临港区登记窗口办理辖区外资企业登记，在全省率先实现了外商投资企业属地登记"全覆盖"。二是登记流程不断创新。在全省实现两个"率先"：打破属地限制，率先推行"县域通办"制，实现了县域内个体工商户、农民专业合作社异地登记注册；创新登记模式，率先推行"一审核准"制，实现了"一人负责、一审核准、当场发照"，全市企业登记注册时限由法定的 15 个工作日缩短为承诺的 2 个工作日，登记材料齐全、符合法定形式可实现当日办结、当天领照，市工商局注册窗口当日办结率已达到 100%。三是继续推进登记注册"县域通办"等便利化措施。在全面推行登记注册"县域通办""一审核准"制便利化措施的基础上，2018 年 3 月指导文登区市场监管局在全区基层市场监管所开展办理有限责任公司登记业务试点工作，进一步方便创业者实现"就近登记"。截至同年 4 月初，文登区市场监管所已经通过"县域通办"模式办理公司登记业务 12 笔。按照省工商局部署，继续试点推进登记注册全程电子化，截至同年 4 月初，已经试点核发电子营业执照 52 份。

第四，市场监管规范高效。一是"双随机"监管全面推广。建立了全市加强"先照后证"改革事中事后监管联席会议制度，市区两级 230 个执法部门全部制定了"一单两库一细则"（随机抽查事项清单、执法人员名录库和检查对象名录库、随机抽查细则）。在全省率先开发了全市统一的"双随机、一公开"抽查监管平台，51个市直、155个区市执法部门安装使用，使用抽查平台开展了892次双随机抽查工作，选派执法检查人员4116人次，累计抽查事项1838项，累计信息公开7572条。二是企业信用监管扎实推进。全面推行企业信用承诺制度，3.5万户新设企业签订了信用承诺书。企业年报公示工作力度不断加大，2013年度至2016年度，全市企业年报率分别为94%、93%、92%、92%，稳居全省前五名。行政许可、行政处罚双公示工作深入推进，公示市场主体注册信息27万条、行政处罚案件1720件，1.4万户问题市场主体被依法列入经营异常名录。三是组织开展涉企信息归集工作。截至2020年7月，国家企业信用信息公示系统已累计归集我市各类市场主体信息47846条，其中，行政许可信息37614条、行政处罚信息2963条、抽查检查结果信息7261条，同时市区两级市场监管部门也积极做好同级部门的业务培训，为推进部门间涉企信息归集应用打下良好的基础。

第五，热情服务优质项目，营造优良投资环境。进一步深化"放管服"改革，精简前置条件，缩短审批时限，将审批重心进一步下移，服务效能进一步提升，营造优良的投资环境。特别是要聚焦重点，针对七大千亿级产业集群、五大重点产业园区等优质优势项目开辟更多"政策绿道"，成立班子、安排专人、提前介入、超前服务，增强服务主动性，提高措施精准度。在涉及环保手续办理及政策解读方面，坚持做到及时与上级业务部门沟通到位、及时与相关部门协调到位、及时与产业规划衔接到位、及时按时限要求服务到位，确保实现招商引资项目工作服务上的"零距离"、工作效率上的"零延误"、工作质量上的"零差错"，为招商引资项目的健康发展做出应有的贡献。

（二）优化自然资源管理，推动绿色国土建设

"十三五"时期以来，威海市国土资源局认真贯彻落实市委、市政府"生态优先、绿色发展"工作部署，突出自然资源对全市经济社会发展的支撑服务作用，大力推进绿色矿山建设，强化矿产资源开发利用审批监督管理，促进生态环境文明建设和谐发展。

第一，明确绿色国土管理的总体目标。一是调整转变既有资源管理工作的思路，加大海洋地质、海岸带地质及城市基础建设地质勘查及矿产资源勘查工作力度，努力在农业地质、土壤污染和清洁新能源等找矿方面实

现新突破。二是加强矿产资源审批监督管理，严格新设采矿权条件准入，依法推动"三线三区"范围内开采矿山有序退出关闭工作，确保到"十三五"期末全市开采矿山数量比"十二五"期末有所下降，矿山安全生产责任管理工作保持良好水平。三是认真履行矿山地质环境保护职责，简政放权，依法促进矿山地质环境保护与治理恢复工作再达新水平。

  第二，加大自然资源勘查力度，为全市经济社会发展提供有力技术支撑。一是紧密结合"威海市域中心崛起、两轴支撑、环海发展、一体化布局"的城市发展战略部署，围绕城市发展建设中亟待解决的自然资源问题，开展区域稳定性、地质环境容量和承载力、地质资源保障能力评价，并建立可视化三维地质结构模型和信息服务系统，可以随意切割剖面、任意查看地层的空间分布等，可以直观、形象地展示地下岩层的形态和空间分布，让城市发展规划和重大工程建设顺应自然条件，为绿色低碳循环发展奠定基础。二是围绕打造国内知名的优质特色"绿色农业基地建设"的重大部署，以威海地区无花果、西洋参、蓝莓等特色优质农产品为依托，开展特色优质农产品的生态农业地质调查和地质背景研究。开展应急地下水水源地勘查、优质地下水水源地勘查，探明新的水源地，缓解供水需求压力。三是结合海绵城市、智慧城市发展理念，研究发掘地下空间储水、容水能力，积极参与地表水、地下水联合调蓄，保障城市用水安全。开展旅游地质调查，调查威海区内具有特殊保护价值的岩石、地质构造，运用地质科学的方法和手段来观察、分析、解释名胜区、风景点、地质景观等旅游资源的成因、演变及发展，并着重于对自然景观作科学性的描述与探讨，研究旅游地质资源的开发、规划、利用和保护，以推动旅游事业的进一步发展。四是以文登东部发现的干热岩为突破点，开展深部地热资源等新能源、清洁能源的勘查。分析威海地区地质背景、温泉资源形成机理，重新校核水量、水质、水温、水位等关键性指标，建立保护资源、合理开发的动态监测体系，最大限度保障依托温泉资源开展的医疗养生、休闲旅游等相关产业对资源的需求。五是围绕石墨烯基地建设，核实文登藏格庄石墨矿的储量及矿石品质，分析其潜在价值和开发论证，同时分析石墨资源区域成矿地质背景、成矿规律和开发利用潜力，开展高纯、高品质石墨矿地质勘查，最大限度地为打造全国重要的石墨烯研发、生产、应用基地提供资源保障。

第三，全面加强矿产资源开发利用监管，保护地质生态环境。一是严格采矿权审批。"十三五"期间，市内不再新批露天开采矿山项目，原则上不再受理转报新设及扩能扩界改造地下开采金属矿山的采矿权审批申请资料，确需转报审批的，须经当地区市人民政府研究同意并报威海市人民政府批准后，市国土资源局方可以转报。申请新设采矿权的，按划定矿区范围要求提供资料；申请扩界、扩能改造的，须提交资源储量报告及备案文件、法人营业执照及扩界扩能改造规划初步方案。在"三线三区"可视范围内，严禁批准设立新的露天开采矿山采矿权。二是严格规模准入。坚持采矿权设置与资源储量、建设规模相匹配原则，今后凡确需新设审批的采矿权，其最低开采规模：金矿不得低于6万吨/年，铁矿不得低于30万吨/年，地热、矿泉水不得低于3万立方米/年，饰面用花岗岩矿山不得低于2万立方米/年，普通建筑用花岗岩矿山不得低于10万立方米/年，以此保证杜绝低效、低级、无序、无度开采。三是积极推动矿山有序退出关闭工作。对位于国家、省、市批准设立的各类自然保护区、旅游风景名胜区、历史遗迹和地质地貌保护区，《威海市环境保护规划（2014—2030）》划定的红线区，《威海市城市风景风貌保护条例》《威海市饮用水水源地保护办法》等规定确定的禁止开采区域，以及铁路（包括城铁）沿线、县级以上公路（包括高速公路）沿线、海岸线和城市发展规划区可视范围内的开采矿山，依法予以有序退出关闭。对于矿产资源已经濒临枯竭矿山，依照法定程序予以关闭。

第四，全面推进矿山地质环境保护与治理恢复。积极构建"政府主导、政策扶持、社会参与、开发式治理、市场化运作"的矿山地质环境恢复与综合治理新模式。依法监督矿业权人履行矿山地质环境恢复与综合治理责任，确保矿业权人地质环境保护与治理责任得到有效落实。对开采过程中未按《矿山地质环境保护和治理恢复方案》进行治理的，或者倒闭、关停、闭坑前未依法履行矿山地质环境保护与治理恢复义务的，责令限期改正，逾期拒不改正的，依照《矿山地质环境保护规定》予以处理，并将该企业列入矿业权人异常名录，最大限度保证了矿山开采后能够得到及时恢复治理，保护好绿水青山。

（三）加强统计体系建设，服务绿色发展

威海市统计局高度重视绿色低碳循环经济工作，深刻领会绿色低碳循环发展经济和环境保护工作有关要求，结合自身工作实际，围绕中心推进工作。

第一，加强以规模以上工业联网直报为核心的统计监测体系建设。严格国家能源统计报表制度要求，制定规模以上工业企业网上直报工作流程，规范了企业一套表联网直报平台的能源数据处理操作流程，明确了报表上报、逐级审核、返回修改、逐级验收等严格的联网直报能源统计业务流程，做到能源报表"完整、准确、统一、及时"；加强报表数据审核，严格按照省市关于报表质量的要求，从表内表间数据衔接、横向纵向数据对比等方面对报表数据质量进行分析评估，进一步完善了市、区、街办、企业四级审核体系。加强报表完整性、准确性、逻辑性、统一性、协调性审核，在提高能源统计数据质量的同时，提炼出万元 GDP 能耗下降率、万元 GDP 电耗下降率、规模以上工业增加值能耗下降率等反映经济发展的重要指标。

第二，将环境保护有关统计指标纳入国民经济和社会发展统计指标体系并定期公布。市统计局高度重视环境保护统计数据的收集、汇总和发布工作，每年通过《统计公报》和《威海统计年鉴》，将生态建设和环境保护等相关指标向社会公开发布。不断完善部门环境综合统计制度，充实环境统计内容。由相关部门直接报送数据，涉及水环境、大气环境、固体废物、生态环境等 130 余项指标。

第三，加强部门联动，努力形成工作合力。市统计局加强与相关职能部门的工作联动，积极参与相关工作，实现部门间政策信息、工作动态、统计数据的有效共享，配合部门完成煤炭减量替代、六大高耗占比等节能目标考核工作，为全市经济提供有力的数据支撑。2018 年，山东省统计局把建立绿色发展指标体系作为生态文明建设创新工作和重点任务，强化部门沟通，注重基层意见，探索建立了《山东省绿色发展指标体系》和《绿色发展统计报表制度》。根据省统计局统一工作部署，威海市统计局将认真研究省级体系和制度，加强与各地市、各部门交流探讨，探索建立适合威海市的体系和制度。

四 加大绿色产业财政、税收和金融支持

威海市积极完善相关财税政策，通过在财政预算中安排循环经济发展

专项资金,创新财政资金使用方式,鼓励更多社会资金投资节能领域,提高财政资金利用效率,加大循环经济政策支持力度。

(一)加大绿色产业财政支持力度

第一,优化工业经济结构,促进绿色发展。为支持工业经济结构调整优化,发展特色优势产业,2017年威海市财政局研究制定了《关于加快新旧动能转换促进工业企业提质增效的实施意见》《关于支持软件和信息服务业发展的若干意见》。市级财政安排资金1.5亿元,支持企业技术改造、智能化改造、公共性技术研发、创新平台建设、绿色节能循环经济发展、战略性新兴产业培育等。重点支持实施工业"绿动力"计划,对新建、置换或替代高效环保锅炉示范项目按照锅炉吨位给予一次性奖励;对太阳能集热系统应用示范工程项目按日产热水吨数给予奖励。对资源综合利用、循环化改造或再制造方面经济效益明显、示范作用显著的循环经济项目给予资金奖励;对企业开展清洁生产审核、能源管理体系建设或能源审计等节能诊断给予奖励支持;对企业进区入园给予资金支持;对创新服务平台建设以及化工转型升级行动给予资金支持和经费保障。筹集资金4850万元用于大气污染防治项目,支持热电企业烟气超低排放改造、废气治理升级改造、燃煤锅炉烟尘治理等,推进工业污染治理,使威海市支持绿色节能循环发展的政策体系日臻完善、支持方向更加明确、支持措施更加具体、支持手段更加丰富,企业发展的政策环境更加优化。

第二,转变财政支持方式,利用基金投资方式支持相关产业发展。自2015年起先后设立了天使投资、产业共赢、节能领域等投资基金,截至目前累计投资项目26个,投资金额13亿元,重点投资成长期、初创期等具有良好发展前景的低污染、低能耗产业。2018年,为推动新旧动能转换重大工程实施,新设立山东省新旧动能转换威海产业发展基金,通过引入金融资本及其他社会资本,并与境内外相关行业龙头企业合作,先期形成300亿元的基金规模,支持重点包括智能制造、新材料等绿色环保产业,进一步推动威海市产业升级,促进绿色低碳循环经济平稳健康发展。

第三,推进农村生态文明建设,加快生态循环农业发展。近年来,累计投入市级以上财政资金6837万元,先后支持实施了生态农业与农村新能源建设项目;耕地质量提升计划项目;生态循环农业示范项目;测土配方施肥项目;水肥一体化示范县建设项目以及农作物秸秆综合利用等生态农业发展项目。全市农村可再生能源开发利用水平明显提高，施肥方式和施肥结构明显优化，化学投入品使用不科学、不规范，土壤有机质含量降低等问题逐步得到解决，耕地质量明显提升，进一步促进了全市农业提质增效转型升级。

第四，设立专项资金，加快发展现代服务业。2014年威海市出台了《关于加快服务业发展的若干意见》，从放宽市场准入、实施税费优惠、积极引进人才、加大资金扶持、优先供应土地、深化改革等方面扶持服务业发展。设立了市级服务业发展专项资金，使用范围为改造提升传统服务业，支持发展现代服务业，重点推动生产性服务业和生活性服务业相关领域的发展。随着现代服务业发展的不断深入，扶持资金额度由最初的300万元，提升到如今的1500万元，截至2017年，共扶持全市服务业项目221个。

第五，大力争取上级资金政策，助力威海市绿色发展经济体系建设。2017年中央和省级财政对威海市绿色低碳循环发展给予了大力支持，重点有以下几项：一是安排产业转型升级和双创示范基地建设资金2500万元，支持威海市新医药与医疗器械主导产业集群、现代服务业产业集群建设，支持迪尚集团国家服装设计创新平台建设和威高集团国家级高性能医疗器械创新中心培育等；二是安排省级服务业发展引导资金500万元，支持威海市生产性服务业公共服务示范项目和生活性服务业民生服务示范项目建设；三是安排绿色节能项目资金1000万元，支持威海市高效环保锅炉示范项目、太阳能集热和高效节能半导体照明产品示范项目。

（二）积极落实税优惠政策

威海市积极落实企业所得税优惠政策，激发绿色经济企业创新活力。2017年，威海市国税局为353户企业落实绿色低碳循环税收优惠32247万元。其中，减免增值税15177万元，减免所得税17070万元。

第一，积极落实绿色产业增值税优惠政策。威海市积极落实风力发电、新型墙体材料、资源综合利用产品及劳务增值税即征即退政策。2017年，为73户资源综合利用企业退税15177万元，同比增长59%。其中，退税金额位列前三的企业包括：威海龙港纸业有限公司1956万元、泰山石膏（威海）有限公司1260万元、国华中电（荣成）风力发电有限公司933万元。

第二,大力推进绿色产业所得税优惠政策。一是落实农业免征、减征所得税。对从事绿色农业生产的229户企业减免所得额59830万元,减免企业所得税14957万元。二是落实资源综合利用减免所得税。企业以《资源综合利用企业所得税优惠目录》规定的资源作为主要原材料,生产国家非限制和禁止并符合国家和行业相关标准的产品取得的收入,减按90%计入收入总额。2017年共对15户企业减计收入2820万元,减免企业所得税705万元。三是落实环境保护、节能节水项目减免所得税。2017年,为3户符合环境保护、节能节水项目条件的企业减免所得额4807万元,减免所得税1201万元。四是落实购置环保节能节水设备抵免所得税。对企业购置并实际使用《环境保护专用设备企业所得税优惠目录》《节能节水专用设备企业所得税优惠目录》规定的环境保护、节能节水等专用设备的,按投资额的10%从企业当年的应纳税额中抵免。2017年,共为6户企业抵免所得税207万元。

第三,积极推进绿色企业所得税减免工作。威海市积极鼓励绿色循环经济发展,主要从企业所得税以下四个方面作了税收优惠的规定。一是资源综合利用企业所得税优惠。企业以《资源综合利用企业所得税优惠目录》规定的资源作为主要原材料,生产国家非限制和禁止并符合国家和行业相关标准的产品取得的收入,减按90%计入收入总额。二是环境保护、节能节水项目所得税优惠。符合条件的环境保护、节能节水项目,包括公共污水处理、公共垃圾处理、沼气综合开发利用、节能减排技术改造、海水淡化等。企业从事符合条件的环境保护、节能节水项目的所得,自项目取得第一笔生产经营收入所属纳税年度起,第一年至第三年免征企业所得税,第四年至第六年减半征收企业所得税。三是环境保护、节能节水、安全生产设备投资额所得税优惠。企业购置并实际使用符合规定的环境保护、节能节水、安全生产等专用设备的,该专用设备的投资额的10%可以从企业当年的应纳税额中抵免;当年不足抵免的,可以在以后5个纳税年度结转抵免。四是节能服务公司实施合同能源管理项目企业所得税优惠。对符合条件的节能服务公司实施合同能源管理项目,符合企业所得税税法有关规定的,自项目取得第一笔生产经营收入所属纳税年度起,第一年至第三年免征企业所得税,第四年至第六年按照25%的法定税率减半征收企业所得税。

整体来看,税收优惠政策在推动绿色循环经济的发展中发挥着一定作用,但税收政策调节的范围和力度还是有限的。但是,税收优惠政策在鼓励节能投资、降低循环经济发展企业的生产成本等方面成效明显。从长远看,税收优惠政策的实施对促进绿色循环经济发展及加快新旧动能转换等意义重大。一方面,税收政策对企业选择投资方向有鼓励作用。同时,这一政策的深入实施将更加有利于加快技术革新,采用更先进更环保的设备、技术,做到优胜劣汰,实现提质增效,"腾笼换鸟"。另一方面,税收政策可以降低企业生产经营成本,进而提高企业的市场竞争力,可以降低发展绿色循环经济的生产成本,提高企业的增值空间,进而提高企业的市场竞争力。随着政策宣传力度的加大及减税效应的逐渐显现,越来越多的纳税人和税务人员认识到企业所得税优惠政策对减轻企业当期税收负担、推动绿色循环经济发展等方面的积极作用,纷纷表示将加大政策宣传、利用力度,并将减免的税款优先用于企业技术创新、设备更新和研发等方面。

(三)创新绿色金融手段

近年来,金融办积极发挥金融杠杆调节作用,创新金融手段,鼓励银行信贷投向绿色环保、低碳节能等产业领域,推动环保企业通过资本市场开展直接融资。

一是大力发展绿色能效信贷。积极引导全市银行业金融机构贯彻落实银监会、发改委下发的《能效信贷指引》政策,切实加大对工业节能、建筑节能、交通运输节能以及其他重要节能领域的信贷投入力度。截至2017年年末,全市绿色信贷贷款余额73亿元(其中绿色农业3.4亿元,绿色林业7.4亿元,工业节能节水环保1.9亿元,自然保护、生态修复、灾害防控25.6亿元,垃圾处理3.8亿元,可再生能源8.7亿元,农村、城市用水11.2亿元,建筑节能、绿色建筑4.3亿元,绿色交通运输7.3亿元)。其中兴业银行充分发挥其总行介入能效融资较早、融资服务模式成熟的优势,自分行成立时即大力拓展能效信贷业务。工商银行、荣成农商行向建筑节能领域的"低碳住宅建材产业化"项目、国家绿色建筑工程项目提供融资支持,助力当地绿色建筑工程稳步发展。威海市商业银行积极探索能效信贷担保方式创新,先后开发了应收账款质押、知识产权质押、股权质押等一系列信贷产品,大力发展合同能源管理信贷,有效拓宽了轻资产型节能服务公司的融资渠道。

二是注重发挥金融调节作用。运用金融工具和信贷杠杆促进过剩产能的消化、转移、整合与淘汰，对国家鼓励发展的绿色环保、先进制造业等领域给予信贷支持；对未取得合法手续的新增产能建设项目，一律不予授信；对僵尸企业和落后产能，坚决压缩退出相关贷款。乳山农商行将企业环评作为重要指标，严把环境关，大力支持节能减排企业发展，对于"两高一剩"类企业停止新增贷款，并对存量贷款执行较高的贷款利率。富民村镇银行对于农林牧渔、节能环保、居民服务等国家重点支持的绿色产业加大支持力度，优化审批流程，提高审批效率，目前上述行业信贷占比已达到该行信贷总额的三分之一。

三是发挥保险领域独特优势。联合威海市环保局、保险协会等部门大力推介环境污染责任险，建立人保财险、中华联合、太平洋财险三方共保模式，引导全市重点排污企业参保，切实分散企业环境治理风险。目前包括人保财险在内的部分保险公司在推行环境污染责任保险过程中，积极尝试推动第三方机构更好地为企业提供风险管理服务。这种方式能实现对企业污染治理的全流程管理，更加市场化、专业化，也有助于扶持第三方治理企业加快发展。

四是利用资本市场直接融资。发挥各级引导基金的引领作用，帮助第三方治理企业引进私募股权投资。对符合条件的企业，优先支持其申报场外市场挂牌和上市，帮助已挂牌企业实施增发。先后推动正大环保、翔宇环保2家企业挂牌新三板，天辰环保、中天羲和新能源、索通节能、两岸环保科技、源泽环保5家企业在区域市场挂牌。其中正大环保在2016年实施两次增发，共融资2193万元。积极培育发债主体，鼓励企业利用绿色债进行融资。2018年3月21日，威海市商业银行发行威海市首笔绿色债券，融资20亿元。威海商行承诺将严格按照《绿色债券支持项目目录》中的分类标准，以借款人自身发展情况、所属行业属性、投资项目环境效益的显著性等作为主要参考依据，对绿色产业项目进行甄别、筛选。

五 大力开展环境综合治理

威海市环保局通过加大全市节能执法检查力度发挥监督作用，完善日常监察与专项监察相结合的工作制度，建立节能监察与帮促服务相结合的节能监察长效机制，在农村污染防治、工业污染防治、培育生态环保产业、创建绿色生活方式等方面综合施策，积极开展环保工作。

（一）坚持以规划引领生态环境保护

威海市正处在由高速增长走向高质量发展的新时代，在实现高质量发展中，一直致力于发挥引领作用，推动质量变革、效率变革、动力变革，努力为全国全省的发展创造更多的先进经验。为此，威海市规划部门从以下几点寻求突破，推进城市绿色发展。

一是实施城市国际化战略，编制市域一体化规划。按照"高起点规划、高标准设计、高质量建设、高效能管理"的要求，坚持世界眼光、国际标准、本土优势，在转变城市发展方式、塑造特色风貌、提升环境质量、创新服务体制等方面下功夫，全面分析威海市发展不平衡不充分的问题，确定威海市城市发展的目标定位、发展战略，在市域统筹布局、产城融合发展、城乡均衡提升、陆海并重开发、基础设施建设、生态环境保护等一体化发展方面，做出相应的部署与安排。

二是坚持适度超前的规划策略，编制新一轮城市总体规划。按照党的十九大提出的"两步走"发展战略，以2035年为时间节点，展望2050年，落实住建部城市总体规划改革要求，深化市域统筹、一体发展理念，着眼于中心市区与文登城区的同城化发展，深入分析综合承载能力和未来发展趋势，科学确定城市性质、发展方向、空间布局、人口和用地规模等重大问题；在市域范围内，明确保护区域和可建设区域，科学划定生态空间、农业空间和城镇空间，确定到规划期末的城镇开发的边界，做到"生态有余量、发展有空间、总体要平衡"。

三是统筹考虑城市的方方面面，扎实开展"多规合一"规划编制。"多规合一"不仅是消解各部门规划冲突的有效手段，还是一项体制改革和空间治理体系创新。树立"一个城市只有一个空间"的思想，以市域一体化规划所确定的城市空间发展战略为基础，以国民经济和社会发展规划为宏观依据，统筹衔接城乡规划、土地利用规划、环境保护、林地保护、水资源、海洋资源等各类规划，确保"多规"确定的保护性空间、开发边界、城市规模等重要空间参数一致，将"发展目标、用地指标、空间坐标"落到一张图上，形成城乡统筹、全域覆盖、要素叠加的一本规划，避免"规划打架"，实现"一张蓝图"，提高政府对总体空间的管控能力。

专栏2.3 威海市生态环境规划编制工作

威海市规划局除常规的规划体系外,还紧密结合威海实际,开展了海岸带分区管制规划、山地保护与利用规划、陆地风电场选址专项研究等一系列规划研究工作,保护威海生态环境。

一是编制《威海市海岸带分区管制规划》。2004年2月,威海市率先在全国开展了海岸带分区管制规划的编制工作,编制了《威海市海岸带分区管制规划》。规划以促进资源的可持续利用为原则,确定了"阳光海岸""自然海岸"和"发达海岸"的规划目标,将市域总面积1046.58平方千米的海岸带纳入规划范围,规划形成由政策管制、分岸段管制、用地管制和重点管制区强制性管制四个分项管制内容构成的管制体系,加强了对市域海岸带"开发与利用"的综合管控。

二是编制《威海市区山地保护与利用规划》。以"生态山地、魅力山地、和谐山地"为规划目标,采用了植物学、景观生态学、地理信息系统等多学科融贯的规划方法,尽可能多地使规划得到各学科的支持,做到统筹兼顾;采用了专项管制规划与分区管制规划的双层次协同规划的技术,增强了规划的可操作性。规划为中心市区山地资源的保护与利用提供了规划依据。

三是编制《威海市区陆地风电场选址专项规划》。该规划在充分吸收发达国家风电场选址经验的基础上,选取城镇建设与资源保护为控制要素,通过各类要素叠加,划定了威海市三处风电集中发展区,有效控制了中心市区陆地风电的发展规模,寻找到节能减排与节约城市用地之间的平衡点,达到了新能源产业发展、城市发展、资源环境保护三方共赢。

四是编制《威海市域生态控制线规划》。规划运用"反规划"理念,从城市不可建设用地入手,综合考虑市域范围内各种关键性生态要素(山体、林地、水系、海岸线、文物古迹、视觉景观、地质安全、绿地公园等),科学划定市域生态安全控制线,形成多个生态控制区,并提出管制要点。规划方案编制完成后,规划局还多次组织部门协调会、专家评审会，征询各区、市政府、市有关部门和专家意见，不断完善规划内容，使规划更具科学性和可操作性。

（二）探索以数字化管理提升城乡环境综合治理水平

2012年威海市建成运行了市城市综合管理信息系统，随着监管内容和范围不断扩大，当前已成为山东省首个数字化城市管理全覆盖的地市。2015年12月中央城市工作会议和2016年8月省委、省政府印发《山东省深化城市管理执法体制改革实施方案》提出城市管理智慧化的新要求。按照国家和省、市部署，"十三五"期间，威海市数字城管平台向智慧化升级，在实现"高位监督、高位协调"基础上，依据"互联网＋"向"全移动、全物联、全景化、大数据"等方向发展，进一步提高城市管理问题发现快捷精准化、处置快速扁平化、统计评价标准化、监督考核系统化，全面提升城市精细化管理和城乡环境综合治理水平，在全省乃至全国同行业继续保持"走在前列"的领先态势。

一是整合市级区级平台，建立市级统一的智慧城管综合管理平台。按照技术标准统一、数据实时集聚、自下而上建设、高位监督管理的原则，建立一个由数据上报、数据交换、数据挖掘、视频监管、协同督办、考核评价、综合展示、统计分析等系统组成的城市综合管理平台。实时采集全市234类城市管理问题数据，保证业务数据的真实性、时效性和完整性，实现"数据一个库、管理一张网、监管一条线、呈现一张图"，全面提升城市综合管理信息化水平，加强城市管理数字化平台建设与功能整合，推进智慧城市管理，为建立用数据决策、用数据管理、用数据创新的省级城市管理新机制奠定基础。

二是建立全移动智慧城管信息平台，实现信息互通互动和城市管理全业务运转。以"网格化"城市管理模式为基础，以城市管理"全移动"为应用模式，利用"互联网＋"、地理信息引擎技术、"云计算技术"、"3S"技术，搭建智慧城管全移动信息系统平台。具备功能包含将城市管理的城管通、执法通、处置通、市民通、社区通等手机终端整合至一个APP，针对不同城市管理岗位，提供不同的应用终端，实现信息互动和问题处置流程的自由延伸功能，并实现城市管理业务全追踪、全阶段考评。

该平台将实现移动信息采集、移动处置、综合执法、社区管理等城市管理各项内容整合起来，实现城市管理全业务运转，实现数据的融合与共享，真正做到连接城市管理的一切人和事。

三是共享公安交警等城市视频监控资源，实现城市管理全方位、全时段、可视化监控。积极协调公安交警视频监控系统（不涉及公安保密的信息）与数字城管系统实现资源整合共享，将数字化城市管理信息系统接入公安交警视频资源，通过视频监控的方式，实现发现问题、上报问题、核实问题、监督指挥处理问题的城市管理新模式；同时，协调使用城市社会治安监控、区级镇办及社区监控等，使数字化城市管理信息系统可通过专用接口进行视频图像播放、视频源选择，实现对城市部件和事件全方位、全时段的可视化监控管理，提升城市管理水平和效益。

四是完成威海市核心区域地理数据更新与补测，建立部件动态更新系统。根据住建部有关标准规范和指导性文件，结合威海市实际情况，以市国土局提供的地形图数据为基础做数据普查建设，主要包括单元网格与监督网格划分、部件与地理编码普查、城市实景影像数据（含可量测实景影像、360度连续全景影像、无人机100米高空全景影像）采集、处理与建库等。部件在线更新系统主要是对新增、消失、变更的部件地理信息以及兴趣点、门牌楼地址POI信息的变更进行信息采集，并按照数字城管地理信息编码标准进行编码、入库，从而保持地理信息系统的现势性，使之满足数字城管乃至所有政务系统的地理信息平台更新服务。

五是建立城市综合管理大数据平台，为管理决策提供及时有效的数据支持。大数据平台一期主要实现对城市管理处置效果的评价与追踪、城市管理问题发生规律分析、新接入数据组合分析等。处置效果的评价与追踪，主要包括处置时限与处置率评价、重点问题追踪（反复、漏报、长期未解决）；案件发生规律分析包括高发和反复问题分析和城市管理问题因果性分析；新接入数据组合分析包括建立基于时空的数据检索平台，将气候信息、人流信息、车流信息等数据关联进入时空平台，环保系统的空气质量数据、水、噪声数据等。

（三）大力开展农村污染防治

第一，因地制宜加强水污染防治。一是全面推行"河长制"，建立市、区（市）、镇（街道）、村全覆盖的四级河长管理网络体系。配合相关部门实施以控制单元为空间基础、以断面水质为管理目标，因地制宜实施河流生态修复工程。以排污许可制为核心，加强流域水环境质量目标管理；二是加强农村环境基础设施建设，实施工业废水污染源全面达标工程，依托城镇污水处理厂，对符合并网条件的，进入污水处理厂集中处理；城镇污水处理厂管网辐射不到的企业，因地制宜配套建设小型污水处理设施，严格执行相关污染物排放标准，并与功能区标准相衔接，实行达标排放；三是加强饮用水水源保护，强化从水源到水龙头全过程监管，深化农村饮用水源地环境保护，实施农村饮水安全巩固提升工程。加强对畜禽养殖污染防治，统一规划布局，并按照规划区域对畜禽养殖实施清理整改。

第二，循序渐进开展土壤污染防治。一是开展土壤污染状况详查，查明农用地土壤污染面积、分布情况，掌握重点行业、企业用地中的污染地块分布及其环境风险情况，建立污染地块清单。并按要求开展土壤环境质量监测。开展建设用地土壤环境调查评估，逐步建立污染地块名录及其开发利用的负面清单，符合相应规划用地土壤环境质量要求的地块，可进入用地程序；对疑似受污染地块要及时开展土壤环境质量调查评估，对受污染地块要及时采取污染物隔离、阻断等环境风险管控措施。二是严格控制新增土壤污染，严格用地准入，将建设用地土壤环境管理要求纳入城市规划和供地管理，土地开发利用必须符合土壤环境质量要求；严格环境准入，禁止在居民区、学校、医疗和养老机构等周边新建重污染企业，有序搬迁或依法关闭对土壤造成严重污染的现有企业，科学布局生活垃圾处理、危险废物处置、废旧资源再生利用等设施和场所。三是严防矿产资源开发污染土壤，实施更加严格的排放控制要求，防止废气、废水、尾矿、矸石等污染土壤环境。开展土壤污染治理与修复，以影响农产品质量、人居环境安全、饮用水安全等污染隐患突出的污染地块和拟开发建设用作居住、商业、学校、医疗和养老机构等项目的污染地块为重点，开展土壤污染治理与修复试点。

第三，科学制定村镇建设规划。由于历史原因，乡镇企业遍地开花，缺乏必要的环境基础设施，遗留了大量环境污染欠账，空间布局混乱，产业结构落后，环境污染得不到有效控制。下一步，要按照全域城市化、市域一体化的思路，对村镇地区统一规划布局，引导乡镇企业向工业园区集中，促进乡镇企业转型升级。加强环境基础设施建设，增强村镇地区环境承载力。严格环境准入，严格执行"三线一单"制度，坚决杜绝污染由城市向农村转移。

(四) 积极推进工业污染防治

第一，严把项目审批关口，打造优美生态环境。将始终坚持生态立市、环境优先、绿色发展，打好污染防治攻坚战，打造优美生态环境，为招商引资筑牢环境基础。从源头严把项目政策关、选址关、验收关，牢牢守住污染控制的第一道关口，坚决杜绝高污染、高耗能等"两高一资"项目落户威海。要严格落实生态保护红线、环境质量底线、资源利用上线和环境准入负面清单，提高集约节约利用水平，把宝贵的土地、资源、环境总量留给优质项目，努力推动创新型发展、高质量发展。

第二，统筹推进污染减排工程。实行新旧动能转换，变减排的压力为产业转型升级的动力，推动能源资源"绿色革命"，把清洁低碳能源作为调整能源结构的主攻方向，配合相关部门实施控煤减排工程，逐步降低煤炭消费比重。实施"工业绿动力"计划，全面加强各领域节能。深化污染物减排导向和效能，改革完善总量控制制度，大力推行区域性、行业性总量控制，积极开展特征性污染物总量控制。

第三，实施大气污染治理攻坚工程。打破"各扫门前雪"的传统思维，加强区域大气污染联防联控，建立健全大气污染防治区域联动机制，实施大气污染治理同频共振、协同发力、区域共治。实施大气环境质量目标管理，继续采取压煤、治气、降尘、控车、增绿等综合性措施，精准发力，每"微"必争，确保空气质量继续稳定达标。加快推进工业大气污染源全面达标排放计划，完成火电、钢铁、水泥、玻璃、煤炭、垃圾焚烧厂等行业的超标整治任务；积极推进对有机化工、表面涂装、包装印刷等挥发性有机物重点行业的排查与治理。深入治理颗粒物污染，继续深化工业源颗粒物无组织排放的治理，减少无组织排放工艺环节，将无组织排放变为集中收集，处理达标后排放。

第四，加快传统产业绿色改造。将绿色化融入创新驱动发展战略，大力发展智能绿色制造技术，采用先进适用低碳环保技术改造提升传统产业，构建科技含量高、资源消耗低、环境污染少的产业结构。针对威海市的产业定位，结合环保工作需要，重点加大化工、制革、纺织、冶金、轻工、建材、钓具等行业兼并重组和技术革新力度，积极配合相关部门为企业打造发展平台,推动传统优势产业绿色转型,提升发展空间和产业层次。实施逐步加严的环保标准,建立重污染产能退出和过剩产能化解机制,增强经济活力。

第五,实施陆海同治工程。加大近岸海域污染防治力度,严格控制入海排污量。逐步建立陆海统筹的水污染联防联控机制,提高涉海项目准入门槛。加强海洋及海岸工程管理,配套建设环境保护设施,确保污水达标排放,入海河流水质达到水环境功能区要求。

专栏2.4 荣成市固废产业园建设项目

2015年12月,荣成市政府与威海昊阳集团达成PPP合作协议,双方约定由威海昊阳集团投资40亿元,建设占地709亩,含15个子项的固废综合处理与应用产业园,特许经营期28年,分三期实施。荣成市固废综合处理与应用产业园主要以垃圾焚烧发电及燃气热电厂为核心,将生活垃圾和废气、废渣、废水等多种形态的污染物进行综合处理,在实现"固、液、气""三废"达标排放的同时"变废为宝",将生活垃圾转换成电能、热能等绿色能源。产业园的主要功能是,将收集进来的生活垃圾和餐厨废弃物,经处理后变成电能、热能、中水、建材等宝贵资源回馈社会,从而形成一条完整的"变废为宝"产业链。

随着荣成市实施"户保洁、村收集、镇转运、市处理"的环卫一体化模式,每家每户产生的生活垃圾集中存放在容器内,由村里的专职保洁员进行收集,并送到镇级转运站进行压实处理后,再由环卫部门转运到固废产业园进行处理。产业园作为"市处理"的重要环节,采用高新技术,按照行业最高标准,对生活垃圾、餐厨垃圾进行"无害化、减量化、资源化"处理。产业园每天焚烧处理生活垃圾约800吨,年发电量1.2亿度,配套的烟气处理系统是按国际最严的欧盟2010标准设计建造。

2018年7月,荣成市固废综合处理与应用产业园内生活垃圾焚烧发电厂新建的一台350吨垃圾焚烧炉投入试运行,并配套了2套发电机组。新增的这台垃圾焚烧炉,每天可处理垃圾350吨。该园区现共有3台350吨垃圾焚烧炉,处理能力能够满足威海市未来10年生活垃圾的增长需求,供热面积可达100多万平方米。2018年7月，炉渣应用与处理项目、渗滤液扩容和深度处理项目、飞灰扩容项目以及产业园配套的维修车间、仓库附属用房以及焚烧炉扩建项目均已建设完成并处于试运行期。其中，炉渣处理项目每天处理能力达1000吨，炉渣应用项目年可生产加气砌块25万立方米、蒸压标砖7000万块。渗滤液扩容和深度处理项目可将垃圾渗滤液和园区里的各类污水处理成工业用水，循环使用，最终实现污水零排放。随着园区各个子项目陆续投入运行，园区功能更加完善，实现了固体减量95%、液体零排放、气体近零排放，生产的电能、热能、工业水、金属和建材重返市场。

作为荣成市特许经营领域内首个固废处置类PPP项目，产业园有以下特点：一是因采用PPP模式，本项目化解了政府超过1亿元的存量债务，同时缓解了政府在短期内的财政压力；二是不但注重建设标准，还注重运营水平，从而确保每个子项始终处于高标准运营状态，并使政府的付费具有最佳性价比，花的每一分钱都物有所值；三是15个子项设置合理，全部采用国内甚至国际上最严格标准设计、建设和运营，各子项充分共享资源、互为支撑、有机结合；四是社会资本方在进行固废处理与应用的同时，还肩负环保宣传的职责，科普馆重点向市民尤其是中小学生宣传垃圾处理知识、传递环保理念，提升环保意识。

（五）创建绿色生活方式

第一，推动建立全社会绿色消费模式。推行政府绿色采购制度，倡导非政府机构、企业实行绿色采购，引领绿色消费模式的建立，以绿色消费倒逼绿色生产。积极引导消费者购买新能源汽车、高能效家电、节水型器具等环保低碳产品，推动全民在衣、食、住、行、游等方面加快向勤俭节约、绿色低碳、文明健康的方式转变，坚决抵制和反对各种形式的奢侈浪费、不合理消费。

第二，倡导绿色出行，大力发展绿色公交。城市公共交通对于缓解城市交通拥挤、促进节能减排具有重要作用，为此，威海市大力推进实施公交优先发展战略，通过提升公交的便民程度，打造低碳出行模式。一是优化城乡公交线网布局。大力推进市域公交一体化发展，推动客运班线向城乡公交、城际快线转型，目前各区市内城乡公交一体化改造工作已经完成，全市具备通车条件的 2441 个建制村全部通达了城乡公交线路，城乡公交线网布局基本实现全覆盖，全市公交线路发展到了 325 条。各区市间开通了威海市至乳山市、威海市至南海新区、威海市至文登区的城际快线，线路开通以来取得了良好的社会反响，为构建市域公交一体化网络发挥了良好的先导作用。在中心城区，瞄准公交通达盲区全面优化线网布局，通过新开通公交线路，持续优化调整已开通公交线路，公交服务能力得到大幅提升，城市交通绿色出行比例达到 70% 以上。二是强化科技便民支撑。大力推进智能公交建设，截至 2018 年，中心城区和文登城区 89 条线路实行了智能调度，威海市公交手机查询系统注册用户达到 43 万人，日均点击量 14 万人次，安装电子站牌 730 个，中心城区电子站牌基本实现全覆盖。三是加快环保装备更新，加大老旧公交车淘汰力度。近年来，市级财政每年安排不少于 5000 万元的专项资金，用于城区公交车辆的购置更新，支持城区公交车辆全部更新升级为新能源环保公交车，达到国 V 排放标准，全面淘汰"黄标车"。2018 年，市公交集团已拥有新型环保公交车 1100 多辆，占集团公交车辆总数的 85% 以上，既改善了市民乘车环境，又减少了氮氧化物排放，构建起畅通高效、服务便捷、低碳环保的公共交通体系。

第三，实施绿色文化建设项目。坚持从基础抓起，把生态文明教育纳入国民教育体系和干部教育培训体系。把绿色生态文化纳入现代公共文化服务体系建设，创作一批绿色文化作品。开展环保小卫士评选活动，用小手拉大手，形成全社会参与环境保护和生态文明建设的良好氛围。创建一批环保科普基地，以世界地球日、世界环境日等主题活动为依托，充分利用新闻媒体及微博、微信等新媒体，持续加大宣传教育力度，倡导勤俭节约、绿色低碳、文明健康的生活方式。

第三节　威海市深化绿色低碳循环发展面临的问题与对策

一　威海市绿色发展面临的困难和挑战

（一）生态农业法律体系不健全，环保意识有待提高

一是农业生态环境保护法律法规体系不健全。长期以来，环境法律法

规体系主要立足城市、工业和点源污染防控,对农业农村环境保护重视不够。目前尚未有保护农业生态环境的专项法律,只是在环保法、农业法等现行法律中有相关条款。威海市虽然出台了环境保护条例和农业环境保护条例,但针对当前农业生态环境保护面临的新问题,还需要进一步完善。二是农业生态环境保护资金投入不足。现有的农业生态环境保护资金投入,与农业生态环境保护工作需求相比,仍有很大的缺口,农业生态建设、资源保护和环境治理的融资机制、激励机制和生态补偿机制尚不健全。三是农业资源环境约束日益趋紧。威海市耕地长期超负荷生产,得不到休养生息。化肥、农药过量使用带来越来越大的生态环境压力。工业和城市污染向农业农村扩散,对农村和农业生产环境构成严重威胁。四是农业生态环境保护发展意识有待提高。农业本身是低效益的产业,农业面源污染涉及面广量大,生态农业建设和农业污染治理相对成本较高,影响农民投入的积极性。农产品优质优价的市场意识尚未形成,除国家政策项目支持外,社会参与农业生态环境保护建设的积极性不高。发展生态农业、保护农业环境还需要进一步加大宣传、培训、引导力度。

(二)税收优惠政策门槛偏高,支持方式不够灵活

从企业层面看,存在享受税收优惠政策积极性不高的问题。部分企业亏损较大,在可预见的几年内很难盈利,即使实现盈利,盈利金额也不可能将前几年的亏损全部税前弥补,优惠政策对其没有吸引力,税收优惠政策的激励作用打了折扣。另有不少企业因对促进循环经济发展的税收优惠政策不了解或政策熟悉度不高。可能本身已经达到标准,也没有意识到要去备案享受,从而丧失了享受税收优惠的机会。这种情况就需要政府相关部门包括税务机关多进行宣传和辅导,引导符合条件的企业尽早享受到税收优惠政策带来的便利。同时,部分企业财务核算不健全制约了税收优惠的落实成效。有部分从事循环经济业务的企业由于财务核算不健全、不能准确计算企业所得税,税务部门按规定对其实施了所得税核定征收,这部分企业根据所得税政策相关规定,不能享受相关优惠。

从政策层面看,存在门槛偏高的问题。利用税收优惠鼓励循环经济发展的手段偏少、规定偏严,如企业购置用于节水节能、安全生产、环境保护等专用设备的投资额可以按一定的比例实行税额抵免。税收优惠方式多局限于减免税款,而缺乏再投资退税、延期纳税等相关优惠形式。

（三）再制造产业种类单一，技术含量不高

虽然威海市再制造产业已粗具规模，但是整个产业处于发展初期，产业种类单一，技术含量不高。

一是企业数量少，再制造产品单一且技术含量不高。威海市目前除轮胎再制造外，再无其他类型的再制造企业。轮胎类再制造产品本身附加值不高，其再制造的技术含量也远远不如发动机再制造、机床再制造等行业，市场进入门槛较低，利润空间不大，产品竞争较为激烈，市场很难做大。

二是再制造原材料获取较难。威海市两家轮胎翻新企业中，高濑翻新轮胎有限公司的原材料全部从国外进口，原材料成本较高，翻新后的轮胎售价也比较高。华达轮胎复新有限公司的原材料完全从国内收购，但由于其并没有完善的废旧轮胎回收网络，流通渠道不畅，收购作为原料的废旧轮胎比较困难，2012年仅生产翻新胎4000余条，远远低于其年产10万条的生产能力，企业长期处于"吃不饱"状态。

三是地理位置限制再制造产业发展。威海市地处山东半岛最东边，交通运输不畅，原材料运入和产品运出的物流成本较高，而翻新轮胎本身附加值不高，产品利润空间小，物流成本在产品价格中占的比例过高，会削弱产品竞争力。

（四）缺少绿色产业分类，不利于统计

目前，随着低碳循环发展经济和环境保护对统计的需求越来越大，现行的国家统计局制定的《国民经济行业分类》没有对"绿色低碳环保经济"进行明确的行业分类，不利于对属于"绿色低碳环保经济"范畴的企业进行统计。因此，统计方法制度需要进一步完善，统计创新需要进一步强化，统计服务能力需要进一步提升。

二 进一步健全威海市绿色发展的对策和建议

（一）不断优化能源结构，严控新增煤炭消费

合理推进威海市光伏发电项目建设，本着"有所为有所不为、趋利避害"的原则，针对光伏发电项目的不同形式，分类施策，积极指导各区市做好分布式光伏发电备案工作。积极调度督导核电、抽水蓄能电站建设，定期调度石岛湾核电站和文登抽水蓄能电站建设项目，针对项目遇到

的问题，积极协调相关职能部门，争取按照计划时间投产。

强化节能评估约束，严格节能评估审查，实行能耗强度和能耗总量"双控"审批，新上项目能耗指标必须符合行业准入条件、合理用能标准和节能设计规范，必须符合国内先进能效标准，督促企业采用先进的工艺技术与设备，最大限度提高资源和能源利用效率，实现绿色发展。严控新上耗煤项目，对所有行业改建、扩建耗煤项目，一律实行煤炭减量替代，坚决遏制煤炭消费增长势头。发挥节能评估对控制能源和煤炭消费的约束引导作用，对未完成煤炭压减任务的区市，暂缓审批各类新建、扩建、改建耗煤项目，对工作进展迟缓、责任落实不力的点名批评，上一年度未完成的减量目标，累积纳入下一年度目标任务。

(二) 实施循环经济发展促进工程，积极推进再制造产业发展

威海市应进一步推动再制造产业发展。围绕废旧电动机、废旧轮胎等再制造产业，研发推广一批再制造技术，实施一批再制造项目，培育一批骨干再制造企业。引导和鼓励企业、消费者购买使用再制造产品。

一是实施循环经济发展促进工程。在工业、农业、服务业等重点领域培育循环经济示范单位，推进经济技术开发区、荣成开发区、文登经济技术开发区3个循环经济示范园区建设，推广循环经济发展模式，促进循环经济全面发展。推进资源综合利用，以综合利用共生、伴生矿产资源、工业"三废"、城镇生活垃圾、废旧再生资源、农林水产废弃物为重点，实施一批重大资源综合利用项目。

二是出台相关政策支持再制造产业发展。建立再制造产业发展的协调机制，及时研究解决再制造产业发展中的问题，促进再制造产业健康发展。完善再制造产业发展的政策机制，研究推进再制造产业发展的优惠措施，推动银行业等金融机构为再制造提供信贷、担保等投融资服务，支持再制造重点产业化项目建设，在土地使用上给予倾斜，在资金、税收方面给予支持。加强市场监管，切实防止假冒伪劣产品，确保再制造企业严格执行国家产业政策和标准。

三是建立再制造产业园区，强化产业集聚。再制造产业的发展必须依托一定的产业基础和资源支撑，单靠一家企业或少数企业的发展，显然独木不成林，建立再制造产业园区有助于形成专业化回收、拆解、清洗、再制造、公共平台建设的产业链条，建立完备的产业配套，提升集群效应。

四是加强技术研发，人才培育。在技术上，加快重点技术研发与应用。对开展再制造关键技术研究给予资金扶持，依托龙头企业，重点加强再制造产品设计技术和产品剩余寿命评估、经济环保的拆解和清洗、表面工程、无损检测等技术的研发，开展旧件性能评价、再制造产品安全检测等方面的技术攻关，打造自己的专利技术和品牌。在人才上，增强人才储备战略。再制造作为一个新兴产业，其所需人才技术含量高、专业性强。应加强再制造企业与高等院校、大中专学校、职业院校以及科研机构的交流与合作，在高校设置相应的专业，培养专门人才。

五是发展符合威海特点的再制造企业。根据威海的地理特点，应当大力发展产品附加值高、科技含量高的企业，避免因运输成本高带来的不利局面。加大再制造产业招商引资工作力度，引进战略合作者，支持企业与国内外企业合作，引进先进的再制造技术。发展外向型再制造企业，利用威海海运发达的特点，直接从国外进口原料，产品也面向全球进行销售。

六是加强宣传培育再制造产品市场。再制造产品虽然质量可靠、价格便宜，但消费者认知度低，推广困难很大。应加强对再制造产品的宣传，动员有关部门、生产企业、再制造企业，采取形式多样的方式，传播再制造产品节能、减排、环保理念，宣传再制造产品的性能、质量、价格优势，提高消费者珍惜资源、循环利用意识，引导消费者主动选择再制造产品，培育再制造产品广阔的市场。政府采购时，在同等条件下，应考虑优先选择再制造产品，通过示范作用促进再制造产品的普及应用。

（三）加大农业环境保护工作力度，促进农业可持续发展

一是坚持示范创新，促进生态循环农业发展。以生态循环农业基地示范项目为抓手，通过集成推广农业清洁生产、资源循环利用、废弃物无害化处理技术，打造生态循环农业示范样板。建立生态循环农业发展机制，开展整建制示范创建。建立农业废弃物无害化处理、资源化利用和农业标准化生产服务体系，形成县域大循环、区域中循环、基地小循环的全域循环机制，到2020年，发展大中型沼气工程35处，示范推广秸秆生物反应堆技术3000亩，规模化生态循环农业基地面积达到5万亩。

二是实施化肥减量工程，加快土壤改良修复。通过施用有机肥，提高土壤有机质含量，促进微生物繁殖，改善土壤理化性状，减少化肥施用量。进一步加大微生物和高碳有机肥推广力度，有效减少化肥施用量。普

及测土配方施肥,支持测土配方施肥整乡、整县推进,引导农企对接直供,启动对新型经营主体补贴,扩大配方肥施用范围,实现小麦、玉米、蔬菜等各种作物全覆盖,科学合理施肥,减少氮、磷流失。到2020年,测土配方施肥覆盖率达到90%,化肥利用率提高10个百分点。

三是实施农药减控工程,治理农药残留污染。大力推广生物农药,搞好高毒农药替代工作。集成推广以生态区域为单元、以农作物为主线的全程绿色防控技术模式。开展专业化统防统治,推进植保社会化服务进程。鼓励开展整建制、全承包统防统治服务作业,提高科学用药、精准用药水平。到2020年农药使用总量比"十二五"末期减少10%,高效、低度、低残留农药使用率达70%,农药利用率提高到40%,年生物技术防治、农业防治、物理防治、天地保护利用等绿色防控技术面积达50万亩,专业化统防统治达60%以上。

四是实施清洁生产工程,保护农业生态环境。以消除地膜残留污染为重点,开展可降解地膜试验示范,推广双降解生态地膜栽培技术,充分利用双降解地膜在自然环境条件下,降解完全、定时可控和生态无害的特点,实现地膜栽培的清洁生产。研究制定相应政策措施,推广使用0.01毫米以上标准地膜。合理规划布局,建设废旧地膜回收站,配套相关设备,制定优惠政策,鼓励农民捡拾回收地膜,采取差价补贴的方式,换取新的标准地膜或可控降解地膜。2020年,可控降解地膜推广使用量占总使用量的30%以上,不可降解标准地膜回收率达到90%以上。

五是实施资源循环利用工程,推进农业废弃物资源化利用。围绕改善农业农村环境、提供清洁能源和有机肥料,进一步调整结构,优化服务,重点在规模化畜禽养殖场、养殖小区、农村社区推进规模化沼气工程建设。大力推广"果—沼—畜""菜—沼—畜""茶—沼—畜"循环农业模式,不断提高沼渣沼液的商品化、肥料化利用水平和沼气工程的产气率、使用率。以秸秆肥料化、饲料化、燃料化、基料化利用为重点,大力推广应用秸秆精细还田等技术,配套建设秸秆收贮体系,2020年农作物秸秆综合利用率稳定保持在95%以上。

(四)充分发挥税收职能,增加税收优惠的针对性和灵活性

认真落实国家税收政策,深化纳税服务体系,切实帮助企业解决实际困难,支持循环经济又好又快发展。一是加强辅导建账立制。组建专家辅

导团队，采取集中培训、上门辅导等形式，对绿色低碳企业进行培训。同时，对绿色低碳企业逐一摸底排查，建立管理台账，对符合优惠条件企业，及时兑现税收优惠。二是加强分析监控。市局将设专人负责定期抽取季度、年度数据，将纳税人的年度申报表与财务报表中资产、工资薪金、人员等情况进行比对分析，对发现的应享受而未享受以及享受优惠数据不准确等问题，及时向企业进行风险提醒，确保政策优惠落实到位。三是强化政策落实。定期开展绿色低碳企业优惠政策执行情况的督导调研，采取实地调查、税企交流等形式，密切关注税源经营发展态势，指导企业正确运用税收政策；加强税收政策，特别是税收优惠政策的执行情况的督导检查，着力加大政策执行力度，确保优惠政策落到实处。

（五）建立绿色发展统计指标体系

当前低碳循环发展经济和环境保护对统计的需求越来越大，统计方法制度需要进一步完善，统计创新需要进一步强化，统计服务能力需要进一步提升。威海市应该把建立绿色发展指标体系作为重点任务，认真研究绿色发展指标体系和制度，加强部门沟通，注重基层意见，整合信息资源，探索建立适合威海市的体系和制度，提升统计服务能力水平。同时，建议国家统计局等部委能够出台针对性的"绿色低碳环保经济"国民经济行业分类，有利于统计分析。

第 三 章

六盘水市：资源型城市对绿色低碳循环转型发展的探索①

六盘水市位于贵州西部乌蒙山区，是国家"三线"建设时期发展起来的一座能源原材料工业城市，1978年12月18日经国务院批准建市。全市国土面积9965平方千米，辖六枝特区、盘州市、水城县、钟山区4个县级行政区和5个省级经济开发区、87个乡（镇、街道）。2018年年末全市常住人口293.73万，以彝族、苗族、布依族为代表的少数民族人口约一百万，占总人口的约三分之一。近年来，六盘水市牢牢守住发展、生态、安全三条底线，以供给侧结构性改革为主线，经济社会发展保持良好态势。2018年，全市地区生产总值1525.69亿元，人均地区生产总值52059元，三次产业结构为9.7∶48.6∶41.7，城镇常住居民人均可支配收入30375元，农村常住居民人均可支配收入9967元②。

六盘水市素有"江南煤都"的美誉，是中国南方重要能源、原材料基地和"西电东送"主战场，被国家确认为"全国20个成长型资源城市"之一。六盘水市曾"一煤独大"，产业结构单一，为淘汰一批高污染行业和落后产能，六盘水市忍着损失上亿元的工业产值、减少上千万元税收的"阵痛"，先后淘汰关停了一大批落后产能。重要的是，六盘水市以建设资源节约和环境友好型社会为目标，全面引入绿色低碳循环经济发展理念，积极探索资源型成长型城市可持续发展模式，把发展绿色低碳循环经济作为推动高质量发展，调整经济结构、转变发展方式、促进社会经济

---

① 本部分执笔：朱承亮。
② 数据来源于《六盘水市2018年国民经济和社会发展统计公报》。

由高速增长阶段转向高质量发展阶段的重要措施，走出了一条有别于东部、不同于西部其他省市的发展新路，获得了"美丽中国·十大生态文明城市"、"十佳绿色环保标志城市"、国家资源富集区"循环经济试点"城市等荣誉称号。2018年，六盘水市千人以上集中式饮用水源地水质达标率100%，城市（县城）环境空气质量优良率97.6%，资源产出率5940.06元/吨，能源产出率9278元/吨标准煤，主要废弃物循环利用率68.65%，水资源产出率219.6元/立方米，工业用水重复利用率96%，工业固体废弃物综合利用率70%，建设用地产出率24758.18万元/平方千米，农作物秸秆综合利用率79.87%，城镇污水处理设施再生水利用率81.65%，主要再生资源回收率85%，餐厨废弃物资源化利用率65.25%。

　　党的十九大报告提出要贯彻新发展理念，建设现代化经济体系，强调创新是引领发展的第一动力，是建设现代化经济体系的战略支撑。现代经济体系要求绿色发展，绿色发展是以效率、和谐、持续为目标的经济增长和社会发展方式；现代经济体系要求低碳发展，低碳发展是一种以低耗能、低污染、低排放为特征的可持续发展模式；现代经济体系要求循环发展，循环发展是我国经济社会发展的一项重大战略，是建设生态文明、推动绿色发展的重要途径（王圆缘和彭本红，2018）。当前，中国经济社会进入高质量发展新时代，构建绿色低碳循环发展经济体系是建设现代化经济体系的核心要义，推动经济社会绿色低碳循环发展是实现高质量发展的题中之意。对于六盘水市而言，构建绿色低碳循环发展经济体系，不仅是促进资源型城市转型升级实现经济发展方式转变的宝贵经验，更是在新时代实现经济社会高质量发展的必然选择。本章在前期调研基础上，阐述了六盘水市绿色低碳循环经济发展现状，分析了六盘水市健全绿色低碳循环发展经济体系的主要做法，总结了六盘水市健全绿色低碳循环发展经济体系的经验启示，同时也指出了六盘水市绿色低碳循环发展存在的突出问题，提出了六盘水市进一步健全绿色低碳循环发展经济体系的对策建议，以期为六盘水市在新时代实现更高质量发展提供参考。

第一节　六盘水市绿色低碳循环经济发展现状

　　作为典型的资源型城市，如何走出"资源陷阱"、摆脱"资源依赖"，是六盘水市面临的重大课题。建市以来，六盘水市产业发展经历了三段历程。近年来，六盘水市坚持"加速发展、加快转型、推动跨越"主基调，大力实施创新驱动发展、产业转型升级、生态文明建设以及大扶贫、大数据和大生态三大战略，通过强化顶层设计、实施创新驱动、推进转型升级、建设生态文明、完善基础设施等举措，推动一产转型、二产升级、三产优化，取得了初步成效，为发展绿色低碳循环经济奠定了良好基础。

专栏3.1 六盘水市产业发展历程

（一）六盘水市产业发展第一阶段（1965—1978年）

20世纪60年代中期，国家为了国防战略的需要，调整工业地区布局和充分利用"三线地区"丰富的资源，发展生产，提高人民生活水平，决定进行"三线建设"。"十万大军"从东北、沿海地区，从祖国的四面八方开进了云贵高原，开进了人迹罕至的崇山峻岭中。国家计委和煤炭工业部根据党中央工作会议精神，经过周密详细的调查，决定在贵州西部煤炭储藏丰富的六枝、盘县、水城三县境内建立煤炭基地，六盘水这个组合性的专用地名由此而得，六枝、盘县、水城三个矿区（后改为特区）作为煤炭基地相继成立。1967年10月，六盘水开始成为一个行政区，下辖三个特区。1970年12月，分隶于安顺地区、兴义地区、毕节地区的郎岱、盘县、水城县分别与三个特区合并，合并后仍称特区，隶属六盘水地区。年产原煤1045万吨的六盘水矿区，装机容量10万千瓦的水城电厂，年产50万吨铁矿、42万吨焦炭、50万吨生铁的生产能力的水城钢铁厂，年产50万吨生产能力的水城水泥厂等一批国有大中型企业以及一批县属地方全民所有制企业相继投产，全市工业基础和经济实力大大加强。六枝矿务局、盘江矿务局、水城矿务局和水城钢铁厂构筑成六盘水工业基地框架，"十里钢城""百里矿区"使深藏于乌蒙山腹地的六盘水名声大振，赢得了"江南煤都"之美誉。到1978年年底，全市主要工业品产量为原煤734万吨、钢铁25万吨、发电量4.8亿千瓦时，水泥41万吨；工业总产值3.95亿元，是1965年工业总产值0.29亿元的13.6倍，占工农业总产值的67.9%。六盘水基本形成以煤炭工业为主体，包括冶金、电力、建材、机械制造工业在内的综合性战略后方基地。铁路网络、公路网络初步建成；国家电网已覆盖各城镇工矿，邮电、通信等基础设施逐渐齐备；在四大支柱产业的带动下，地方化工、小水电、农机、造纸、食品等小型工业和文化卫生事业得到迅速发展。

（二）六盘水市产业发展第二阶段（1978—2000年）

伴随党的十一届三中全会胜利召开，1978年12月，地区改为省辖市，六盘水市正式成立。在党的十一届三中全会制定的路线、方针、政策指引下，在全市各族人民的共同努力下，国民经济保持了持续、快速、健康发展的良好势头。进入20世纪90年代，中央为了全面推进中国特色社会主义建设的历史进程，准备实施西部大开发，把六盘水作为首先开发建设的"桥头堡"，着力提升六盘水能源基地的功能和水平。1990年11月，国家计委以计国土（90）1591号文批准《攀西——六盘水地区资源综合开发规划报告》；1996年，江泽民同志视察六盘水时指出：中国的能源主要是煤，六盘水煤炭储量大。此后，为了迎接西部大开发，国家在六盘水境内开始了大规模的铁路建设。1998年全市国内生产总值达68.2亿元，按可比价格计算，比1978年增长了4.5倍，年平均递增8.9%。其中，第一产业增加值11.9亿元，比1978年增长1.4倍；第二产业增加值36.3亿元，比1978年增长3.5倍；第三产业增加值20.2亿元，比1978年增长5.5倍。一、二、三产业占国民经济的比重由1978年的33.9∶42.4∶23.7转变为1998年的17.6∶52.8∶29.6。产业结构由"二、一、三"为主调整为"二、三、一"为主的轨道上来，国民经济总量增长从主要由第一、第二产业带动转为主要由第二、第三产业带动，第二产业特别是工业的增长构成了全市经济高速增长的主要动力。

（三）六盘水市产业发展第三阶段（2000年至今）

随着国家西部大开发宏伟战略部署实施，在新时期新阶段，作为国家重要能源基地的六盘水，抢抓发展机遇，着力落实好科学发展观，积极探索能源资源型城市可持续发展的新路子，提出了科学发展、加快发展、生态立市的战略决策，为国家能源利用、能源安全做出了新贡献。2012年，《国务院关于进一步促进贵州经济社会又好又快发展的若干意见》（国发〔2012〕2号）文件出台，六盘水市迎来了产业结构升级的黄金时期。2013年3月，国务院批复了《全国老工业基地调整改造规划（2013—

2022年)》，六盘水市是该规划确定的全国范围内120个老工业城市（区）之一。到2015年，全市煤炭机械化开采率达到76.2%；电力装机852.74万千瓦，其中火电装机732万千瓦，采用国内先进的超临界燃煤发电机组；钢铁产能500万吨（2016年，去除产能150万吨）；水泥产能1060万吨，大宗工业固体废物年综合利用量在1000万吨以上，综合利用率达57.94%。形成了三个年增加值超百亿的煤电冶金产业集群、煤电化产业集群、煤电材产业集群。2016年，全市规模以上企业431家；全部工业增加值完成563.42亿元，总量突破500亿元大关，占全市GDP的42.9%；其中，规模以上工业增加值完成516.86亿元，占全市GDP的39.3%，增速高于全省平均水平；全市规模以上工业总产值为1725.69亿元，同比增长7.7%；500万元以上工业固定资产投资完成346.6亿元，同比增长5%。传统工业产业不断发展壮大，不断优化升级。工业化和信息化融合加快。新材料、新能源、电子信息、节能环保等产业逐步形成，生产性服务业发展加快，电子商务开始起步，物流业发展迅速。装备制造、新材料、新医药大健康、电子信息等战略新兴产业加快发展，全年规模以上高技术制造业增加值为11.08亿元，医药制造业增加值增长100.2%。

一　绿色低碳循环经济发展路径进一步明确

一是建立了产业绿色低碳循环体系，三次产业大循环链条初步建立。围绕"农民富、生态美"，推进一产转型，构建了"绿色种植—精深加工—全混饲料—生态化养殖—沼气—有机肥料—绿色种植"的绿色低碳循环农业产业链，促进生态产业化。围绕"结构好、效益高"，推进第二产业升级，构建了以"煤—电"产业链为代表的多产业集约复合的绿色低碳循环工业产业链，促进产业生态化。围绕"市场活、可持续"，推进第三产业优化，构建了资源节约、环境共生、生态友好的绿色低碳循环型服务体系，促进三次产业融合发展。

二是建立了社会绿色低碳循环体系，全社会关心支持参与绿色低碳循环经济建设的良好氛围初步形成。全面深化统筹城乡综合配套改革，实施"农村三变"，促进城乡要素相互流动，推进城乡绿色低碳循环发展。建立再生资源回收、再制造、污水垃圾资源化利用处置绿色低碳循环体系。

专栏 3.2　贵州盘江电投发电有限公司循环经济项目产业链

贵州盘江电投发电有限公司是集发电、煤焦化、房地产开发等于一体的多元化国有企业，资产总额 127.97 亿元，公司积极发展循环经济产业，循环经济项目主要由煤炭洗选、发电、煤焦化和化工产品精深加工、废水废气废渣及废热回收等综合利用项目构成，形成了以下九条循环经济产业链。

（一）原煤的分级和高效综合利用

选煤装置采用原煤预脱泥、两产品重介主再洗、粗煤泥 TBS 分选、煤泥浮选工艺，能够提高精煤回收率，有效实现原煤的分级和高效综合利用，保护稀缺的炼焦煤资源。原煤经过洗选分级后得到的精煤通过皮带输送至 200 万吨/年炼焦装置生产焦炭及化工产品，中泥煤和矸石通过皮带输送至发电产业 2×660 兆瓦超临界燃煤机组燃烧发电。

（二）焦炭热量回收综合利用

200 万吨/年炼焦装置配套建设有两套干熄焦装置，处理焦炭能力分别为 170 吨/小时和 90 吨/小时，主要利用空气中惰性气体氮气回收焦炭显热至 1000℃ 左右后送入锅炉，产生 3.82MPa、450℃ 中压蒸汽，用于 2×20 兆瓦余热发电机组发电，全年可发电量约 3.2 亿度及以上，可满足煤焦化板块生产用电需要。

（三）焦炉煤气综合利用

200 万吨/年焦化装置产生的焦炉煤气约 4.7 亿标方/年，焦炉煤气的综合利用主要有两条路径。正常情况下，焦炉煤气送到焦炉煤气制液化天然气（LNG）装置，经净化、甲烷化（脱碳）、液化后生产 LNG，可年产 12 万吨 LNG。在发电产业 2×660 兆瓦超临界燃煤机组锅炉点火或煤质较差锅炉燃烧不稳定时，可输送部分或全部焦炉煤气代替燃油用于锅炉点火、稳燃、助燃，每年可节约点火及助燃燃油约 600 吨。

（四）焦炉煤气制液化天然气后剩余富氢气体（替代燃油）综合利用

4.7 亿标方/年焦炉煤气制液化天然气后，剩余富氢气体量约 1.3 亿标方/年，可折换成标煤约 4 万吨。为确保发电产业 2×660 兆瓦超临界燃煤机组锅炉燃烧的可靠性，通过管道将剩余富氢气体输送至 2×660 兆瓦超临界燃煤机组用于锅炉点火、稳燃、助燃。

（五）粗苯集中精深加工

通过整合六盘水区域煤焦化企业的粗苯，并加上200万吨/年焦化装置生产的粗苯约2.2万吨，送入5万吨/年苯加氢装置，年生产纯苯3.5万吨、甲苯6800吨、二甲苯2000吨。5万吨/年苯加氢装置采用脱重、加氢、预精馏、萃取蒸馏、二甲苯蒸馏工艺，纯氢采用焦炉煤气制液化天然气后剩余富氢气体经PSA提纯后用于加氢单元使用。

（六）焦炉煤气中有害杂质氨回收利用

200万吨/年焦化装置煤气发生量约10万标方/小时，氨含量约6克/标方。因发电产业2×660兆瓦超临界燃煤机组及焦化产业焦炉烟气脱硫脱硝装置均需要用无水氨，公司采用吸收、解析及精馏工艺回收焦炉煤气中的氨生产无水氨，年产无水氨约3000吨，通过管道输送至2×660兆瓦超临界燃煤机组脱硝装置使用。

（七）焦化废水中水回用

200万吨/年焦化装置年产生废水约84万立方米，配套建设有两套废水处理装置，处理废水能力分别为35立方米/小时、100立方米/小时，废水经预处理、生化处理、深度处理后，达标的废水全部用作生产补充用水，完全实现零排放，既解决了废水的用途，又节约了新鲜水用量，创造了良好的经济和社会效益。

（八）焦炉烟气脱硫脱硝

焦化产业投资1.48亿元，建成投运两套焦炉烟气脱硫脱硝装置，处理烟气量分别为13.9万标方/小时和26.7万标方/小时。该装置为全国第三套、西南第一套焦炉烟气脱硫脱硝装置，公司焦炉烟气在全国焦化行业率先实现稳定达标排放，对焦化行业确定科学合理的改造技术路线起到了积极的促进作用，也为焦化行业可持续绿色发展提供了经验借鉴。

（九）发电固体废弃物综合利用

发电产业2×660兆瓦超临界燃煤机组年利用小时数长期位于贵州省前列，每年产生粉煤灰约120万吨、脱硫石膏约20万吨。全部脱硫石膏和约30万吨粉煤灰销售至三合、昊龙等水泥生产企业，用于生产水泥、加气混凝土砌块、蒸压砖、盲孔砖等；剩余粉煤灰通过粉磨和分选后，一级灰销售至重点水利工程，二级灰销售至本地及云南相关建筑工程。通过以上措施，发电固体废弃物粉煤灰、脱硫石膏综合利用率基本达到100%。

二 绿色低碳循环经济发展平台初步构建

一是构建政策平台。抓住国发〔2012〕2号文件政策机遇，编制《六盘水市循环经济发展规划》等多个循环经济专项规划，积极争取国家和省的支持。

二是构建园区平台。加大29个现代高效农业示范园区、11个工业园区循环化改造力度。红果经济开发区和钟山经济开发区获得"国家循环化改造示范园区"称号；黔桂、路喜等获得"省级循环经济示范园区（基地）"称号。

三是构建企业平台。建成水钢余热余压发电，黔桂炼焦副产品制苯加氢、发电及制LNG产品，贵州日恒公司年产40万吨矿渣超细微粉生产线项目、贵州瑞泰实业有限公司新型环保建材创新升级改造项目、贵州博宏循环经济项目等一批重点循环经济平台项目。

四是构建环境平台。主动融入"一带一路"建设和"长江经济带"等国家重大发展战略，深入开展区域合作，加强水利、交通等基础设施建设，大力推进"创新、协调、绿色、开放、共享"新发展理念建设，形成了良好的绿色低碳循环经济环境平台。

五是构建激励机制平台。设立市、县两级循环经济发展专项资金，对符合条件的企业和项目给予资金支持；截至2017年年底累计争取上级资金9.6亿元，市级安排资金1.2亿元。

三 绿色低碳循环经济发展成效初步显现

一是转型加快。第一产业方面：全市2017年发展林下经济113.95万亩，粮经比从2010年的70∶30调整为31∶69。完成12万户农村户用沼气池，建成大中型沼气工程11处，小型沼气工程86处，年产沼气2400多万立方米；规模化养殖场总计107个，产生粪污总计76124.28万吨，资源化利用71576.43万吨，畜禽粪污综合利用率达94.03%。第二产业方面：2017年，完成煤层气抽采量13.75亿立方米，煤层气开发利用率达到45.4%，煤炭资源化就地转化率从39%提高到80%，资源产出率从2066元/吨提高到4350元/吨，工业固体废物综合利用率从30%提高到58.7%，万元GDP能耗从2.83吨标煤降至1.15吨标煤。第三产业及社会层面：全市主要再生资源回收利用率达72.5%，公共交通中新能源比例达46.6%，城市新型墙体材料利用比例达90%。

二是结构优化。三次产业结构从2011年的5.2∶62.7∶32.1调整到2017年的9.2∶49.9∶40.9，"一煤独大"局面逐步改变。煤、电、钢、材四大传统支柱产业占规模以上工业的比重由2011年的91.9%下降到2017年的81.5%，第三产业对GDP贡献率由2008年的24.1%提高到2017年的45.6%。

三是基础夯实。月照机场、都香高速、黔中水利枢纽、六枝至水城天然气支线管道、双桥水库等一批重大基础设施建成。地下综合管廊、水城河综合治理等重大工程加快推进，沪昆高铁境内段建成通车，安六城际铁路加快建设，绿色低碳循环经济发展基础进一步夯实。

四是环境改善。坚持把生态做成产业、把产业做成生态，按照"四个最大化"要求，大力实施"绿色贵州"建设六盘水三年行动计划，累计完成营造林215.23万亩，治理石漠化299平方千米、水土流失1074.91平方千米；森林覆盖率达到52.77%，比2010年提高11.5个百分点。成功获得"三乡五园"八张国家级重要生态名片。钟山区被列为全省主体功能区6个重点开发区之一。发出"美丽凉都拒绝污染"强音，狠抓环境污染治理，建成14座污水处理厂等环保设施，城镇污水处理率和城乡生活垃圾无害化处理率分别达到91.6%和88%。淘汰落后产能452.75万吨，2012—2016年单位生产总值能耗累计下降28.66%，完成"十二五"期间节能减排指标任务。深入实施重点流域河长制，三岔河流域内考核连续两年排名全省第一。启动空气质量AQI监测并定期发布监测数据，全市空气质量API优良率达到99.4%。开展森林保护"六个严禁"和环境保护"六个一律"利剑行动，严肃查处一批生态环保违法案件。

四 绿色低碳循环"四型"产业加快发展

为贯彻落实省委、省政府推动绿色发展建设生态文明的战略部署，六盘水市按照"创新、协调、绿色、开放、共享"新发展理念要求，以生态产业化、产业生态化为路径，破解资源环境制约难题，实现循环利用，走转型提速增效、实现综合效益同步提升的发展新路。2017 年，全市绿色低碳循环经济"四型"产业（生态利用型、循环高效型、低碳清洁型、环境治理型）增加值完成 511 亿元左右，占生产总值的比重达到 35% 左右。

一是生态利用型产业发展方面。（1）围绕"康养胜地·中国凉都"旅游目的地城市品牌定位，发挥六盘水市地域特色、文化资源和生态优势，山地旅游业发展实现"井喷"。2017 年实现接待游客 3000.86 万人次以上，实现旅游收入 200.49 亿元以上。（2）充分发挥六盘水市生物多样性和小气候多样化的特点，现代山地特色高效农业发展良好。2017 年全市一产实现增加值 134.82 亿元。（3）立足资源和生态优势，积极发展以"医、养、健、管、游、食"为支撑的大健康医药产业链，大健康医药产业加快发展。2017 年全市大健康产业增加值突破 40 亿元。（4）调整优化林业产业结构，全面实施"六盘水绿色红利凉都行动"，林业产业加快发展。2017 年全市林业产值实现 223.45 亿元。（5）培育和发展一批品牌形象好、知名度高、市场占有率高、市场竞争能力强的知名产品、企业，天然健康饮用水产业加快发展。2017 年全市天然饮用水生产企业实现产值 6 亿元。

二是循环高效型产业发展方面。2017 年，全市循环高效型产业实现增加值 115.24 亿元。（1）加大煤炭就地转化，推进煤炭精深加工，提高煤炭清洁高效利用水平，原材料精深加工产业加快发展。目前，六盘水市煤炭深加工产业主要以传统煤焦化为主，现代煤化工产业处于探索阶段。2017 年实现产值 412.41 亿元。（2）以全市绿色园区为依托，充分利用六盘水市资源优势，积极引进和培育农产品加工、特色旅游商品制造、民族工艺品等加工企业，绿色轻工业产业加快发展。截至 2017 年年底，全市规模以上特色加工企业 66 家。（3）培育壮大工业固废—新型建材等循环产业链条，促进煤矸石、脱硫石膏、粉煤灰、建筑垃圾等资源再利用，再生资源产业加快发展。

三是低碳清洁型产业发展方面。（1）大数据信息产业加快发展。2017 年，全市规模以上电子信息制造业总产值为 65.04 亿元。（2）清洁能源产业加快发展。截至 2017 年，全市已建成水电装机 109.29 万千瓦；

建成风电项目 11 个，装机 45.19 万千瓦；光伏电站已建成项目 3 个，装机 20 万千瓦。(3) 新能源汽车产业加快发展。积极推广新能源汽车的推广运用，加快充电基础设施建设工作，截至 2017 年全市共有新能源汽车 886 辆，已建成电站 3 座，充电桩 438 个。(4) 新型建筑建材产业加快发展。2017 年新型建筑业总产值完成 12.24 亿元，约占建筑业总产值的 15%，2017 年新型建材业总产值 10.2 亿元，约占建材业总产值的 20%。(5) 民族特色文化产业加快发展。六盘水市特色民族文化产业处于培育阶段，但在发展彝族文化、打造民族主题影视剧、发展民族演艺业、加强民族特色文化村寨保护等方面均取得较大成效，2017 年实现产值 245 万元。

四是环境治理型产业发展方面。节能环保服务产业和节能环保装备制造业加快发展。全市现有已建成垃圾处理项目 6 个，已全部授权第三方托管运营；在建垃圾处理项目共 3 个，其中六枝特区拟建六枝特区城乡生活垃圾收运和处置项目 1 个，该项目为国家第三批 PPP 示范项目，已与第三方签订 PPP 协议投资建设营运；盘州市在建生活垃圾焚烧发电项目 1 个，已与第三方签订框架协议投资建设营运；水城县在建城镇垃圾清运系统工程项目 1 个，已委托第三方托管运营。水城县火电企业、煤炭企业及工业园区等高污染企业，已逐步推进第三方治理；钟山区钢铁、电力、水泥、煤矿等 9 家企业环保在线监测设施于 2016 年先后全部由贵州中节能天融兴德环保科技有限公司运营，共托管在线监测设施 17 套。

第二节 六盘水市健全绿色低碳循环发展经济体系的主要做法

一 强化顶层设计

六盘水市委、市政府始终坚持把发展绿色低碳循环经济作为实现同步小康目标和实现可持续发展的战略路径，超前谋划部署绿色低碳循环经济发展工作。2006 年，市政府编制了《六盘水市重化工业循环经济发展规划》，开启六盘水市绿色低碳循环经济发展之路；2010 年，市政府工作报告中明确提出"大力发展循环经济，努力推动经济发展方式的转变"；2011 年，编制了《贵州省六盘水市循环经济发展规划》《大宗工业废弃物综合利用规划》《煤层气综合利用规划》多个绿色低碳循环经济专项规划助推全市绿色低碳循环经济发展；2012—2013年，市政府相继出台了《六盘水市建设全国循环经济示范城市指导意见》和《关于加快推进循环经济发展的实施意见》等指导性文件，加快全市绿色低碳循环经济发展。2014年，贵州省委十一届四次全会将"支持六盘水市创建国家循环经济示范城市"写入《中共贵州省委关于贯彻落实〈中共中央关于全面深化改革若干重大问题的决定〉的实施意见》。六盘水市委六届五次全会、市七届人大五次会议对发展绿色低碳循环经济进行了全面部署。2016年，绿色低碳循环经济作为"十三五"期间倾力办好的"三件"大事写入《六盘水市国民经济和社会发展第十三个五年规划纲要》。

二 实施创新驱动

按照"科技引领、循环发展、项目支撑、园区承载、基地带动"的思路，坚持投资驱动与创新驱动共同推进，大力改进生产工艺、研发高新技术、引进新兴产业，实现科技、知识与经济一体化。大力推进产业园区建设，集中打造了红桥新区、两河新区、水城开发区、路喜循环经济园区、大河开发区等重点园区平台，推进大企业、大项目向园区聚集发展，中小企业入驻标准厂房，提高资源就地加工转化率、资源循环利用率、原材料就近采购率。大力优化人才发展环境，出台了《六盘水市关于加强人才培养引进加快科技创新的意见》，评选市管专家26名，培育市级科技创新团队5个、省级科技创新团队3个，建立省级人才基地1个，引进高层次和急需特殊人才2503人。积极开展绿色低碳循环经济研发工作，在盘江控股、水矿控股、黔桂天能3家企业建立煤炭资源转化研发中心，重点做好煤化工、煤层气等研发工作。2016年10月，六盘水市与中国循环经济协会正式建立战略合作关系，重点推进绿色低碳循环经济技术转化以及一批产业化项目落地工作。

专栏3.3　首钢水城钢铁（集团）有限责任公司创新驱动发展实践

首钢水城钢铁（集团）有限责任公司（以下简称水钢）是首钢集团

控股企业，地处贵州省六盘水市西北部，占地面积14.5平方千米。1966年建厂，是国家"三线建设"时期建设的西部重要钢铁企业。经过50多年的发展，已建成以钢铁制造业为主，集采矿、煤焦化、进出口贸易、汽车运输、机械加工、建筑安装、水泥等多种配套产业于一体的贵州省最大、西南区域有影响力的国有大型钢铁联合企业。企业现有资产总额125亿元，在岗职工8900人，2016年化解产能后按照350万吨钢规模组织生产，产品涵盖长材、建材、高强钢、软线钢、硬线钢、焊接用钢、碳结圆钢、PC母材用钢等20多个系列、100多个品规，用途从单一建筑用钢拓展到制丝、制绳、机械、五金、汽车制造等行业。长期以来，水钢积极践行创新驱动发展战略，创新工作进展顺利。

（一）科研项目

"十二五"期间，水钢共计获得省、市科技项目20项，资助金额538万元。特别是由水钢牵头，贵州高速公路开发总公司等单位联合承担的重大专项"高性能钢筋产业化及在高墩大跨径桥梁中的示范应用"。该重大专项的实施，把水钢高性能产品推广应用到高速公路等基础设施建设中，为贵州省国民经济和社会发展做出了更大的贡献，还带动房地产等产业向资源节约、低碳经济等发展方式转变。2016年，"高强度矿山用钢的研究与开发"项目获得贵州省经信委批准立项，并获政府资助100万元。水钢在经营亏损的情况下，没有压缩对技术创新项目的投资，每年仍然按1000万元的计划组织。"十二五"期间，共立项140项，计划投资5000万元，实际投入资金4268万元。其中，新产品开发3项，投入资金457万元；新工艺、新技术引进与研究25项，投入资金790万元；工艺优化与技术攻关110项，投入资金2921万元；战略性研究及技术储备2项，投入资金100万元。实施产学研项目31项，新技术引进25项。

（二）科技成果与专利

"十二五"期间，水钢共计获得贵州省、首钢总公司和六盘水市科技成果40项。其中：获得贵州省科技进步、科技成果转化奖8项（一等奖1项、二等奖1项、三等奖6项）；获得首钢总公司科技进步、专利成果三等奖15项；获得六盘水市科技进步、科技成果转化奖17项（一等奖3项、二等奖6项、三等奖8项）。2016年，获得贵州省科技成果转化二等奖1项。"十二五"期间，获得专利授权55项（其中发明专利8项，实用新型专利47项)。同"十一五"期间相比申请专利增加67项,授权专利增加44项(其中发明专利4项,实用新型专利40项),专利申请的数量及质量较"十一五"期间有大幅度提高。2016年,获授权专利22项(其中发明专利3项,实用新型专利19项)。

(三) 新产品研发

紧紧依托首钢的技术优势,在首钢技术专家的指导和帮助下,进一步加大研发力度,稳定产品质量,助力公司转型发展。"十二五"期间,成功开发了不同规格的SWRH82B预应力钢绞线系列用钢、SWRCH22A、SWRCH35K冷镦钢,30—80优质碳素结构用钢,30MnSi、30Si系列PC用钢,焊条钢、气体保护焊丝ER70S-6等优钢产品,经用户使用,产品性能优良,为下一步开发更高端的产品奠定了基础。2016年,"双高"产品生产以效益优先为原则,重点围绕硬线钢、82B钢绞线、矿用圆钢、出口合金钢杆钢条、锚杆钢、合金焊丝钢和H08E焊条钢七大系列产品共计生产20.75万吨,占钢材总产量的6.34%。

(四) 产品质量

"十二五"期间,根据《国家工业产品生产许可证管理办法》的规定,结合公司实际和发展需要,增加三棒线和二高线的申报,办理了生产许可证增项(HRB335E/400E/500EΦ6-10、HRBF400/400EΦ12-28),并将极少获证的Φ6.0HRB500E也纳入生产许可范围。2013年,根据国家产业政策的要求,淘汰了HPB235、HRB335级别钢材,顺利完成钢筋混凝土用热轧钢筋生产许可证换证减项工作,平稳实现建筑用钢材产品的升级换代。SWRH82B获得"第五届首钢名优产品"称号。还组织钢筋混凝土用热轧带肋钢筋(HRB400、HRB400E)、优质中高碳热轧盘条(SWRH82B)两个产品申报冶金产品实物质量金杯奖并通过认定。水钢牌钢筋混凝土用热轧钢筋还荣获《2011年度贵州省名牌产品》。2016年,"水钢牌"钢筋混凝土用热轧带肋钢筋、矿用锚杆钢、优质高碳钢(SWRH82B)热轧盘条荣获"贵州省名牌产品"称号;水钢申报贵州省首届省长质量奖,在全省39家申报企业中进入前十位,入围现场评审阶段;品牌培育方面组织参加贵州首届"绿色建材博览会"和企业社会责任报告发布会,展示水钢企业形象,履行社会责任承诺。在第二届"白玉兰杯""兰格钢铁网"优质建筑用钢品牌评选中,水钢在全国60余家钢铁企业竞争中分别名列第一和第三,充分彰显了水钢的品牌优势和竞争实力。

(五)工艺优化

积极开展铁前系统技术攻关和项目研究推广应用工作,确保高炉生产稳定顺行和技术经济指标的提升。"十二五"期间,开展了《优化煤炭配比》《优化高炉物料结构》《铁水罐试用绝热板》《烧结烟气脱硫副产物产业化综合利用研究》等项目,保证了铁前系统的有效运行,吨铁成本降低200元左右。不断优化炼轧钢工艺,切实开展《新型合金及脱氧材料的研究及推广应用》《锰铬复合强化研究》《富氮强化的研究与应用》《控轧控冷工艺的研究与应用》《HRB400盘螺工艺优化》《稳定钢材产品性能指标攻关》等工作,产品质量得到提升,生产成本大幅度降低。加快螺纹钢筋新产品的研发,满足市场需要。通过对工艺进行研究,控制新产品的试制工作,不断总结优化,已成功开发HRB500Φ6-10盘螺、HRB400Φ20大盘卷螺纹、Φ40大规格螺纹钢和HRB600螺纹钢,其中HRB500Φ6-10盘螺和Φ40大规格螺纹钢已实现产业化生产,HRB400Φ20大盘卷螺纹和HRB600螺纹钢筋已具备产业化生产条件。

(六)管理创新

近年来,水钢公司围绕实现企业控亏减亏,从体制机制创新,提升管理能力入手,进一步深化改革,开展管理创新工作,完善企业"制造+服务"能力,打造城市综合服务商。《"五标一体"综合管理体系的构建与实施》管理创新成果获"冶金三等奖",《以提高轧线热送率为目标的即时生产组织管理》《冶炼企业全员设备保障体系的构建》等3项管理创新成果获"贵州省级一等奖",《固体废弃物回收利用体系的构建与实施》《以经济炼铁为核心的经营生产体系构建》《"十讲十重十做到"助力企业打赢"三大战役"的实践》等11项管理创新成果获"贵州省级二等奖",《基于团队能力提升的班组管理实践》管理创新成果获"贵州省级三等奖"。

三 推进转型升级

按照"一产转型、二产升级、三产优化"的思路,全面推动三次产业结构调整。第一产业方面,大力发展山地特色农业,获批创建六盘水国家农业科技园区和全国生态原产地产品保护示范城市,水城县现代农业产业园获农业部批准创建国家现代农业产业园,启动创建"1+10"现代高效农业产业园,盘州市、水城县分别成为国家级出口刺梨、茶叶质量安全示范区,猕猴桃、盘县火腿等6个产品获批"生态原产地保护产品";大力实施"3155工程,粮经比由70∶30调整为31∶69;新增省级农业园区29个,市级以上农业龙头企业89家、省级龙头企业45家;成功打造凉都"弥你红""天刺力"等知名农产品品牌,获得"三品一标"产地认定、产品认证证书308个,国家地理标志保护产品21个;建成4个县级电子商务服务运营中心、519个农村电子商务服务站点。

第二产业方面,以实施煤电钢、煤电铝、煤电化、煤电材"四个一体化"为抓手,着力提高资源就地转化率、延长产业链、拓宽产业幅,实施煤炭产业"四个一批",煤炭资源就地转化率达到80%,煤矿机械化开采率达到69%;推进煤气共采一体化发展,煤层气综合利用率达到45.4%。建成了水矿集团鑫晟煤化工基地、首钢水钢集团三炉(焦炉、炼铁高炉、炼钢转炉)余热余压发电、黔桂公司焦炉富余煤气发电、贵州日恒公司年产40万吨矿渣超细微粉生产线项目、贵州瑞泰实业有限公司新型环保建材创新升级改造项目、贵州博宏循环经济等循环经济项目。

第三产业方面,大力发展以旅游业为龙头的现代服务业,全力打造"中国凉都"山地旅游升级版,冬季滑雪、康体养身、山地运动、农旅文融合等旅游新业态从无到有、势头强劲,建成国家4A级景区3个、3A级景区14个、省级旅游度假区3个,接待游客人次和旅游总收入分别年均增长41.9%、39.1%,实现"井喷式"增长。大力实施"引金入市"工程,引进银行、保险和证券机构9家,设立产业基金3支。新增新三板挂牌企业1家。钟山经济开发区获批国家级服务业综合改革试点。

专栏3.4 钟山经济开发区产业转型升级实践

钟山经济开发区是六盘水市政府为加快经济体制改革,促进经济发展和适应城市建设的需要,于1992年5月报经贵州省人民政府批准,在开发条件较好的市中心区划出一定范围建立的经济开发区。1995年10月,省政府明确钟山经济开发区为省级开发区，同时名称更改为"贵州省钟山经济开发区管理委员会"。为实现产业转型升级，钟山经济开发区的主要做法如下。

（一）依托传统产业基础优势，大力推进装备制造业结构调整

紧紧抓住煤炭资源丰富，煤矿众多的利好条件，加快装备制造、铸造加工等行业的引进和落地。面向大中型央企加大招商引资力度，大力发展装备制造业。成功招引中煤科工集团与贵州水矿控股集团共同出资建设的西南天地煤机装备制造项目，该项目占地面积1114亩，总投资30亿元。年产液压支柱1.5万架、采煤机200台、掘进机400台、配套生产综采刮板运输机200台、其他刮板运输机500台、皮带机600台。同时依托中国煤炭科工集团的人才技术优势，水矿集团和西南地区市场优势，在煤矿勘探、煤矿开采、煤矿设计、煤矿灾害治理、安全装备、煤炭洗选、煤矿安全培训等方面开展研究实践和技术服务工作。截至2017年年底，该项目完成投资3.26亿元，建成成品库、第一联合厂房、第二联合部分厂房、电机生产维修车间、宿舍楼、办公楼、安全培训中心、职工食堂等，建成面积约10万平方米。项目全部建成达产后产值将达150亿元，实现税收3亿元，解决就业4500人，将成为国内最大的煤机产品基地和国内煤机产品"沃尔玛"、航母型行业巨头，将为六盘水煤炭产业转型升级和安全、高效、绿色发展提供科技和人才支撑。此外，还与西南天地煤炭科学研究院围绕煤炭产业转型升级、研究开发和专业技术平台，创建了煤矿安全培训中心，着力研究解决各种特殊地质条件下的煤炭开采技巧及工艺、研发完整的煤矿安全生产检测监控系统等。加强与首钢水城钢铁（集团）有限责任公司、贵州水城矿业（集团）有限责任公司沟通合作，拟依托西南天地煤机项目，打造新型装备制造园，发展煤层气、页岩气装备制造、天然气发电厂、LNG制品、焦炉煤气汽车燃料、先进装备制造业。

（二）以科技创新为引领，促进传统产业转型升级

大数据产业作为贵州省两大战略之一，钟山经济开发区紧紧把握重大战略机遇，围绕"互联网+传统产业""互联网+商业""互联网+电子商务"，全力加快大数据相关产业发展。六盘水梅安森科技有限公司煤与瓦斯突出研发与诊断及公共安全设备制造项目建成安全监测监控中心、8

条智能设备生产线，正全力研发和建设"云上贵州—安全云"数据中心，截至2017年年底，六盘水市安全生产监管信息化平台已集成企业安全生产实时监管、预警情况处理监督、安全检查及隐患排查管理、行业综合信息管理等系统，可实现全市煤矿企业的瓦斯监控、瓦斯抽采、人员定位、工业视频四项监控系统的运行状态监管等功能，现有近200个煤矿企业、20余个非煤企业接入运用；同时该项目可将大数据发展理念应用至其他行业，为政府、企业、公众提供安全领域大数据服务。

（三）依托循环经济理念，促进传统产业链延伸

立足建设国家循环经济城市目标，围绕"一产转型、二产升级、三产优化"，着力构建循环发展体系，拓宽产业幅。一是着力构建循环农业产业链。引入江苏红豆集团依托3万亩红豆杉种植基地，开发建设红豆杉旅游观光园、红豆绒服饰、红豆系列保健酒健康产业项目，全力打造"生态之城、绿色之城、红豆杉之城"。二是着力构建循环工业产业链。大力发展固体废弃物综合利用和清洁能源项目，建成了年加工利用废旧钢铁10万吨、加工处理橡胶塑料、机电产品20万吨的华栋城市矿产示范基地；建成了年产30万立方米加气混凝土砌块和1.8亿块标砖的瑞都新型建材项目；建成了以电能为原动力的源能新能源机车产业城，二轮、三轮电动车试生产后续配套产业链正陆续跟进。三是着力构建服务业协调发展循环体系。以服务业集群发展为目标，打造了商贸物流园，体量达3平方千米，建设了十大专业市场，同时配套了仓储加工、金融服务、检验检疫、海关等综合物流平台，基本搭建了循环型服务业体系平台。

（四）培育壮大新兴产业，促进传统产业改造提升

瞄准产业聚集度集中，招商项目源密集的东部地区，通过创新招商方式，加大产业链招商，积极承接东部发达地区产业转移。石材产业园、红豆缘系列保健酒、红豆制衣、针纺针织产业、跨境电商、养老养护产业整体开发、猕猴桃酒深加工等一批投资超亿元项目落户开发区。一是电子商务方面：中国网络菜市场项目集"互联网+大数据+云计算+智慧农业+电子商务+智能物流+旅游观光"全新农业发展模式于一体，总部运营中心及配送基地建成营运，中国网络菜市场电商平台在六盘水上线运营。二是智能终端方面：具备外贸出口的百纳威手机智能终端项目建成投产，为其配套的智恒光电、锐鑫、联鑫、中星、中泰等手机智能终端项目

入驻建成投产，基本形成了手机智能终端产业链，并注册成立了从事商品对外贸易的贵州元泰供应链管理有限公司为以上手机生产商提供外贸服务，2016年1—12月实现外贸出口3322万美元。三是新型建材方面：石材产业园项目现建成标准化厂房3万平方米，6户石材加工企业签订入驻协议，3户试生产，全部建成投产后产值将达50亿元。四是大健康产业方面：以侨圣养老地产和红豆杉生物科技、老百姓药业中药饮片及医疗器械生产等项目为切入点，为打造全省新医药大健康产业基地夯实基础。

四 建设生态文明

立足"五位一体"总布局，坚持转型发展、统筹发展、持续发展和共享发展，系统构建绿色经济、宜居城镇、自强文化、友好自然、和谐社会、清明政治"六大生态体系"。开展煤矸石、粉煤灰、冶金渣、矿井水、焦炉煤气、煤层气及余热余压等工业"三废"资源综合利用，年利用工业固体废弃物达1074万吨。坚持以生态产业化、产业生态化为引领，加快推动绿色发展。大力实施"绿色贵州"建设三年行动计划，大力推进生态产业化、产业生态化，绿色经济"四型十五种"产业增加值占GDP的比重达到35%。着力守好青山绿水，完成营造林118.4万亩，治理水土流失面积399平方千米、石漠化面积45平方千米，森林覆盖率达到56.94%。整合"5个100"工程、生态移民、危房改造等资源，全面推进新型城镇化建设，打造了一批宜居宜业宜游、各具特色的小城镇。大力弘扬"奉献、包容、创新、超越"的新时期六盘水精神，凝聚全市干部群众力量，齐心协力推进全市绿色低碳循环经济建设。

五 完善基础设施

一是完善交通基础设施建设，使得交通更加便捷。铁路、高速公路建设全面提速，二级公路建设进展顺利，六盘水月照机场建成通航，航班通达北京、上海、广州等11个城市，建成码头4个。

二是完善水利基础设施建设，水利投入大幅增长。2012—2016年全市水利完成水利投资248.8亿元，是"十一五"期间完成水利投资10.32亿元的24倍。水利投资规模有较大增长，一方面由于国家加大了对水利建设的支持力度，全市抢抓中央全面加强西部地区基础设施建设的重大机遇，根据国家对民生水利工程的投向，积极争取在骨干水源工程、农村饮水安全、小型农田水利建设、中小河流治理、病险水库除险加固、坡耕地整治、小水电建设及山洪灾害防治等方面更多的投入；另一方面市、县两级水利融资平台的建立极大增强了自身融资能力。

三是完善电力基础设施建设，电网保障能力大幅提升。截至 2015 年年底，建成 35 千伏及以上输变电站 45 座、输电线路 5334 千米。全市 301 家用电重要客户中，88% 实现双回线路供电。供电系统各单位、各部门强化责任感和使命感，把支持和服务地方经济建设发展作为"一把手"工程来抓，主动沟通，超前服务，积极配合，与各级政府管理部门建立联动机制，在电网规划建设、电力优质服务、电网安全可靠运行等方面，超前服务，主动服务，加快推进六盘水市电网发展。

四是完善信息基础设施建设，使得通信更加畅通。近年来，全市完成信息基础设施建设投资 21.6 亿元，基本实现了全市乡镇以上地区光纤和 4G 网络有效覆盖，为信息化与工业化深度融合提供自主、安全、稳定、覆盖完善的基础通信网络。

六 重视政策保障

为推进绿色发展，建立健全绿色低碳循环发展的经济体系，六盘水市在金融、财政、税收方面给予了重点支持。

（一）金融、财政支持政策

一是鼓励发行绿色产业企业债券。募集资金主要用于支持绿色低碳循环发展项目的企业债券，主要涉及节能减排技术改造、绿色城镇化、能源清洁高效利用、循环经济发展等领域。2012 年以来，全市共获国家发改委审批并成功发行的企业债券 15 支，发行规模 180.1 亿元，其中绿色债券为 3 支，发行规模 26 亿元。

二是成立绿色产业发展基金。2018 年，向省发展改革委上报了钟山经济开发区诺鼎基金管理公司，在钟山经济开发区设立一支 2 亿元的产业投资基金，基金投放主要涉及绿色产业、大旅游、大健康、大生态、大扶贫、大数据等领域项目。

三是建立了"守信激励、失信惩戒"的绿色信贷工作机制。强化征信系统在环境保护方面的激励和约束作用，推动金融机构共享环境执法信息，让环保做得好的企业享受更多的融资便利。环保部门每月向中国人民银行六盘水市中支提供《全市环保政策法规防范信贷风险月报》《全市环境违法行为信息月报表》《全市建设项目环评审批项目清单》，中国人民银行六盘水市中支整理后将企业环境违法和处罚信息录入企业征信系统，各金融机构发放贷款时根据企业环境信用评价结果采取差别化的投融资措施。

四是严格执行"环保一票否决制"。围绕"去产能"政策要求，从发展"绿色金融"出发，以加强对房地产、煤炭、钢铁等行业的监测为抓手，运用银监会 EAST 检查分析系统设计模型，对辖内已受到环保处罚后企业的授信、用信情况进行监测，筛选出辖内银行机构对受处罚企业仍授信、用信的清单。

五是建立了绿色信贷业绩评价考核制度。评价结果作为"信贷政策执行情况"考核内容纳入宏观审慎评估（MPA），MPA最终评估结果将影响金融机构是否享受再贷款、存款准备金等优惠政策。

（二）税收支持政策

一是认真落实环境保护税收优惠政策。通过日常宣传、入户上门、座谈会、公开课等形式开展相关政策宣传，对符合条件的环保企业点对点进行宣传辅导和纳税服务，严格执行企业购置用于环境保护、节能节水等专用设备投资额税收抵免政策。

二是营造绿色税收环境。扎实做好环境保护税征收管理工作，切实发挥好环境保护税"多排多征、少排少征、不排不征"的调节作用。

三是培育绿色税源。在推动资源综合利用、节能环保设备投资、生产设备环保升级等方面下足功夫，大力扶持涵养绿色新能源、新材料和新设备等新兴产业及高新技术企业的绿色税源，不折不扣落实好推动绿色低碳循环发展的各项税收优惠政策，引导社会资源逐步从高污染、高能耗的行业转向节能环保行业，切实推动绿色低碳发展取得新进展。

第三节　六盘水市健全绿色低碳循环发展经济体系的经验总结

六盘水市作为西南乃至华南地区重要的能源原材料工业基地，从"一煤独大"到"多业并举",形成了以煤炭、电力、冶金、建材和新型煤化工为支柱的工业体系,为周边省市及区域经济社会发展做出了重大贡献。作为典型的资源型城市,面对如何走出"资源陷阱"、摆脱"资源依赖"、实现产业转型的重大课题,六盘水市在老工业城市产业转型升级,促进绿色低碳循环经济发展方面做出了许多探索,积累了诸多可供借鉴的经验。

一 突出目标导向,发挥政府服务作用

坚持依法行政,完善执法监督机制,规范行政执法行为,提高机构办事效率。全面推行政务公开和公用事业单位办事公开,推行电子政务,实行行政公示制、行政过错责任追究制、服务承诺制,构建严格执法、公正司法、全民守法的公开透明法治环境。加快行政审批制度改革,凡是法律法规未规定为开工前置条件的,一律不得作为开工前置条件审批,实行严格的行政审批准入制,推行行政审批服务标准化。转变政府职能,充分尊重企业的市场主体地位,建立信用奖惩机制,深入推进社会信用体系建设,以保护产权、维护契约、统一市场、平等交换、有效监督为导向,努力减轻企业负担,促进商品和要素自由流动、公平交易、平等使用,建立运转协调、办事高效、行为规范的行政管理体制,切实保护投资者的合法权益。

为企业发展提供良好的市场环境和制度保障。绿色低碳循环产业的形成不是靠政府"指定"和"保护"出来的,而是精心培育出来的。六盘水市将职能转变重点放在摆脱过度干预,转向宏观调控;促进社会平等,实现社会公正;提高工作效率;提供无差异性公共服务等方面,积极为企业发展创造良好的市场环境和制度保障。在基础设施、城市环境、交通设施等方面为企业提供了较好的条件,更为重要的是为企业创造良好的制度环境。采取多种灵活有效的方式,多形式、全方位寻求合作,以好的政策和服务吸引各方投资,全方位放宽民营经济准入领域,在金融支持、税费征收、土地使用、出口贸易等方面,营造更为宽松的发展环境。

专栏3.5 六盘水市关于加快推进生态文明建设的主要目标

生态产业指标:到2020年,单位GDP能耗大幅下降;单位GDP水

耗低于 65 立方米/万元。资源循环利用体系基本建立。战略性新兴产业增加值占 GDP 比重明显提高，农产品中无公害、绿色、有机农产品的比例达 60%。

生态环境指标：到 2020 年，地区生产总值二氧化碳排放量比 2010 年下降 30%，全年环境空气质量达到二级，市中心城区空气质量指数（AQI）达到优良天数占比 85% 以上；县级以上城市空气质量指数（API）达到优良天数占比 90% 以上。森林覆盖率达 60%，力争达 62% 以上。工业固废综合利用率达到 80%，矿山生态恢复治理率达 70% 以上。

生态宜居指标：到 2020 年，城镇化率达到 55% 以上，市中心城区空气质量优良率始终保持 85% 以上，工业污水排放稳定达标率超过 90%，地表水水质达到 86% 以上，集中式引用水源地水质达标率达 100%。城市建成区绿化覆盖率达到省要求，城镇生活垃圾无害化处理率保持 95%，城镇污水集中处理率达到 85% 以上，农村生活污水处理率达 50% 以上，农村生活垃圾无害化处理率达 80% 以上。

生态文化指标：到 2020 年，生态文明理念深入人心，全社会节约意识、环保意识、生态意识显著提高，勤俭节约、绿色低碳、文明健康的生活方式和消费模式普遍推广。党政干部参加生态文明培训比例达 100%，生态文明知识普及率达到 90%，积极申报创建中小学环境教育社会实践基地。

生态制度指标：到 2020 年，形成源头严防、过程严控、后果严惩的生态文明制度体系，在自然资源资产产权和用途管制、生态保护红线、市场化机制、生态文明建设绩效考核评价等方面取得决定性成果，党政领导班子和领导干部综合考评机制、生态补偿机制、资源要素市场化配置机制等体现生态文明建设要求的制度逐步健全并得到有效实施。

资料来源：《中共六盘水市委 六盘水市人民政府关于加快推进生态文明建设实施意见》。

二 突出机制创新，破解转型发展难题

改革创新是转型发展的动力。推进"3155 工程"投融资体制机制、农村产权制度、新型农业经营体系建设、农村土地流转、创新农业园区体

制机制、"三变"促"三农"同步奔小康6个专项改革。通过"资源变资产、资金变股金、农民变股东"的"三变"改革，打造产业平台和股权纽带，转变农民投资方式、创业方式、就业方式、增收方式，推动农业"接二连三"，保证农村资产保值增值，解决好分散的农户干不了、干不好、干了不合算的问题。六盘水市"三变"改革经验，写入2017年中央一号文件，"三变"改革成为全国农村改革样板。以"三变"改革为引领，大力推动现代山地农业发展，充分吸纳农民进入经营主体，按照壮大一批、引进一批、新建一批的要求，注重选择有实力、有责任、有信誉、有市场管理经验的经营主体，为推进"三变"改革提出平台和支撑。

专栏 3.6　六盘水市开展"三变"改革激发农村发展活力

贵州省六盘水市地属乌蒙山集中连片特殊困难地区，总人口 340 万，农村人口 254.3 万，贫困人口 31.65 万。近年来，六盘水市在深入总结基层创新实践的基础上，积极开展以资源变资产、资金变股金、农民变股东的"三变"改革探索，探索发展多种形式股份合作，激活农村各类生产要素潜能，取得了可喜的阶段性成效。

（一）资源变资产

将村集体的土地、林地、水域、风物名胜、古树名木等自然资源，通过确权颁证、折算价值，经村集体经济组织全体成员同意后，以股权形式入股农业经营主体，开展股份合作，按股分红。截至 2018 年，共有 40.69 万亩集体土地、28.3 万亩"四荒地"、4244 万平方米水域水面、8.66 万平方米房屋入股到企业、合作社、家庭农场等经营主体。比如，水城县玉舍镇海坪村将 351 亩集体荒山荒坡入股野玉海国家山地旅游度假区彝族风情街项目，共建成 38 个院落 1.9 万平方米，村集体及村民占股 30%、景区管委会占股 70%，村集体 30% 分红收益中的 50% 再分配给 780 名村民，2017 年村集体和村民共分红 150 万元，其中分给村民 75 万元，人均分红 961 元，该模式涉及农户 180 户 780 人，其中贫困户 65 户 112 人；钟山区大河镇周家寨村，将以前是"放牛坝坝"的 210 亩集体荒山入股民润蔬菜种植农民专业合作社，占合作社总股本的 5%，产生收益前村集体每年可以获得 5 万元的保底分红，产生收益后每年可以获得 5% 的股份分红。

（二）资金变股金

在不改变资金使用性质及用途的前提下，将各级财政投入农村的生产发展类资金、农业生态修复和治理资金、扶贫开发资金、农村社会事业及公共服务资金等，量化为村集体或村民的股金（补贴类、救济类、应急类资金除外），投入各类经营主体，按股比获得收益。截至 2018 年，共整合财政资金 8 亿元。比如，六枝特区落别乡抵耳村将财政扶持村级集体资金 100 万元入股朝华农业科技有限公司种植茶叶，朝华公司以资金 664 万元入股，并负责种植管护、加工销售，待产业见效后按"村集体＋基地＋贫困户"的模式进行分红，朝华公司占股 70%，抵耳村村集体占股 30%，并将村集体所得分红的 40% 用于完善基础设施建设及壮大村集体经济，其余 60% 用于支持本村现有精准扶贫贫困户，精准扶贫贫困户作为间接股东，由村集体制订二次分配方案，按照收益情况进行二次分配后，村集体每年可增收 3 万元以上；盘县淤泥乡岩博村把财政投入到村的 300 万元专项帮扶资金，入股到村办企业参与发展，村集体占股 2%，每年可实现入股分红 60 万元，实现财政投入资金的长效化收益；钟山区整合财政资金 5140 万元，在中心城区为 44 个村各购置 100 平方米商铺，产权颁发给村集体，交由区物管公司统一经营，所得收益分配给村集体和贫困户，每村每年可分红 10 万元以上。分红收益由村集体统筹，其中，一类贫困村拿出收益的 20%、二类贫困村拿出收益的 15%、三类贫困村拿出收益的 10% 用于对建档立卡贫困户实施精准扶贫。贫困户当年实现脱贫的，仍作为重点对象动态管理，第二年该贫困户收入稳定并超过同年贫困线标准的，实施动态退出。

（三）农民变股东

引导农民自愿以承包土地经营权和资产、资金、技术等入股农业经营主体，开展股份合作，参与收益分红。截至 2018 年，全市共有 1136 个经营主体参与"三变"改革，有 50.14 万户农户成为股东（其中贫困户 12.2 万户），带动 165.33 万农民（其中贫困人口 31.65 万）受益。比如，盘州市普古乡引导娘娘山生态农业园区周边 8 个村 2864 户农民，通过将承包土地经营权入股园区成为股东，园区不付给农户土地流转费，而将其聘用为固定员工，参与园区生产管理领取固定工资，园区发展盈利后，参与按股分红；六枝特区郎岱镇引导花脚等 4 个村的 6458 户农民，以 4000 亩承包土地经营权入股天地人和农业发展有限公司，共同建设猕猴桃产业基地，土地股份占总股本的 10%，基地产生效益前，公司每年向农户支付每亩 600 元的保底分红。产生效益后，公司以其纯利润的 10% 作为土地入股分红，农户按入股比例获得股金分红；钟山区大河镇周家寨村 70 户农民以 20 年的承包土地经营权入股民润蔬菜种植合作社，从事葡萄种植。合作社对入股农户采取"保底+分红"的收益分配方法，在合作社未产生效益的前三年，或因遭受自然灾害无收益的年份，农户每年可以分得每亩 600 元的保底分红。产生效益后，盈利按合作社 70%、入股农户 30% 的比例进行分配。

通过"三变"改革，促进了现代山地特色高效农业发展，增强了集体经济实力，拓宽了农民增收致富路径。全市特色产业种植面积达到 320.75 万亩，粮经比从 2013 年的 51∶49 调整到 32∶68。农民从原来的小生产者变为规模经营主体的股东，获得了土地租金、务工收入、股份分红。全市农民人均可支配收入从 2013 年的 6015 元增长到 2016 年的 8267 元，入股农户年户均分红 2804 元。通过"三变"改革，2015 年年底已全面消除"空壳村"，截至 2018 年，全市村集体经济积累达 2.85 亿元，村集体收入最高的达 1382 万元，最低的为 5 万元。

资源禀赋是转型发展的保障。在改革基础上，以山地特色为主导，全力培植后发赶超优势。做好山地特色农业文章，按照"更加注重调整结构、更加注重扩大规模、更加注重创建品牌、更加注重抢占市场"的思路，以"3155 工程"为抓手，提高经济作物占种植业、畜牧业占农业总产值的比重。做好山地特色旅游文章，以大交通带动大旅游、以大数据助推大旅游，促进农旅、文旅、工旅、体旅等深度融合，加快发展消夏避暑、健康养生、温泉疗养、高山滑雪等旅游新业态，不断丰富"中国凉都"品牌内涵。做好山地特色城镇文章，遵循城市发展规律，统筹空间规模产业三大结构、规划建设管理三大环节、改革科技文化三大动力、生产生活生态三大布局、政府社会市民三大主体，全面提高城市工作水平，

促进城乡统筹、协调发展。

有效供给是转型发展的方向。依托六盘水市好山好水好生态优势,加大农业产业结构调整力度,提高优质猕猴桃、刺梨、茶叶、小黄姜等特色农产品生产规模,优化特色农产品结构,提升农产品品质,满足消费多元化和个性化需求。培育动能是转型发展的路径。引导加工企业向农业农产品主产区、优势产区、农业园区集中,在优势农产品产地打造食品加工产业集群;培育壮大龙头企业、农民专业合作组织等农业经营主体,大力发展农产品精深加工,延伸农业产业链条;促进新型农业经营主体、加工流通企业与电商企业全面对接融合,推动线上线下互动发展。

三 突出创新驱动,推动产业迈向中高端

政府牵头建立相关的激励制度,鼓励和支持各类企业与国内外知名高校和科研院所开展技术创新、成果转化、人员培训等方面的广泛合作,实现校企联合,推进高新技术产业化,搞好科技园、创业园等孵化器建设,大力推进信息技术在传统产业中的应用,重点提高装备和工艺水平,提升产业层次建立技术创新服务体系,通过资金、政策扶持,建好中介组织机构和信息服务网络,为科技与经济融合提供广阔平台。

强化改革推动。聚焦影响经济持续健康发展的突出矛盾和问题,毫不动摇坚持稳中求进工作总基调,积极推进供给侧结构性改革,落实好"三去一降一补"任务,促进生产要素优化重组,提高供给的质量和效率,促进产业转型升级优化;毫不动摇深化拓展"三变"改革,以"三权分置"为政策遵循,以产业为平台,以股权为纽带,以"三社"为载体,推动"三变"改革向城市、企业等领域深化拓展;毫不动摇推进国有企业改革,强化党对国有企业的领导,健全现代企业制度,规范国有资产监管,巩固和发展公有制经济;毫不动摇鼓励、支持、引导非公有制经济发展,构建"亲""清"新型政商关系,激发非公有制经济活力和创造力;毫不动摇推进行政审批、司法体制、教育卫生、财税金融、社会治理、投融资等体制机制改革,使市场在资源配置中起决定性作用和更好发挥政府作用,充分释放发展活力。

大力推进科技创新,立足产业转型升级构建科技创新链,加强与科研院所、大专院校、创新型企业合作,设立新动能培育专项资金,注重引进消化吸收再创新,在煤炭清洁高效利用、煤层气勘探开发、智能制造、生物医药、生命科学、节能环保、电子信息、健康产业等方面,突破一批核心关键技术,催生产业变革。

实施人才强市战略,加快引进和培养现代管理人才、企业家人才、高技能人才,大数据、大健康、大旅游、金融保险等各类人才,建立人才配置使用、评价激励、服务保障机制,激发人才创新活力和创造潜力,形成尊重劳动、尊重知识、尊重人才、尊重创造的社会环境。推进体制创新,建立一套完善的人才引进机制,采用柔性人才利用机制通过与高校联合培养等多种方式为城市培养所需人才,通过科研项目外包给高校和科研院所等方式来增强科研创新能力,政府在立项、资金、政策等方面给予支持并提供方便。充分释放科技潜能,使科研力量和科技成果由内部封闭循环变为整个城市经济共同外部循环,使城市产业转型得以有效进行,促进整个城市经济的可持续发展。

加强创新成果应用,打通科技创新成果转化通道,建立技术和知识产权交易平台,构建全过程科技创新融资模式,鼓励发展创投引导基金,激活各类创新要素,建设国家创新型城市和区域性科技创新中心。

立足国际国内两个市场、两种资源,依托全市优势,积极对接全国、全省重大发展战略,深度融入"一带一路"、长江经济带、贵州内陆开放型经济试验区,用好六盘水海关、妥乐论坛等重大开放平台,扩大与东南亚等国家和地区的经贸合作与人文交流,参与全球产业链、供应链、资金链、价值链大循环,全面提升对外开放的层次和水平。

四 突出生态优势,推动城市绿色转型

加快"煤都"向"凉都"转型,促进经济良性发展。六盘水市的"凉爽、舒适、滋润"独特气候,使六盘水市成为中国第一个以气候资源优势得到首肯的城市,为进一步打造凉都品牌、实现从"江南煤都"向"中国凉都"的战略转化,按科学发展观的要求实现经济社会的历史性跨越和可持续发展奠定良好的基础。六盘水的城市品牌战略,以"凉都"为龙头,从创新"山地型运动城市"、树立冬季旅游品牌、做强"煤都品牌"、打造"贵州之巅"品牌、打造"盘古之乡"品牌等方面实施城市品牌创造工程。

持续推进生态产业化、产业生态化。坚持生态文明建设与工业文明建设相结合，推动工业走绿色、循环、低碳发展之路。积极支持绿色低碳、节能环保设备和产品开发，提高智能产品、智能装备的制造能力，为农业、服务业提供更加节能高效的设备。探索能源合同管理、节能自愿协议、高耗能产品能耗限额标准等新模式，加快形成工业绿色发展的长效机制。大力支持智能电网建设，促进能源资源的优化调配，大幅提高能源利用效率。

五　突出区域协同，推动产业转型升级

积极对接区域合作，推动产业转型升级。主动对接东盟大市场，组团赴马来西亚、泰国进行旅游经贸推介、招商引资及考察学习。一是在农业产业化上加强合作。通过农展会加强交流合作，着力提高六盘水的"凉都弥你红"红心猕猴桃、软籽石榴、刺梨三大特色产品的影响力和关注度。二是在文化交流上搭建平台。双方高校之间师生交流互派，马来西亚派吉隆坡城市理工大学的师生为代表到六盘水进行交流学习。三是在旅游发展上合作共赢。互为旅游目的地，马来西亚和泰国组织青年企业家代表赴六盘水进行交流考察。四是在产业转型上实现共赢。积极开展区域合作，深入贯彻落实贵州深化泛珠三角区域合作任务。同时，与贵阳市人民政府建立相互交流与合作联席会议制度，为双方特色农产品搭建展销平台。建立推介双方旅游产品、旅游线路、旅游商品平台和机制，开展"旅行社·走进六盘水"活动。举办生态文明贵阳国际论坛六盘水分论坛等国际性活动，加大对外宣传力度，促进人流、物流、信息流、资金流互动流动。

促进产能合作，发挥山地高效农业、山地特色旅游、能源与建材等特色产业优势，拓宽发展空间。在盘县妥乐举行第一个县级城市召开的经贸合作会议"中国—东盟国际产能合作妥乐论坛"。与东盟国家积极对接产业项目，主动与泰国、马来西亚等制造业、汽车产业发展基础良好的东盟国家对接，引进技术、资金、人才等支撑，重点发展煤电和化工设备制造及配件加工产业，建成贵州面向东盟现代装备制造业基地。积极与电子信息产业、高新技术产业发展基础良好的东盟国家对接联系，主动对接新加坡取得双边联系，加强数据资源开发利用和产业技术创新，加快电子信息产业产品、服务的集聚和配套，发展以大数据为引领的电子信息产业。加快推动与东盟国家金融产业的融合发展，特别是与金融业较为发达的新加坡加强金融互通，推进各类融资服务平台建设，创新金融产品和服务，实现融资服务多元化，鼓励金融机构采取多种措施，积极为中小企业进出口提供金融服务。

高度重视产业转移承接，扩展产业合作领域，将承接产业转移工作作为产业结构调整、加快经济社会发展的重要抓手之一。抓好产业转移承接顶层设计。六盘水市出台了《六盘水市承接东部产业转移"十二五"专项规划》，为全市产业转移及空间布局提供了依据。六盘水市还出台了《六盘水市人民政府关于进一步做好承接东部产业转移的意见》，明确了指导思想、工作目标、相关的工作措施及组织保障等。积极抓好承接产业转移平台建设。加大投入力度，积极推进道路、水、电、气、通信等园区建设，建立了以钟山经济开发区、水城经济开发、红果经济开发区、六枝经济开发区等一批产业承接载体，通过充分发挥园区平台作用，突出产业特色，加快配套建设，推进优势产业、优势企业、优势资源和要素保障向园区集聚，促进产业集约发展，实现园区的承载能力逐步增强。抓好产业转移有效衔接。按照"政府＋协会＋企业"联合共建等模式，积极承接东部产业转移，主要有电子信息业、手机制造、智能家居、安防、智能终端开发、家电等产业。

第四节　六盘水市绿色低碳循环发展存在的突出问题

党的十八大将生态文明建设纳入中国特色社会主义事业"五位一体"的总体布局，要求着力推进绿色发展、循环发展、低碳发展。可以说，绿色发展、循环发展、低碳发展是生态文明建设的重要途径和手段（朱坦和高帅，2017）。党的十九大提出了"推进绿色发展""建立健全绿色低碳循环发展的经济体系"的任务。六盘水市在实现资源型城市转型升级过程中，积极探索、践行绿色低碳循环发展理念。尽管六盘水市在建立健全绿色低碳循环发展经济体系方面取得了显著成效，但是六盘水市绿色发展仍存在不少问题。

一　经济发展方式粗放

当前，六盘水市经济发展方式依然较为粗放，主要体现在以下几方面：一是煤矿开采粗放。全市共有煤矿209处，其中投产的109处，停产矿井50处。在投产的109处正常生产煤矿中，产能利用率达70%及以上的煤矿仅为56处（规模为3412万吨/年），占全市正常生产矿井个数的52.34%。采用综采的仅59处，规模为4695万吨/年。二是能耗高。2017年六盘水市单位地区生产总值能耗为1.15吨标准煤/万元，高于全省平均水平0.81吨标准煤/万元、全国平均水平0.61吨标准煤/万元。三是固体废弃物存量大。六盘水市每年产生的煤矸石、粉煤灰、钢渣、脱硫石膏等工业固体废弃物达2000万吨，历史累计堆积量超过2.2亿吨，每年用于堆放工业固体废弃物的新增用地约1000亩以上，固体废弃物堆存不仅对环境产生污染，同时也加大地质灾害风险。

二　产业结构不尽合理

2017年，六盘水市第一产业增加值134.82亿元，对GDP贡献率为5.2%；第二产业增加值729.38亿元，对GDP贡献率为49.2%；第三产业增加值597.51亿元，对GDP贡献率为45.6%。2017年，三次产业结构为9.2∶49.9∶40.9。当前，全市产业结构不尽合理，有待优化调整。

在农业方面，一是农业现代化总体水平低。除了省级重点农业园区核心区覆盖的水城县米箩镇俫么村、俄嘎村、盘县普古乡舍烹村、两河街道岩脚村、盘关镇贾西村，六枝特区郎岱镇安乐村、落别乡底耳村，大河镇周家寨社区等产业成熟度较高、设施设备较为完善的20余个村具有现代山地农业的雏形以外，全市农业现代化水平总体较低。二是山地特色农业的潜力没有得到充分挖掘。除猕猴桃、刺梨、茶叶等特色产业已经初步构建起全产业链发展体系，对第一产业增加值和覆盖群众增收具有较大贡献以外，其余大部分特色产业都处于鲜售和粗加工阶段，缺少冷链物流、精深加工、品牌销售等全产业链的谋划，支撑农业农村发展的潜力还需进一步挖掘。三是传统农业的占比较大。在种植业方面，2018年全市玉米、小麦等传统谷物的种植面积达291.3万亩（夏粮120.3万亩、秋粮171万亩），深山区、石山区、深度贫困村基本仍以种植传统谷物为主，特色产业覆盖不够；养殖业方面，传统农户散养占比较大，规模化养殖场数量较少、质量较差、效益较低，对一产增加值和群众增收贡献较低。四是产业扶贫覆盖面不够。受贫困户致贫原因、内生动力、产业类别等因素的影响，确保"户户有增收项目、人人有脱贫门路"上还有差距。五是农业科技水平较低。近年来，全市特色产业扩张速度较快，但与现代山地特色农业相配套的产业技术体系、农技推广服务体系和农科人才培养体系及物质装备等产业科技支撑不健全。六是产销对接运行不畅。一方面基地规模化、标准化程度较低，无法满足市场准入和大批量的要求；另一方面形成的规模基地又无法满足超市、学校、医院、企事业食堂等需求端小批量、大间断供货的要求。"小生产"与"大市场"的矛盾依然突出，市场风险防御能力仍然很弱。

在工业方面，煤、电、钢、材四大传统支柱产业占规模以上工业比重仍高达80%以上。在贵州全省绿色产业划分的"四型"15种产业400个条目中，六盘水市产业涉及不到100个条目，近年来主要是农、林、旅等相关基础产业以及大数据等新兴产业发展较快，工业循环高效项目实施进度较慢，特别是绿色经济产业科技研发与应用、节能环保服务业、节能环保装备制造业发展滞后，在"四型"产业中仍处于产业发展链条低端。此外，全市战略性新兴产业发展仍处于起步阶段，存在体量小、实力弱、科技含量低、企业自主创新能力相对较弱、产业结构单一、产品竞争弱、人才队伍匮乏、科研投入少等问题。目前主要以新能源产业为主导，新材料产业、生物产业、节能环保产业起步晚，信息技术、高端战备制造等高端产业还未形成。发展战略性新兴产业面临制度环境尚不健全、缺乏资金支持、产业创新动力不足、人才培养和利用不充分等问题。

在服务业方面，现代服务业发育程度偏低，尽管研发创意、文化产业等产业具有较好发展潜力，但当前发展水平相对滞后，对产业特别是制造业的支撑和引领作用发挥不够；服务业功能布局相对比较散乱，总体规划水平不高，培育力度不足。比如，六盘水市保险服务业发展存在以下问题：一是保险规模总量不大。2016年，全市保险深度1.5%，保险密度为632.81元/人，低于全省的平均水平。二是结构和布局不够合理。财产险公司占比过大，人身险公司保障型和期缴型产品不足。此外，农村保险服务业发展相对滞后，特别是政策性农业保险险种与农户需求不匹配，特色农业保险供给相对不足。三是服务水平不够高，创新能力不足。经营较为粗放，缺乏差异化经营策略，服务质量有待改善。"重展业、轻服务"较为普遍，行业形象有待进一步完善。四是保险功能作用发挥不够好。全社会的保险意识不强，各方面运用保险机制的主动性不够。仅仅处于"就保险谈保险"，"托付终身"与"救人于水火"没有得到有效运用，保险的保障水平和覆盖率还有待进一步提高。

三　生态环境依然脆弱

具体而言，六盘水市生态环境主要存在以下问题：

一是水资源短缺和污染没有得到有效控制。六盘水市喀斯特地貌突出，石漠化面积425.4万亩，占国土总面积的28.6%，工程性缺水严重，植被恢复缓慢，由于城市经济的快速发展，企业和工厂排放了大量污染物，加上城市人口密集，造成了资源供需矛盾和环境压力。

二是空气质量有待提高。尽管六盘水市组织和开展了大无污染防治工作，城市工业企业的污染防治工作取得了巨大成效，但工业排放和生活污染等问题依然存在（杨娜，2019）。全市PM2.5平均浓度与国家二级标准（≤35μg/m³）还有一定差距，中心城区环境空气质量在全省9个中心城市排名中持续靠后。

三是城市山体绿地景观受到一定程度的破坏。六盘水市地形切割严重，25度以上陡坡耕地115万亩，占总耕地面积的24.8%。六盘水市虽有较多山体绿地，但由于是煤城，早期阶段对资源无序开发，对生态环境和人民生产生活造成了极大影响，加上大规模城市开发建设，导致城市生态环境破坏严重。2017年，因采煤沉陷带来的地质灾害面积78.21平方千米，涉及52个乡镇、9937户、29937人。

四是有森林覆盖率无森林蓄积量。六盘水市喀斯特地貌广布，林业生产立地条件差，生长缓慢，质量不高，树种单一，结构不合理，低质低效林占比高。森林覆盖率虽高达53.94%，但中幼林居多，大径林木占比少，森林蓄积仅占贵州全省4.2亿立方米的3.8%。

五是环境保护基础设施支撑不足。一方面，环保设施总量依然不足，一些重点环境保护基础设施项目建设仍然滞后。另一方面，全市环保基础设施项目在谋划、建设、运行中缺乏系统机制，投入不足，建设运行管理水平不高，导致建设滞后、运行困难等问题不同程度地存在。

六是人才队伍数量不足且结构不优。随着生态文明建设工作重要性日益凸显，六盘水市现有力量未能满足生态文明建设的新形势、新要求，专业人才结构性缺乏问题突出，人才配备匮乏。

七是林业基础设施建设滞后。新建林业产业存在水、电、路等方面难以满足需要的突出问题，不适应新形势下林业发展转型的需要。

四　农村环境短板明显

在六盘水市340万总人口中，农村人口254.32万，占总人口的77.5%。每年农村产生生活垃圾约76.26万吨（人均每天0.8千克），生活污水约7426万吨（人均每天80升）。贵州省数据显示，全省农村生活垃圾无害化处理率不足20%，生活污水处理率不足10%。当前六盘水市农村生活污水和垃圾处理工作中仍然存在不少问题，农村污水随意排放、垃圾随意堆放的现象还很严重，主要表现在以下几个方面：

一是农村环保设施建设存在滞后。按照每个自然村寨基本覆盖生活垃圾、生活污水处理设施预计需120万元的标准进行保守估算，全市在污水和垃圾处理硬件设施方面需投入100亿余元，且在后续管理、运行、维护等方面仍需大量资金，资金缺口较大。

二是生活垃圾处理方式落后。农村居民受传统生活方式的影响，对环境卫生整治缺乏足够认识，长期形成的不良生产生活习惯难以改变，乱扔废弃物、乱倒垃圾和污水、房屋脏乱、人畜混住等问题较普遍，农耕、施肥、养殖、秸秆利用等农业生产中无组织排放问题突出。

三是污水处理设施建设运行效果差。农村民居相对分散，山区地形起伏变化大，铺设的污水收集管（渠）的覆盖率较低，造成污水收集难，量少浓度低，集中处理技术条件差。部分建成的污水处理设施未正常运行，日常维护工作未正常开展，许多设施建成后成为摆设。

四是投入机制有待健全。目前农村环保基础设施建设以政府性投入为主，资金来源单一，缺乏市场的规范、引导、激活作用，难以维系建设的长期、健康发展。

五 科技创新驱动不足

当前,六盘水市在科技创新方面存在以下问题:

一是科技投入不足。2015年全社会研究与试验发展经费占地区生产总值的比重仅为0.54%,低于全省平均水平。市级财政应用技术研究与开发资金投入不足,距《中共六盘水市委六盘水市人民政府关于加强科技创新促进经济社会更好更快发展的实施意见》(市发〔2012〕26号)要求的在2012年1000万元基数上逐年按20%递增的比例差距尚远。

二是科技创新人才不足。高层次的领军人才、专业技能人才紧缺,针对大数据、大健康、山地特色现代农业、电力、建材、装备制造等区域性特色产业的高层次科研人才匮乏。

三是企业自主创新能力不强。企业科技创新意识淡薄,2015年全市规模以上工业企业办科研机构数为27家,占全市358家规模以上工业企业的比重为7.54%。企业研发项目少,产品技术含量低,企业竞争能力弱,特别是市场竞争缺乏自主知识产权和科技成果支撑。当前,六盘水市的产业结构中传统产业占主导,科技创新能力薄弱,体现科技创新的指标在全省排位靠后,目前全市暂无省级高新技术产业化基地、省级高新技术产业开发区、省级重点实验室、省级科技企业孵化器,省级企业技术中心仅2个。

四是科研机构不健全。全省研究机构482个,六盘水市29个(政府属研究机构仅3个),仅占全省的6.02%。科研机构研究领域单一,科研经费投入不足、研发活动少、科研人员从事研发活动积极性差。高等院校围绕市场和企业关键共性技术难题开展的应用技术研发活动投入不足,研发成果转化率不高。

第五节 六盘水市进一步健全绿色低碳循环发展经济体系的对策建议

一 创新经济发展模式,助推绿色经济发展

当前我国经济已由高速增长阶段转向高质量发展阶段,正处在转变发展方式、优化经济结构、转换增长动力的攻关期。继续加快和深化发展方

式的转变，推进我国经济持续快速健康发展是对我国经济现实的科学把握与判断（邢文增，2017）。对于六盘水市而言，创新经济发展模式需要做到以下几点：

一是坚持用"三变"改革助推生态产业化和产业生态化。将六盘水打造成为全省乃至全国"三变"改革示范区，让生态"死资源"变产业"活资源"，让能源"黑资源"变发展"绿资源"，让气候"冷资源"变旅游"热资源"。既保住绿水青山，又创造金山银山，切实做到"生态美、百姓富"。

二是探索以"三变"改革引领"先富带后富"。引导城市经济、工业经济积极参与"三变"改革，做到工业与农业互相助推，城市与农村互相吸引。大力实施产业扶贫，实现工业与农业、城市与农村、企业与农村贫困人口的"双赢"，切实做到"先富带后富"。

三是建立绿色金融体系服务经济发展。大力推进绿色信贷、绿色保险、绿色投资，引导资金向绿色经济"四型"产业聚集，不断优化绿色金融发展环境，加强政策引导，以绿色金融发展促进和服务全市绿色经济发展。

四是探索建立生态补偿机制保障绿色发展。争取建立生态补偿示范区，并在北盘江流域和三岔河流域建立国家级森林公园和湿地公园，以生态建设、环境综合治理和生态补偿"三位一体"为抓手，实施生态扶贫。深入推进生态文明建设，推进绿色低碳发展，探索保护区与受益区之间、上下游之间的多元化补偿方式，构筑珠江、长江上游绿色生态屏障，走出一条生产发展、生活富裕、生态良好的文明发展道路。

五是促进企业生产方式向绿色清洁生产转型。梳理绿色生产理念，提高企业的生态环境责任意识；采用税收、补贴等政策支持，引导企业主动履行环境责任，开展清洁生产；以绿色技术创新促进传统资源消耗型生产向资源再生型的生态生产转型；建立企业绿色生产技术专利保护和信息披露的长效机制（张艳，2018）。

二 坚持生态产业化，促进人与自然和谐发展

党的十八大提出要增强生态产品生产能力，党的十九大指出要提供更多优质生态产品以满足人民日益增长的优美生态环境的需要。在全国生态

环境保护会议上,习近平总书记进一步指出要加快构建以产业生态化和生态产业化为主体的生态经济体系。生态产业化要求按照社会化和市场化理念,开展生态资本化经营,推动生态要素向生产要素、生态财富向物质财富转变,促进生态与经济良性循环发展。生态产业化经营不仅要以提供优质生态产品和服务为中心,通过政府公共支付或者碳汇交易实现价值补偿,而且还要在不影响生态系统服务功能的前提下,将生态环境优势转化为经济发展优势,发展"生态+"产业体系,提升区域产业竞争力(黎元生,2018)。对于六盘水市而言,应围绕"特色经果布局产业、林下经济稳固产业、'接二连三'壮大产业",大力发展山地特色现代高效农业,重点培育红心猕猴桃、刺梨、核桃等主导产业。一是进一步扩大植树造林面积。继续实施"绿色贵州"建设六盘水三年行动计划,提高森林覆盖率。二是进一步优化林业产业结构。发挥好森林资源优势、生态优势,促进林业与旅游、养老等产业融合发展。三是大力发展山地特色旅游。构建"山地都市、特色乡镇、美丽乡村、旅游综合体"四个层次的文化旅游产业构架。四是进一步加大环境污染治理力度。扎实推进环境污染治理设施建设和大气、水污染防治行动计划,推进农村人居环境综合整治,加强生态环境保护。

三 坚持产业生态化,实现绿色产业多元发展

产业生态化发展是产业系统生态属性的内在要求,是实现产业可持续发展的必然选择,是提高我国产业国际竞争力的迫切需要(吴巨培和彭福扬,2013)。对于六盘水市而言,坚持产业生态化需要做到以下几点:

一是打造以煤炭精深加工为主的循环经济产业集群。依托龙头企业整合煤焦油资源,推进全市煤焦油加工基地建设,带动 LNG 加气站、城市供气、清洁能源等产业发展,引导煤化工、建材、物流、金融、科技、循环经济等关联产业发展。

二是打造以煤层气为主的新能源产业集群。推动分布式能源、装备制造及加油、加气站等关联企业和产业发展,带动城镇居民燃气供应、清洁能源等节能环保产业。

三是打造以能矿装备为主的机械制造产业集群。依托全市现有重点装备制造企业,抓住"中国制造2025"的机遇,走"高端化"路线,以矿

山成套装备制造为核心,扩大风电装备制造业生产规模,积极发展煤层气装备制造产业,大力发展节能环保、汽车零部件及电子产品制造产业,逐步形成以矿山装备制造为主、新能源装备制造为辅的装备制造产业集群。

四是打造绿色食品加工为主的大健康产业集群。以市重点企业为龙头,发展大健康产品;加快农特产品基地种植、产品研究开发以及高端健康品生产设备、低温冷藏库等项目建设,实现农产品资源高值化利用技术集成及产业集群化发展;发展以观光旅游、休闲养生、化妆品及日用品研发生产为主的健康养生产业,在种植、制造、物流、医疗、健康管理等产业链上培育新业态。

五是打造以节能环保为主的新型建材产业集群。支持龙头企业采用工业废渣、建筑垃圾、粉煤灰、脱硫石膏等固体废弃物,变废为宝,发展"资源—产品—消费—再生资源"的物质闭环流动的循环经济。依托重点企业,加强区域合作,拉长产业链,吸引一批有品牌影响力的企业吸纳全市其他工业废弃物,逐步形成新型建材产业集群。

六是打造以精密电子为主的电子信息产业集群。支持企业开展高端电子产品的研发和加工制造,推动电子产品制造企业商贸、制造、服务一体化发展;引进软件和信息技术龙头企业,提升本土企业软件开发和系统集成能力,培育高端软件、移动互联网、云计算、大数据等新兴业态,推动全市在电子信息、智慧城市、平板电视、企业研发中心、煤矿安全生产等多个领域的发展。

七是打造以天然山泉水为主的健康水产业集群。鼓励企业研制生产具有地方或企业特色的产品。培育和发展一批品牌形象好、知名度高、市场占有率高、市场竞争能力强的知名产品、企业。支持和引导水产品生产企业向集团化发展,尽快壮大规模,增强全市健康饮用水产品的整体竞争力。

四 加大农村环境整治,促进城乡融合发展

城乡融合发展是要消除城乡二元结构,让城市和乡村逐渐融为一体,最终实现城乡经济、政治、社会、文化、生态协调发展(黄渊基等,2019)。生态协调是城乡融合发展的重要组成部分,针对当前六盘水市农村环境短板的问题,亟待加大农村环境整治力度,从而更好促进城乡融合

发展。

一是强化创新，积极探索多元化环境整治措施。一方面，探索推广多种形式的农村生活污水收集处理模式，对乡镇以建设生活污水处理厂为主，对人口分散的村寨大胆试用小型人工湿地、土地处理、稳定塘、净化沼气池、其他一体化小型污水处理设施等新措施。另一方面，探索建立农村生活垃圾治理长效机制，采用农村生活垃圾"户分类、村收集、乡镇转运、县处置"等新机制，合理规划建设一批乡镇生活垃圾中转站，科学确定县级生活垃圾处置中心的覆盖区域和范围，按照先易后难原则有序推进建设，以此控制成本、应地防治、降低管理要求，提升农村环保基础设施建设和管理运行水平。

二是强化带动，逐步改善传统农业生产方式。充分发挥农村党员干部、村干部示范带动作用，带头推进"新农屋、新庭院、新生活"乡村清洁行动，并依托现代农业示范区，以种植业减量化利用、畜禽养殖废弃物循环利用、秸秆高值利用、水产养殖污染减排、农田残膜回收利用、农村生活污染处理等为重点，鼓励、支持建设生态养殖场和生态养殖小区，扶持规模化养殖场，控制小型养殖场，深化"绿色种植—精深加工—饲料—生态化养殖—沼气—有机肥料—绿色种植"农业循环经济链，逐步实现农业生产合理化、生态化、无害化，减少面源污染。

三是强化统筹，切实保障环保建设资金投入。积极争取并进一步整合中央、省、市、县财政资金和发改、经信、扶贫、卫生、农业、住建、环保、林业、水利、国土等部门资金，同时，创新投融资模式，积极采取PPP等融资模式，鼓励社会资本参与，做大总量的同时，注重统筹好各项建设资金分配，确保新农村建设中"硬件、软件"同推进。

四是强化宣传，有效树立群众环境保护意识。从教育农民、提高农民思想认识和基本素质入手，针对农村环保可指导制定符合本地实际的地方性规定、村民公约等，约束农民污染行为，引导农民树立自觉环保意识，养成良好的生产生活习惯，逐步形成农村可持续发展与发展绿色农业的生产生活意识，实现农村环境保护质的提升。

五　加大科技创新力度，实现创新驱动发展

创新驱动是新时代我国经济发展的根本动力，创新驱动战略的顺利实

施离不开充足且配置合理的科技创新投入（叶蜀君等，2019）。对于六盘水市而言，要进一步深入贯彻落实中央和省市有关工业企业技术改造的有关文件会议精神，扎实推进工业企业技术改造工作，切实引导企业引进和使用新技术、新工艺、新设备，加强技术自主创新，提升产品技术含量，创造优势品牌，提高企业市场竞争力和可持续发展的能力。

一是加大绿色技术研发力度。围绕电子信息、煤层气、玄武岩、先进制造业、新能源、新材料、绿色环保等一批战略性新兴产业，实施"传统产业提升工程"和"新兴产业培育工程"，加快对绿色经济发展相关技术的攻关，研发一批共性关键技术，产业化一批资源深加工技术，推广一批成熟的节能减排技术，引导产业链向高端延伸。

二是深入推进企业技术改造。以全市工业"十百千"工程为抓手，进一步实施"百企改造"工作方案，聚焦煤炭、电力化工、冶金能矿装备、建材等领域，运用大数据、"互联网+"、智能制造等新技术、新模式、新业态，实施改造升级。

三是强化政策资金支持。积极向上对接，努力争取国家和省级工业转型升级政策和专项资金支持，合理安排市级财政技改资金投入，加大对企业技改的支持力度；积极帮助企业申报贵州省工业经济和国有企业绿色发展基金支持，促进企业技术创新能力不断提升。

四是积极引进利用新技术。与科技部门密切配合，团结协作，积极引导和鼓励企业引进符合实际的行业新技术、新工艺、新设备，提升企业装备水平，提高产品质量和经济效益。

五是积极引导企业自主创新。结合六盘水市水钢、水矿、盘江等企业技术中心实际，积极支持企业技术中心建设，切实增强自身创新能力建设，增强创新意识，加强自主创新，实现技术和品牌自主化。

六是加快推进创新创业平台和载体建设。加快建设科技企业孵化器、农业科技示范园区、众创空间等新型创新创业载体，为创新创业者提供便利化、全方位、高质量的创业服务，培育建设省级工程（技术）研究中心、企业技术中心、重点实验室、工程实验室、院士工作站等创新创业平台，为科技人才的创新创业提供发展的平台。

六 优化营商环境，推动实体经济发展

营造国际一流营商环境，是顺应国际形势新变化和国内改革发展新趋势的必然要求，关系国家长远发展，对促进当前经济平稳健康运行具有十分重要的意义。优化营商环境是一项系统工程，必须进一步深化认识、凝聚共识，对标先进水平，聚焦突出问题，着力深化改革，以加快打造市场化、法治化、国际化的国际一流营商环境为目标，不断深化"放管服"改革，推动政府职能深刻转变（王昌林和赵栩，2019）。对于六盘水市而言，优化营商环境推动实体经济发展需要做到以下几点：

一是进一步降低企业成本。全面落实国家减税政策，着力清理规范涉企收费，充分利用省优惠电价等政策，加快建设增量配电业务改革试点，推进电力直接交易，大力培育现代物流龙头企业，积极引进知名物流企业，进一步降低企业用电、物流等成本。

二是进一步优化市场环境。做好优化营商环境集中整治工作，抓典型破解影响企业发展的隐性障碍。全面落实"放管服"改革，进一步压缩项目审批时限，强化项目免费代办服务；深入推进民营经济六大专项行动，全面落实"1+6"政策措施，用好"服务民营企业市长直通车"，积极开展侵犯知识产权、商标侵权、非法集资、广告违法、制售假冒伪劣商品、公用企业限制竞争和垄断行为、无证无照经营等专项执法行动，深入开展清理拖欠民营企业、中小企业账款专项行动，坚决破除制约民营经济发展的各类壁垒，积极营造公平有序的市场环境，进一步提高民营经济比重。

三是进一步拓宽企业融资渠道。继续鼓励企业以平台债、绿色债券、项目收益债等形式发行企业债券融资，设立创业投资小微企业基金，拓宽民营企业融资渠道。更好发挥金融部门融资主渠道作用，加强引导各金融机构积极采取措施，有效保障基础设施建设、小微、三农和大型企业等重点领域、薄弱领域、重点企业的信贷需求。

专栏 3.7　六盘水市市场监管局的商事制度改革实践

近年来，六盘水市市场监管局立足简政放权、转变职能，着眼放松准

入管制、激发市场活力，积极深化商事制度改革。自2014年3月1日以来，六盘水市按照国务院《关于印发注册资本登记制度改革方案的通知》（国发〔2014〕7号）等文件要求，先后实施注册资本实缴改认缴登记制度、"先照后证"登记制度、年检改年报公示制度、"三证合一、一照一码"、"五证合一、一照一码"、"多证合一、一照一码"、个体工商户"两证整合"、"双随机、一公开"、"企业简易注销登记"等商事制度改革措施。在改革中，市、县两级市场监督管理部门主动顺应广大市场主体的热切期盼，坚持把商事制度改革作为简政放权的"先手棋"，按照便捷高效、规范统一、宽进严管的原则，在放宽注册资本和场地准入条件的同时，认真落实简化登记手续等配套措施，确保了改革的依法有序推进。企业创业成本大幅降低，民间投资更加活跃。

（一）在"多证合一、一照一码"登记制度改革基础上，调整实施为"多证合一"登记制度改革。根据《省工商局等十三部门关于贯彻落实全国统一"多证合一"改革意见的通知》（黔工商注〔2018〕14号）文件要求，从2018年6月8日起，全面实施"多证合一（三十四证）、一照一码"登记制度改革。这是继全省2015年"三证合一、一照一码"改革、2016年"五证合一、一照一码"改革，2017年"多证合一（十八证）、一照一码"登记制度改革后，贵州省商事制度改革的又一项重大举措。"多证合一（三十四证）"改革，即根据省政府办公厅《关于全面实施"多证合一、一照一码"登记制度改革的通知》（黔府办函〔2017〕149号）明确18个事项，按照全国统一实施整合事项24项和贵州省已个性化整合事项8项的基础上，新增"创业投资企业备案""二手车市场经营者和二手车经营主体备案"两个事项进行整合，调整后涉企证照整合事项共34项。被整合证照不再发放，被整合证照事项不再办理，进一步提升了市场准入便利度。改革后，申请人办理"三十四证合一"登记，只需向市场监管部门登记窗口提交一套材料，相同的申请材料各部门不再重复收件、审查，市场监管部门通过信息在各部门间的内部流转，实现申请资料从"反复提交"向"一次提交、部门流转、一档管理"转变，以"信息跑路"代替"群众跑腿"，把"群众来回跑"改为"部门协同办"，将有效解决以前部门多次跑、材料重复交、办理时间长等问题，大幅降低了设立企业的制度性交易成本。截至2018年10月底，六盘水市新办"三十四证合一"营业执照企业3376户。

（二）进一步降低市场准入门槛，减少准入行政审批成本。为推进工商注册制度便利化，市场监管局在全市除了涉及金融业等相关的32项外（法律明确4项，国务院决定保留28项），企业申请的项目均不作为登记的前置审批项目。把"先证后照"改为"先照后证"，真正放权于市场、放权于企业、放权于社会。一是进一步削减工商登记前置审批事项。2018年2月11日，工商总局印发了《关于调整工商登记前置审批事项目录的通知》（工商企注字〔2018〕24号），决定进一步削减工商登记前置审批事项，只保留了32项工商登记前置审批事项。企业在申请设立登记时需要提交的前置审批文件，较改革前减少了88%。二是进一步促进外商投资便利化。根据《工商总局关于做好外商投资企业实行备案管理后有关登记注册工作的通知》（工商企注字〔2016〕189号）文件要求，自2016年10月1日起，将不涉及国家规定实施准入特别管理措施的外商投资企业的设立和变更，由审批改为备案管理。境外投资者在《负面清单》以外产业投资的，可以直接向市场监管局申请外商投资企业设立、变更和注销登记，无须提交商务主管部门出具的备案证明。按省工商局、省商务厅通知要求，自2017年8月1日起，六盘水市实行外商投资企业设立申请"一窗受理"制度。通过"一窗受理"，实现"一表申请、互联互通、信息共享"，将外商投资企业设立申请由发展改革、商务、工商等部门窗口分别受理，各自发放证照，改为由政务服务中心外资服务窗口一窗受理，并统一发放证照的模式。截至2018年10月底，六盘水市外商投资企业81户、注册资金60.1099亿元，较上年同期分别增长56.86%、40%。

（三）全面推进企业简易注销登记改革。为进一步深化商事制度改革，完善市场主体退出机制，根据《国务院关于促进市场公平竞争维护市场正常秩序的若干意见》（国发〔2014〕20号）、《国务院关于印发2016年推进简政放权放管结合优化服务改革工作要点的通知》（国发〔2016〕30号），自2017年3月1日起工商总局在全国范围内全面实行企业简易注销登记改革。过去，企业办理注销登记需要到窗口办理清算组成员备案，还需到报社刊登《注销公告》，登报45天以后才能到窗口办理注销登记。整个过程耗时长、花费高，材料复杂，手续繁多。实行简易注销后，企业只需通过国家企业信用信息公示系统发布"简易注销公告"，公告 45 日后，符合简易注销条件的企业即可向登记机关递交简易注销申请材料。相较于普通注销登记，申请简易注销的企业可免于提交清算报告、投资人决议、清算组备案证明、刊登公告的报样等材料。截至 2018 年 10 月底，全市简易注销企业 945 户。企业简易注销程序的施行，使企业注销真正实现"最多跑一次"和"零成本"，有利于进一步释放商事登记制度改革红利，大幅降低未开业、无债权债务市场主体的退出成本，深入激发群众创业热潮。

（四）进一步放宽住所注册登记管理。根据 2017 年 1 月 12 日贵州省政府办公厅下发的《省人民政府办公厅关于进一步放宽市场主体住所（经营场所）注册登记管理的通知》（黔府办函〔2017〕6 号）和《省工商局进一步做好市场主体住所（经营场所）登记管理有关问题的通知》（黔工商注〔2018〕1 号）文件要求。六盘水市进一步放宽住所注册登记条件：一是实行"一址多照"、工位号登记；二是实行"一照多址"登记；三是允许集群注册、商务秘书公司、专业机构托管登记。同时，市场监管局对商事制度改革以来全市已出台关于放宽市场主体住所登记条件的文件进行了全面梳理，对照省政府通知进行了修改完善，确保了政策执行精准、落地落实。

（五）大力清理长期停业未经营企业。为深化商事制度改革，落实"宽进严管"工作要求，维护良好市场秩序，加快建立"长期停业未经营企业"强制退出机制，督促企业履行法定义务。2018 年 3 月，六盘水市市场监管局启动对长期停业未经营企业全面清理工作，全市纳入清理企业 2432 户。截至 2018 年 10 月，已督促指导企业改正及注销 1339 户，拟吊销企业营业执照 996 户。

第四章

内江市：西部老工业城市的绿色低碳循环发展路径探索[①]

第一节 内江市自然资源和社会发展基本状况

内江市位于四川省东南部、沱江下游中段，地处成渝城市群发展带、云贵—陕甘南北大通道发展轴、川南经济区"一带一轴一区"重要交会点。内江市地处东经104°15′—105°26′，北纬29°11′—30°2′。东连重庆，西接成都，南靠自贡、宜宾、泸州，北通资阳、遂宁。东西长121.5千米，南北宽94.7千米。内江市面积5385平方千米，占四川省总面积的1.11%，排全省第19位。

一 自然资源

内江市地处四川盆地中部。内江市境内河流分属沱江、岷江水系，以沱江水系为主。有中小河流44条，其中，属沱江水系的42条，流域面积5155平方千米；属岷江水系的2条，流域面积231平方千米。俩母山海拔834米，是内江市海拔最高点，也是流向沱江水系的清溪河和流向岷江水系的越溪河的分水岭。内江市月度平均气温在18℃以上，光照时间1000小时以上，年降水量在700毫米左右，隆昌市可高达800毫米。光照时间与降水时间都在夏季最多，适合植物生长。

[①] 本部分执笔：李玉红。

内江市地型以丘陵为主，东南、西南面有低山环绕。海拔在350—450米的丘陵约占90%。地质构造属新华夏系沉降带的一部分，褶断规模小。地表由较平缓的紫色砂岩与泥岩组成，经长期流水侵蚀切割后，多呈浑圆状和垄岗状浅丘；丘间沟谷狭长平直，从丘顶到沟谷多为梯形缓坡，构成层层台阶粮田。泥质中以泥土、粗砂土和红砂土、豆面泥土、黄泥砂土为主，保水性能良好，抗旱力强，有利于农作物生长。

内江市土地面积53.85万公顷，其中，资中县面积最大，达17.35万公顷；其次是威远县，为12.90万公顷；市中区最小，为3.86万公顷。内江市地势相对平坦，可利用程度较高，截至2016年，耕地、林地、园地和草地面积占土地面积的74%，城镇村及工矿用地、交通运输用地和水域及水利设施用地占17%，其他未利用地仅占9%（见图4.1）。其中，内江市耕地面积为27.45万公顷，占全市土地面积的50.97%；资中县和东兴区耕地面积位居前两位，分别为8.46万公顷和6.59万公顷（见表4.1）。

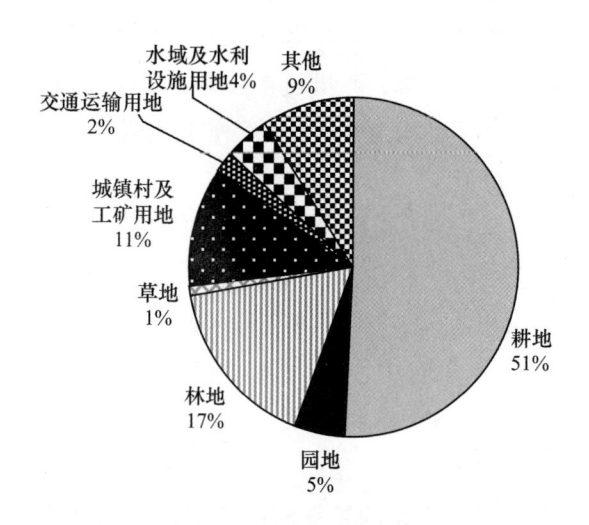

图4.1 内江市土地类型分布

资料来源：《内江市统计年鉴2018》。

表4.1　　　　　　　　　　内江市土地类型面积　　　　　　　　单位：万公顷

土地类型	内江市	市中区	东兴区	威远县	资中县	隆昌市
合计	53.85	3.86	11.8	12.9	17.35	7.94
耕地	27.45	2.22	6.59	5.55	8.46	4.63
园地	2.69	0.09	0.25	0.21	1.88	0.24
林地	8.96	0.17	1.84	3.99	2.16	0.8
草地	0.49	0.0021	0.11	0.24	0.12	0.02
城镇村及工矿用地	6.2	0.72	1.15	1.26	2.02	1.05
交通运输用地	1.08	0.11	0.24	0.24	0.34	0.16
水域及水利设施用地	2.37	0.21	0.51	0.4	0.8	0.43
其他	4.91	0.33	1.1	1.01	1.57	0.6

资料来源：《内江市统计年鉴2018》。

二　行政区划

内江市市区面积1566平方千米，中心城区建成区面积85平方千米、人口85万；辖市中区、东兴区、隆昌市、资中县、威远县共2个区1个市2个县和1个国家级经济技术开发区、1个国家高新技术产业开发区、1个国家级农业科技园区，有17个全国、全省重点镇。截至2017年，内江市有103个镇、4个乡、14个街道办事处、1609个行政村、346个社区，总人口为420万。东兴区行政村最多，达到428个。

表4.2　　　　　　　　　　内江市行政区划情况

区划名称	区划代码	面积（平方千米）	政府驻地	行政区划				
				街道	镇	乡	社区	行政村
内江市	511000	5384.72	市中区	10	87	24	263	1678
市中区	511002	386.11	城东街道	6	8	6	54	172
东兴区	511011	1180.13	东兴街道	3	12	14	55	428
威远县	511024	1289.56	严陵镇		20		49	321
资中县	511025	1734.82	重龙镇		31	2	58	392
隆昌市	511083	794.10	古湖街道	1	16	2	47	365

资料来源：《内江市土地利用总体规划（2006—2020年）调整完善方案》、内江市国土资源局（第二次全国土地调查数据）。

内江市市中区地处四川盆地川中丘陵地带中南部，沱江中下游右岸，是内江市人民政府所在地，也是内江市的政治、经济、文化中心，西距成都172千米，东距重庆169千米。辖区面积386.11平方千米，辖13镇（市中区：白马、史家、凌家、靖民、永安、朝阳、全安、龚家、凤鸣、龙门、伏龙；经开区：交通、四合）、7个街道办事处（市中区：城东、城南、城西、玉溪、牌楼、乐贤；经开区：壕子口）、村委会168个、社区居民委员会60个。2017年年末常住人口45.36万，其中城镇人口25.39万。自2013年起，交通镇、四合镇、壕子口街道及白马镇、靖民镇的部分村社，共29个村（社区）、49平方千米、约8万余人由内江经济开发区托管。后因建设高新技术产业园区需要，将经开区托管的白马镇湛家村、海棠村、九盘村3个村成建制移交回市中区。

内江市东兴区（原内江县）历史悠久，东汉置县，名为汉安，北周称中江，隋改内江，1989年11月撤县建区，迄今已历1800多年。全区土地面积1181平方千米。东兴区素有"川中枢纽"之称，是川南乃至西南各省交通的重要交汇点。全区境内6平方千米以上溪河有55条。

威远县位于四川盆地中南部，辖区面积1289平方千米。东邻内江市市中区，南连自贡市大安区和贡井区，西界荣县，北衔资中，西北与眉山市仁寿县、乐山市井研县接壤。隋开皇三年（583年），置威远戍，取"威名远震"之义。开皇十一年（591年），改戍为县，为威远建县之始。境内西北高、东南低，低山、丘陵约各半。威远县属亚热带季风暖湿气候区，常年温湿多雾，年均气温18℃，无霜期329天，雾期280多天。最热天气气温比周围城市低6℃—10℃，被称为"红盆中之绿岛，热盆中之凉台"。上半年主要受内陆高纬度地区冷雨干燥的冬季风影响，下半年受来自低纬度地区的海洋暖湿夏季风影响。冬无严寒，夏少酷热；无霜期长，四季分明。

资中县是四川丘陵地区经济大县文化名城，辖区面积1734平方千米，约占内江市面积的三分之一，辖33个镇，782个村，总人口132万，其中农业人口110万，是典型的农业大县。资中县是全国粮食、柑橘、瘦肉型商品猪生产基地县和全国百名肉类、油料生产大县之一，"中国塔罗科血橙之乡"；2007年7月被四川省委、省政府确定为首批扩权强县试点县（市）之一。资中县是成渝线上唯一的省级历史文化名城，西汉武帝建元六年（公元前135年）建县，历为州、郡及县治地达两千多年，文化底蕴深厚，名胜古迹众多，文风鼎盛，名士辈出，境内文庙武庙、盐神庙是国家级文物保护单位，罗泉古镇是国家级历史文化名镇。

隆昌市位于四川省东南部、内江市的南端。辖区面积794平方千米。东邻重庆市荣昌县，南接泸州市泸县，西连自贡市富顺县和大安区，北与内江市东兴区相邻。隆昌处于成渝两大都市中部，距成都市210千米、重庆市138千米；位于内江、自贡、宜宾、泸州和永川五个中等城市中间，距内江37千米、自贡81千米、宜宾124千米、泸州60千米、永川83千米，素有"川南门户"之称。重庆直辖后，隆昌即成为四川"东大门"，处在成渝经济带中经济较为发达的区域，辐射面广，在川渝区域经济中处于十分重要的位置。

四川内江经济技术开发区是经四川省人民政府批准，于1992年7月正式成立的首批省级重点开发区之一。2006年1月，经国家发改委、国土资源部、建设部审核保留为省级经济开发区，辖西林新城区和城西工业园区（原名双苏开发区）两部分；2013年11月，经国务院批准，由省级开发区升级为国家级经济技术开发区，批准面积9.35平方千米；2013年7月，内江经济技术开发区托管市中区交通乡、四合乡、壕子口街道办事处。内江经济技术开发区核心区包含交通镇、四合镇、壕子口街道办事处，常住人口8.16万，总管辖面积42.89平方千米。

三 经济发展与人口分布

2018年内江市地区生产总值（GDP）1411.75亿元，按可比价格计算，比2017年增长7.8%。其中，第一产业增加值219.31亿元，增长3.8%；第二产业增加值610.80亿元，增长8.4%；第三产业增加值581.64亿元，增长8.7%。人均地区生产总值37885元，增长8.5%。三次产业结构为15.5∶43.3∶41.2。从内江市的产业结构来看，第一产业规模较大，这个规模大约是北京市和上海市第一产业增加值的2倍。内江市第二、第三产业相对薄弱，与东部发达地区相比存在较大差距。

根据第六次人口普查，2010年内江市户籍人口426万，常住人口370万，占四川省的4.56%，居全省第8位，其中，资中县常住人口119万，占全市总人口的1/3。内江市市区常住人口125万。全省净流出人口有55

万，占户籍人口的 12.98%，其中，隆昌县、威远县和东兴区人口流出比例较高，分别达到了 19.11%、16.14% 和 15.08%（见表 4.3）。

表 4.3　　　　　　　　内江市各区（县）常住人口数据

区划名称	常住人口总计	比重（%）	每平方千米人口密度	户籍人口总计	人口净流出总计	净流出人口占户籍人口比重（%）
内江市	3702847	100.00	687.58	4255276	552429	12.98
市中区	501285	13.54	1293.50	531563	30278	5.70
东兴区	749810	20.25	635.12	882935	133125	15.08
威远县	626482	16.92	486.08	747095	120613	16.14
资中县	1192060	32.19	687.48	1310886	118826	9.06
隆昌县	633210	17.10	797.09	782797	149587	19.11

资料来源：内江市 2010 年第六次全国人口普查主要数据公报。

第二节　内江市建立绿色低碳循环经济体系的主要措施

一　狠抓产业转型升级

（一）积极推进工业体系供给侧结构性改革

一是严控高耗能行业盲目增长。进一步完善固定资产投资项目节能审查制度，强化项目能评验收监督，对钢铁、有色、建材、石化、化工等高耗能行业新增产能严格落实能耗等量或减量置换、能效水平达到国内先进水平等相关约束性条件。严格控制高耗能、低水平项目重复建设和产能过剩行业盲目发展。对于未完成年度节能目标的县（市、区），其新上高耗能项目采取区域限批措施。

二是加快发展绿色低碳产业。大力发展五大高端成长型产业、七大战略性新兴产业，积极规划生物医药、电子商务等产业，提升高新技术产业比重，支撑工业"双高"发展。进一步突出全产业链培育和优势再造，着力构建信息安全与集成电路、天然气化工等一批全产业链，推进要素集成和技术集成。以加快先进技术、工艺和装备的自主研发为重点，支持节能产品和装备产业做大做强。鼓励发展节能环保技术咨询、系统设计、运营管理、计量检测、产品认证等生产性服务业。

三是发展节能环保产业。实施节能产业产值倍增计划，围绕高效清洁节能锅炉、大气污染防治装备、水污染防治装备、高效节能电机、节能家电等重点领域，以重点工程为依托，完善政策机制，培育规范市场，增强节能环保产业核心竞争力，大力提高技术装备、产品、服务水平。加大优势产业和重点企业扶持力度，发挥龙头企业带动作用，形成一批高市场占有率、高附加值、高技术含量的重点产品和核心企业。培育发展一批技术引领型的国内一流企业，进一步提高重大科技成果集成、转化能力。推动节能环保产业集群集聚发展，建设一批节能环保产业集聚区和节能环保装备产业示范基地。发挥政策的引导作用，构筑公共服务平台，吸引社会资金、技术、人才等要素向优势企业、产业园区和基地集中。

（二）引导农业产业提档升级

内江市日照和降水充足，气温适宜，有着优越的农业生产条件。自新中国成立以来，内江市粮食产量呈增长趋势，到20世纪90年代粮食产量达到顶峰，1990年粮食产量158.33万吨（如图4.2所示）。20世纪90年代之后，粮食产量略有下降，但近几年又有增长趋势，逐步恢复到150万

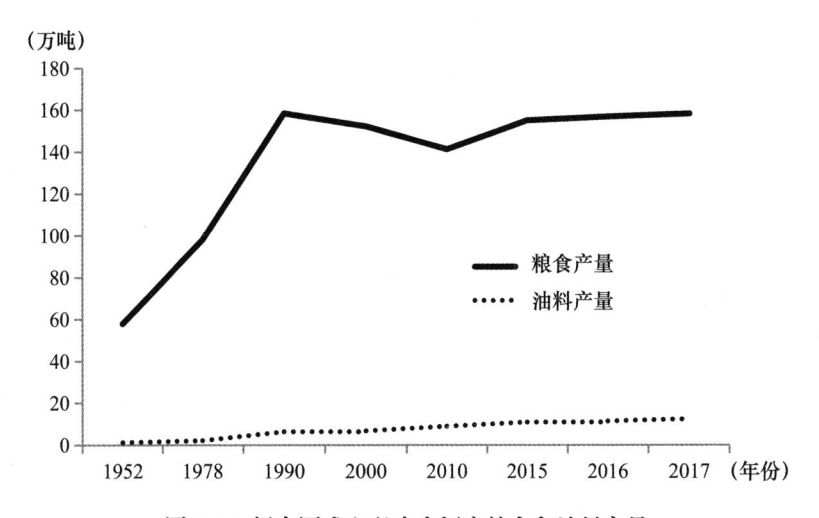

图4.2 新中国成立以来内江市粮食和油料产量

资料来源：《内江统计年鉴2018》。

吨以上。2017年，粮食产量达到158.2万吨。在粮食产量基本保持稳定的情况下，近几年，油料、蔬菜和水果等产量持续增长。2017年内江市油料产量达12.47万吨，蔬菜295.22万吨，水果40.53万吨（见表4.4）。近几年，内江市肉类产量呈下降趋势，水产品产量保持相对稳定。内江市在引导农业提挡升级的过程中，主要开展如下两方面工作。

一是进一步合理化农业产业布局。"十三五"期间，围绕全市5个万亩产业示范片建设，坚持用工业的理念、商业的模式抓农业，以市场为导向，增收为核心，做好试点示范，合理布局粮油产业、畜禽产业、水产产业、经济作物产业、蚕桑产业和休闲农业产业等。

粮油产业。划定永久性基本农田，严守耕地红线，确保粮食播种面积。结合现代农业重点县项目实施，重点推广高产优质、多抗广适、熟期适宜、宜于机械化的新品种。重点培育种植30亩以上的粮油生产型家庭农场、农民专合社等新型农业经营主体。积极推进供给侧改革，推广"粮改饲"玉米结构调整；推广玉米大豆间种和套种，努力增加大豆产量；推广脱毒马铃薯栽培技术，提高马铃薯产量，确保粮食安全。

表4.4　　　　　　　　新中国成立以来内江市农产品产量

年份	粮食产量（万吨）	油料产量（万吨）	蔬菜产量（含菜用瓜）（万吨）	水果产量（万吨）	肉类产量（万吨）	水产品产量（万吨）
1952	57.92	1.28				
1978	98.00	2.18				
1990	158.33	6.39				
2000	152.15	6.78				
2010	141.23	8.93	163.81	27.51	40.98	10.39
2015	155.01	10.95	262.70	38.85	29.12	13.02
2016	156.80	11.40	279.17	39.79	28.36	10.90
2017	158.20	12.47	295.22	40.53	24.65	11.64

资料来源：《内江统计年鉴》2016年、2018年。

畜禽产业。畜禽生产坚持稳量提质增效的原则，严格按照畜禽养殖用地规划，结合现代畜牧业项目建设，加大招商引资力度，引进业主重点加大"内江猪"发展保护和开发利用，扩大"内江猪"种群。抓好畜禽标准化规模养殖，推进畜禽标准化规模化养殖示范场建设。抓好高效生态循环养殖，以前端控制与末端治理结合、无害化处理与资源化利用并重为原则，大力推广"猪—沼—草（粮、林、果、菜）"生态循环养殖模式，实行种养结合的生态循环利用，严格按照畜禽养殖禁、限养区划定要求，新建规模养殖场必须配套建设粪污处理设施和足够的粪污消纳能力，鼓励利用畜禽粪污生产有机肥。支持龙头企业以"公司+合作社+农户"的模式带动农户发展畜禽养殖。到2020年，"内江猪"发展到50万头。

专栏 4.1　内江猪

内江猪属西南型猪种，是中国优良的地方猪种。内江猪被毛全黑，鬃毛粗长，头较短、额宽、额面有较深皱褶、耳中等大、下垂；体格大，体躯宽深，背腰微凹，腹大下垂，臀部宽稍后倾，四肢粗壮。内江猪的遗传性能稳定、配合力好、适应性强、性情温驯、耐粗饲，在以青粗饲料为主的条件下，生长发育仍较快。史料证明，内江猪形成于古梁州，蜀中沱江流域，是本地区内原有的古老地方品种。东汉时期，内江地区已普遍养猪，并有内江猪的原始体形存在。其饲养历史已有1800年以上。内江猪产区饲料丰富，青绿饲料可常年轮作、供给，农副产物及加工副产品的糠麸、糟渣饲料也较丰富。

据农业部畜禽产品质量安全监督检验测试中心（成都）和四川省畜牧兽医研究所种质测定课题组抽样检测，内江猪肉中富含17种氨基酸，氨基酸总量17.3%，其中谷氨酸含量达2.89%。肌肉中粗蛋白含量、粗脂肪含量高于长白猪；大理石纹评分比长白猪好；肌纤维比长白猪多，肌纤维间距、肌纤维直径均优于长白猪。经品质鉴评，内江猪肌肉致密细嫩、香味浓郁、风味独特、不易酸败变质。2011年9月13日，中华人民共和国农业部批准对"内江猪"实施农产品地理标志登记保护。2015年，中国畜牧业协会猪业分会授予内江市"中国黑猪（内江猪）之乡"称号，这是全国首个获得"中国黑猪之乡"称号的地区。

2016年内江市政府出台了相关文件，推进100万头"内江猪"开发利用产业化项目，计划用5年时间，全市建成年出栏100万头"内江猪"的开发利用产业化体系。内江市在用地政策、财政政策、用水用电政策、金融政策等方面给予大力扶持。

水产产业。推广稻田综合种养技术，提高水产产量，增加农民收入。积极扶持市级规模水产企业发展，推广先进渔业科学技术和现代化装备的运用。围绕生态渔业建设，打造永安白乌鱼、球溪鲇鱼、郭北孙泥鳅、川甲鳖、古宇湖鲜、威远水库生态鱼等特色水产品牌。市中区重点发展白乌鱼和观赏鱼养殖；东兴区重点发展泥鳅、甲鱼养殖；资中县重点发展鲇鱼养殖；隆昌县重点推广稻田综合种养技术，打造"生态田鱼"特色品牌；威远县重点围绕甲鱼深加工搞好生态甲鱼养殖开发。到2020年，全市水产养殖面积达到60万亩，水产良种覆盖率达到85%以上，打造国家级标准化钓鱼竞训基地1个，建成农业部水产健康养殖示范场25个。

经济作物产业。以万亩产业片建设为载体，资中县、隆昌县、市中区等县（区）大力发展以柑橘为主的特色水果，重点推广"塔罗科血橙""不知火""春见""爱媛38号"等优质品种，力争形成产业带。到2020年，全市水果总产量达到60万吨，其中柑橘投产面积达到50万亩，总产量达到50万吨。市中区重点发展葡萄、柠檬等水果，东兴区、威远县等县（区）着力发展优质蔬菜，为市民提供放心蔬菜。到2020年，蔬菜总产量稳定在260万吨。同时，适度发展甘蔗产业，到2020年，建成甘蔗良种繁育基地5000亩，吨糖田2万亩。

专栏4.2 资中县血橙产业

资中县于1992年从意大利引入塔罗科血橙种植，2010年正式定名为资中血橙。资中血橙是橙类中唯一具有玫瑰香味和花青素的品种，是纯天然的保健食品。资中县气候条件具有得天独厚的优势。全县63.44万亩旱地中，适宜血橙种植的紫色土类微酸性中性pH值6—7的有46.75万亩，占 73.7%，这类土壤非常适宜血橙生长发育。据对土壤、空气、水源等全方位检测和生产实践证明，资中县自然资源对血橙的生长发育和果实的风味形成具有明显优势，特别五月前后成熟的晚红血橙，更有独特的口感和不可替代的市场优势。

2017 年，全县血橙种植面积达 24 万亩（其中，标准化种植近 5 万亩，已挂果 16 万余亩），品种主要有早红血橙、塔罗科血橙新系、春红血橙和晚红血橙，成熟期从当年 12 月至次年 5 月，年产量达 35 万吨，占全省的 80%、全国的 60%。资中血橙先后荣获第二届中国农业博览会金奖、中国国际农业博览会"名牌产品"等多项荣誉，已成为县域经济发展的重要引擎，是资中走向全国的闪亮名片。

根据资中县规划，到 2022 年，实现资中血橙"双 3"计划、百亿产业的目标，即全县血橙种植面积 30 万亩以上，果农直接种植收益 30 亿元以上，血橙全产业链收益达 100 亿元以上。

蚕桑产业。东兴区、资中县、威远县重点发展蚕桑产业，落实蚕桑病虫统防统消、小蚕专业化共育、大蚕多批次省力化饲养、簇具优良化、仪器评价售茧等关键技术，提高蚕农科技水平和蚕茧、桑果质量；大力推广粮—桑、桑—菜、林下养殖、果叶兼用等种植模式，提高复种指数，大幅提高亩桑产值；开展桑枝蘑菇、蚕沙、桑叶茶、桑葚酒等蚕桑产业产品的综合开发利用，延伸产业链，促进蚕农增产增收。到 2020 年，全市标准化桑园面积稳定在 10 万亩，桑树良桑化达 90%，建设蚕桑基地乡镇 12 个，专业村 35 个，实现蚕农售茧收入及桑叶茶、桑葚酒等综合开发利用总产值达 3 亿元。

休闲农业产业。紧紧围绕市委、市政府发展现代旅游业"138"计划，狠抓现代农业产业基地景区化建设，打造休闲农业示范点和乡村旅游精品线路；利用举办无花果、葡萄采摘等节庆活动，充分展示农耕文化、民族习俗、特色农业、农家生活等特点，实现以农促旅、以旅强农、农旅结合、互相补充、协调发展，促进农业一二三产业融合发展。到 2020 年共打造示范休闲农庄、农业主题公园 15 个。

二是鼓励兴建现代农业园区，把现代农业园区作为乡村振兴的新抓手。2018年，四川省委、省政府正式印发《四川省现代农业园区建设考评激励方案》，明确从2019年起，开展省级现代农业园区星级评定，分三星级、四星级、五星级3个档次，省财政每年补5亿元，市县开展本级园区认定评级，通过5年持续推进，建成一批产业特色鲜明、加工水平高、产业链条完善、设施装备先进、生产方式绿色、品牌影响力大、农村一二三产业融合、要素高度聚集、辐射带动有力的现代农业园区，构建现代农业园区建设体系，成为四川实现乡村振兴产业兴旺的坚实基础和核心载体。

2018年12月，内江市出台了《内江市现代农业园区建设考评激励方案》。通过5年持续推进，建设市级现代农业园区35个以上，力争创建1—2个国家级现代农业园区，5个以上省级现代农业园区。构建起具有丘陵地区特色的现代农业园区建设体系，推动建成一批产业特色鲜明、科技水平高、加工能力强、产业链条完善、设施装备先进、生产方式绿色、品牌影响力大、农村一二三产业融合、要素高度聚集、辐射带动有力的现代农业园区，成为实现乡村振兴产业兴旺的坚实基础和核心载体。

《内江市现代农业园区建设考评激励方案》对园区基地建设、设施装备、产品加工、农业新业态、品牌培育、科技支撑、组织方式7个方面建设内容提出具体标准。在基地建设方面，要求重点围绕"甜城味"优势特色农业产业，集聚发展内江黑猪、资中血橙、威远无花果、特色水产和柠檬、柑橘、青花椒、蚕桑、油茶、核桃、茶叶等优势特色产业，选择培育壮大1—2个主导产业，主导产业产值占园区农业总产值的80%以上，单位产出效益高于当地平均水平20%以上。同时，市级园区区域化布局规模化发展，种植业基地连片核心区规模应在4000亩以上，水产养殖基地核心区规模不低于1000亩或稻渔综合种养面积核心区不低于2000亩。在基础设施方面，要求园区水、电、路、沼气、通信、视频监控和公共服务平台等公共设施配套，生产生活设施互联互通，高标准农田达到耕地总面积的70%以上。此外，还要求园区经营主体建有农产品网上营销平台，实现农产品线上线下同步营销，电商销售额占比达到30%以上；要落实新型职业农民认定、管理、培训、退休养老等制度，率先实现农民职业化发展，并探索让农户合理分享全产业链增值收益新模式，农民人均可支配收入高出当地平均水平20%以上。

依据《内江市现代农业园区认定考核评分表》，对第三方评估结果和市级部门考评结果进行综合分析。按照三星级、四星级、五星级3个档次，提出市级园区星级建议名单，报市委农村工作领导小组审议。对认定的"内江市现代农业园区"将给予一次性补助，五星级补助100万元、四星级补助80万元、三星级补助50万元。

专栏4.3 威远县现代农业产业园

2018年经四川省农业厅批准，威远县成立省级现代农业产业融合示范园。产业园包括镇西镇、新店镇、向义镇、界牌镇四个乡镇，30个行政村，辖区面积14.38万亩，耕地面积10.15万亩。威远县种植无花果有100多年历史，园区内现存40—50年老无花果树17棵。2001年，威远县从山东林科院引进优质无花果品种，在向义镇四方村实施退耕还林，建立示范种植园300亩、苗圃地120亩。2014年被命名为"中国无花果之乡"，2015年"威远无花果"成功申报中国地理保护标志。

截至2017年，威远县无花果种植面积达到5.2万亩，种植规模全国排名第一，其中由龙头企业、专业合作社和种植大户集中经营的种植基地达到3.5万亩，无花果产业集中种植率达到67%。威远县无花果产业实现了产、加、销全产业链发展，无花果年加工能力全国排名第一，加工转化率达到90.8%，居国内领先水平。

园区带动农民机制完善，增收作用明显。无花果龙头企业通过农业"BOT"模式流转土地，实现土地流转保障农户土地租金收益；通过"公司+专合社+农户"的订单模式，企业以最低保护价4元/千克与专业合作社、家庭农场和农户签订生产收购订单，确保农户产得出、公司收得下、产品销得出。基地农民就业方式发生转变，实现了进基地、进园区、进厂区就业和田间务工相结合，正逐步成为新型职业农民，收入不断提高。2017年，产业园农村居民人均可支配收入达到18791元，比全县农村居民人均可支配收入14129元高出33个百分点，比全省农村居民人均可支配收入12227元高出53个百分点。

深入贯彻落实绿色发展理念。一是推广绿色技术。大力宣传推广生物农药、"三诱"技术、秸秆还田、增施有机肥、配方施肥等无害化生产技术，实施有机肥替代化肥零增长行动，全面推行"一控两减三基本"，减少化肥和农药使用量，产业园主要农作物化肥、农药使用量实现零增长。2017 年，园区农业灌溉水有效利用系数达到 0.75，农业废弃物综合利用率达到 86%，测土配方面积达到 100%，农膜回收率达到 79%。二是完善监管体系。成立了园区农产品质量安全监管机构，配备设备，配齐人员，开展检测人员技术培训，全面提高检验检测能力；督促农业生产企业、农民合作社等新型农业经营主体积极开展自律性检测。县级农产品质检中心加强常规抽检和监督检查，确保上市农产品质量安全。三是突出品牌建设成效。拥有中国驰名商标 1 个、省著名商标 4 个、四川名牌产品 2 个；获"三品一标"认证 3 个，其中国家地理标志产品 1 个，有机产品转换基地认证 2182 亩，有机种植基地认证 1005 亩；森林食品基地认证 5165 亩。

（三）大力发展旅游业

近年来，内江市委、市政府高度重视旅游业发展，旅游经济总量和质量明显提高，对全市经济社会发展的贡献度显著增强。2018 年，全市现有经营旅游业务的企事业单位 400 余家，其中，国家 A 级景区 9 家（4A 级景区 5 家、3A 级景区 1 家、2A 级景区 3 家），星级旅游饭店 6 家，中高端商务型酒店十余家，旅行社 19 家、分社及服务网点 110 家，星级农家乐及乡村酒店 60 家，乡村旅游区（点）20 个。2018 年，全市实现旅游总收入 311.72 亿元，同比增长 18.13%，旅游业成为全市国民经济发展的重要增长点。

旅游发展共识不断凝聚。一是从战略层面高位谋划。2018 年召开了全市旅游发展大会，对未来一段时期内江旅游发展进行了安排部署，提出了"三年夯基蓄势、五年提挡升级、八年全域优质"的"三五八"方案和"建设长江经济带重要旅游节点城市、成渝经济区重要旅游目的地和川南旅游中心城市"发展目标，形成了上下共推旅游发展的良好局面。二是制定系列政策文件，强化责任落实和要素保障。先后出台了《关于进一步促进旅游业改革发展的实施意见》《内江市旅游发展三年行动计划

（2018—2020）》等政策文件，推出了一系列促进旅游业与相关产业融合发展的重要措施。

旅游产品打造初显成效。近年来内江市以项目为抓手，加快推进旅游产品打造。在旅游景区创建方面，全市已成功创建隆昌石牌坊旅游区、古宇湖旅游区、大千园旅游区、范长江文化旅游区、黄鹤湖旅游区5个国家4A级旅游景区。2018年12月，市中区乐贤半岛旅游区顺利通过国家4A级景区省检现场检查，威远世界无花果博览园、石板河景区，资中古城、罗泉古镇顺利通过资源景观质量评审，加快推进4A级景区创建工作，东兴区长江田园旅游度假区项目积极争创省级旅游度假区，隆昌市积极推动"隆昌石牌坊—古宇湖旅游区"创建国家5A级旅游景区。各县市区积极开展全域旅游推进工作，主动开展"天府旅游名县"创建工作，加快完善旅游基础设施配套，加快提升旅游服务质量和品质，加快旅游产品打造和线路设计，不断丰富旅游产品供给。

旅游公共服务不断提升。内江市围绕"把城市变成景区"，全面推进八大类75个城市休闲旅游项目和旅游公共服务设施项目建设。城市旅游休闲环境明显提升，十贤坊、六段锦、万达金街等特色街区完成提升改造，谢家河湿地、清溪湿地、花萼湿地、小青龙河休闲绿道、塔山公园复合绿道等城市公园绿道建成开放。旅游咨询服务、旅游道路标识导览等旅游公共服务设施不断完善，新增旅游标识标牌100余块。"旅游厕所革命"加快推进，全市新改建旅游厕所85座，其中新建生态环保厕所5座。

乡村旅游扶贫成效明显。大力实施乡村旅游扶贫八项行动，加强市、县、镇、村四级联动，积极推行"景区带村、能人带户、企业+农户、合作社+农户"等旅游精准扶贫模式，大力推进乡村旅游和旅游扶贫。全市现有省级乡村旅游特色乡镇13个、乡村旅游精品村（寨）17个，创建乡村旅游扶贫示范村5个，推动乡村旅游示范提升项目15个。

旅游品牌塑造创新突破。全市围绕"文化之旅、山水之旅、美食之旅、乡村之旅"四大品牌建设，积极创新宣传营销方式。创新开展"甜城味·幸福年——2018内江美食之旅""甜城游·山水情——2018内江山水之旅""甜城甜·乡村美——2018内江乡村之旅"三大系列活动，极大地丰富了市民、游客的文化旅游生活，拉动了旅游消费，促进了经济增长。积极借力媒体和展会平台资源扩大形象宣传，与四川电视台《天府旅游》、成都电视台《玩转四川》等栏目合作，推出了内江"文化之旅"旅游专题节目。同时积极组织参加各类国际国内旅游展、旅游交易会，并联合自贡、宜宾、泸州三市组成了川南旅游营销联盟，以"川南旅游"的整体形象联合开拓客源市场，"大千故里·甜城内江"旅游品牌形象逐渐深入人心。

二　大力推行能源节约

为统筹推进全市节能减排工作，内江市成立了由市委、市政府主要领导为正副组长的节能减排工作领导小组，领导小组成员包括各政府部门主要领导，下设办公室（设在内江市发展和改革委员会资源节约与环境保护科）。2018 年，内江市节能减排工作领导小组制定了《内江市节约能源规划（2018—2020 年）》，提出到 2020 年，全市能源消费总量控制在1500 万吨标准煤以内，"十三五"时期能源消费增量控制在 160 万吨标准煤以内；单位 GDP 能耗较 2015 年下降 17%，确保完成四川省下达的"双控"目标任务。

（一）明确节能重点领域

第一，深入推进工业领域节能。一是加快淘汰落后和过剩产能。综合运用法律法规、经济手段和必要的行政手段，综合运用工艺技术、能耗、环保、质量、安全标准，依法依规加快淘汰落后和过剩产能，坚决杜绝新增过剩产能。强化经济手段，营造公平竞争的市场环境，提高落后产能企业的使用能源、资源、环境等成本，严格落实差别电价政策，倒逼落后产能退出。把淘汰落后产能与区域转型发展相结合，加快落后产能行业整体退出，高起点发展替代接续产业。

二是推动传统行业能效提升。以六大高耗能行业为重点，组织实施节能低碳改造工程，推进流程工业系统节能低碳改造，采用"互联网＋"、云计算、大数据、智能制造等手段，优化技术工艺，提升生产效率，提高整体能效。充分运用先进适用技术和现代信息技术，改造提升传统产业，重点支持对传统产业升级带动作用大的重点项目。实施电机系统、变压器、工业锅炉（炉窑）等高耗能通用设备改造，淘汰落后设备，推广高效节能设备。进一步实施余热余压高效回收工程，普及中低品位余热余压发电、制冷、供热及循环利用。推动建设厂区、园区新能源、分布式能源和智能微电网。开展园区循环化改造，推动园区能源梯级利用。推进绿色数据中心示范项目建设，开展绿色数据中心评价体系研究。

三是加强重点用能企业管理。组织开展"十三五"重点企业节能低碳行动，推动行业能效水平对标达标活动，认真贯彻国家强制性能耗限额标准，不断提高能效准入门槛。推动钢铁、建材、有色金属和化工等行业大型用能企业建设能源管控中心，推广工业智能化用能监测和诊断技术，推动企业开展节能系统化、精细化、规范化管理。推动企业能源管理体系建设，组织建立能效网络小组，以高能耗企业之间共同学习、分享经验、相互督促、共同提高为目的，通过相互交流、经验共享的方式改变以往"各自为战"的局面，探索更快、更经济的降低能源成本的方式，激发企业参与和实施节能的积极性。全面落实企业能源利用状况报告制度，加强单位产品能耗限额管理，引导企业建立和完善能源统计、计量管理体系，逐步建设全市重点用能单位能耗在线监测系统，不断提升企业信息化管理水平。引导企业打造绿色供应链，加快建立以资源节约、环境友好为导向的采购、生产、营销、回收及物流体系。

第二，全力推进建筑领域节能。一是推进新建建筑节能。严格落实《四川省推进绿色建筑行动实施细则》，在城乡建设总体规划、控制性详细规划中，增加建筑节能与绿色建筑约束性指标。在土地划拨和招拍挂出让规划条件中，载明项目建筑节能与绿色建筑约束性指标要求。加强新建建筑节能全过程监督管理，严把规划设计关口，加强建筑设计方案规划审查和施工图审查，城镇建筑设计、施工竣工验收等全阶段实施国家建筑节能要求。加强施工阶段监管和稽查，严格按照建筑节能标准要求验收，对竣工后新建建筑实施能效测评。大力促进城镇绿色建筑发展，所有政府投资项目和70%以上的大型公共建筑应达到二星级及以上绿色建筑标准，积极引导商业房地产开发项目执行绿色建筑标准，鼓励房地产开发企业建设绿色住宅小区。鼓励城市新区集中连片发展绿色建筑。以产业基地为载体，推广技术含量高、规模效益好的绿色建材，建立绿色建筑资源共享平台。逐步完善绿色建筑标准体系，推进城镇绿色建筑评价标识工作。鼓励农民在新建和改建农房时执行绿色建筑评价标准，结合实施建材下乡政策，组织农民在新建、改建农房时使用适用材料和技术。

二是推进既有建筑节能改造。开展既有建筑的建设年代、结构形式、用能系统、能源消耗指标、寿命周期等调查统计和分析，编制既有建筑节能改造工作方案。将节能改造实施过程纳入基本建设程序管理范围，对施工进行全过程、全方位监管，确保节能改造工程质量。推行既有建筑与绿色建筑相结合的改造模式，积极探索采用合同能源管理模式对既有建筑实施节能改造。以空调系统、供配电系统、照明系统、动力设备及特殊用电系统改造为主，积极推动大型公共建筑节能改造，提高用能系统效率和运行管理水平。到2020年，实施公共建筑节能改造达到5万平方米。完成既有居住建筑节能改造2万平方米。鼓励已完成改造项目申报绿色建筑评价标识。

三是推进可再生能源建筑规模化应用。积极推动太阳能、浅层地能、生物质能等可再生能源在建筑中的应用，将太阳能利用、沼气利用等纳入农村村庄建设整体规划，推进农村可再生能源建筑一体化应用。太阳能资源丰富地区应逐步出台太阳能光热建筑一体化的强制性推广政策及技术标准，普及太阳能热水利用，积极推进被动式太阳能采暖。积极开展太阳能光伏在建筑上的应用技术研发和工程示范，合理开发浅层地热能在建筑上的应用。研究确定可再生能源建筑规模化应用适宜技术及推广地区名单，到2020年，新增可再生能源建筑应用面积1万平方米。

第三，着力强化交通运输节能。一是完善绿色综合交通运输体系。推广应用以现代信息网络为基础的绿色智能交通系统，逐步提高运输系统效率。构建覆盖外联内接的铁路网络，推动川南城际铁路等加快建设，大幅提高铁路运输比重。构建合理公交线网，完善公共交通服务体系，建立公众出行信息服务平台，鼓励公交出行。形成高效绿色的综合交通运输网络，充分发挥各种运输方式在能源利用方面的比较优势，提高运输系统效率。

二是提升交通运输装备能效。提升运输装备专业化、标准化水平，加快淘汰高能耗、低效率的老旧车辆。大力发展大容量的城市公共交通工具，在农村客运中发展适合农村市场的经济型客车，积极发展适合高速公路、干线公路的大吨位多轴重型货车。鼓励提高重型车、专用车、厢式车在货车中的比重。推广应用新能源和清洁能源车船，重点推动天然气、新能源汽车在城市公交、出租和城市物流配送领域的应用。鼓励替代燃料在公路运输、城市公共汽车和出租汽车中的应用，加快建设加气、充换电等配套设施。严格执行营运车船燃料消耗限值及机动车排放标准，对企业新增、报废更新的车辆严格按照燃料消耗量限制标准进行核查，从源头上严把业务办理的审核关，不符合标准的车型不得投入营运。全面淘汰全市范围内的"黄标车"。

第四，扎实推进公共机构节能。一是加强公共机构节能管理。党政机关办公和业务用房、学校、医院、科技馆、体育馆等新建项目全面执行建筑节能强制性标准及绿色建筑标准。严格执行公共建筑空调温度控制标准，优化空调运行管理。严格执行节能环保产品强制采购制度，优先采购节能、节水、节材产品，优化办公家具、设备等配置。加快推广办公电子化、无纸化，倡导采用电视、电话、视频等会议方式，减少签字笔、纸杯、餐盒等一次性办公用品的使用，推广使用环保再生纸、再生鼓粉盒等资源再生产品。加强公务用车管理，严格油耗定额管理，率先采购使用节能和新能源汽车。推进公共机构以合同能源管理方式实施节能改造，积极推进政府购买合同能源管理服务，探索用能托管模式。实施公共机构食堂灶具、排烟系统节能改造，推广应用节能节水餐饮设施设备，倡导合理消费，加强食堂精细化管理。加强机房节能管理，推进绿色数据中心建设，加大公共机构政务信息整合力度。深入开展公共机构能源计量、监测和统计工作，推进能耗监测平台和节能监管体系建设，强化公共机构用能在线监测，建立完善公共机构能耗统计信息平台。严格节能目标责任考核制度，进一步健全激励政策和奖惩制度。

二是推进节约型公共机构创建。实施公共机构节能试点示范，以机关、学校、医院为重点，继续推进节约型公共机构示范单位创建活动，实现"县县有示范"的目标。到2020年，力争创建国家级节约型公共机构示范单位5家，创建省级示范单位8家。积极引导公共机构推进配电、空调、采暖、照明、电梯等重点耗能设备及数据中心、食堂等公共机构附属设施的节能改造，积极鼓励采用合同能源管理模式。

第五，全面推进商贸流通节能。推动零售、批发、餐饮、住宿、物流等企业建设能源管理体系，建立绿色节能低碳运营管理流程和机制。建立完善商业、旅游业、餐饮等行业能源审计和能源利用状况报告制度，强化节能监管。在用能高峰季，开展商业场所空调温度设置情况监督检查。贯彻绿色商场标准，创建绿色商场示范。完善绿色酒店标准体系，推进绿色酒店建设。鼓励通过合同能源管理实施开展商贸流通行业节能改造项目。推动高效节能产品进商场，积极采用先进节电、节水技术，鼓励使用高效照明灯具、节能空调、智能控制系统等节能设备。以信息化带动传统批发零售业转型升级，着力发展电子商务。加快绿色仓储建设，支持仓储设施利用太阳能等清洁能源，积极建设绿色物流园区。

第六，切实加强农业农村节能。加强秸秆资源综合利用与禁烧工作，积极推广秸秆肥料化、饲料化、原料化和燃料化等先进技术，大力提升农业废弃物综合利用水平。结合新农村建设，推广应用保温、省地、隔热新型建筑材料，引导农民建设节能型住房。加快老旧农业机械淘汰更新，推广应用绿色、节能、环保农业机械和农产品加工设备。强化农业机械设备的能耗检测，推广节能新产品、新技术，加快农业机电设备节能改造，加强用能设备定期维修保养，降低燃油消耗。推进规模畜禽养殖场沼气工程建设，因地制宜发展风能、太阳能和生物质能，推广太阳能热水器、省柴节煤灶具等，鼓励使用高效节能电器，逐步提高清洁能源在农村生产生活用能中的比重。继续实施农网改造，降低农业用电成本。

（二）采取多样化节能措施

优化能源结构。一是加快发展清洁能源。坚持科学开发与保护生态相结合，加快推动威远页岩气资源调查和勘探开发。科学有序发展新能源，因地制宜推广生物质能源。创新清洁能源建设管理机制，加强流域水电综合管理，积极推进电力、油气等体制改革，有效消纳富余水电和留存电量，促进就地就近转化利用。

二是推进煤炭消费减量替代。加快非禁燃区分散燃煤锅（窑）炉淘汰和10蒸吨以上燃煤锅炉能效提升改造，严把涉煤新建项目准入，新上耗煤项目实行煤炭减量替代，新建项目禁止配套建设自备燃煤电站。落实好大型燃煤机组清洁排放实施计划，积极推进地方燃煤热电行业综合改造，加快推进集中供热，除热电联产外，禁止审批国家禁止的新建燃煤发电项目。加强煤炭经营和使用监管，鼓励使用洁净煤以及高热值煤，积极推进煤炭清洁化利用。

三是推进电能替代和天然气替代。通过淘汰落后燃煤机组、电锅炉替代燃煤锅炉和电烤烟替代燃煤烤烟等措施，继续推进以电代煤、以气

"替煤代油"。通过增加铁路运输比重、发展电动汽车和减少港航用油等措施，大力推进以电代油。大力推广蓄冷空调和热泵技术、天然气分布式能源技术。结合新农村建设，加快推进坚强农村电网和燃气管道建设，以清洁、安全的清洁能源替代农村传统能源。

管控能源需求。一是全面推行用能预算化管理。统筹考虑经济社会发展规划、能源消费总量控制和节能目标任务、重大生产力布局等情况，配合完成市、县（市、区）两级用能预算管理体系，全面推行用能预算化管理制度，制订落实用能预算管理方案。围绕能耗总量的控制、可用增量的确定和管理、预算指标的动态管理、预算指标的核查等实行用能预算管理，推动用能管理精细化、科学化，实现用能的高效配置。落实好新上高耗能项目用能"等量置换"或"减量置换"。重点用能单位围绕能耗总量控制和能效目标，统筹考虑发展战略、能效水平、节能潜力等因素，编制用能预算管理方案，对用能实行年度预算管理。

二是加强能源消费统计监测预警。进一步规范计量标准，提高用能单位能源计量器具配备及管理水平。完善能源统计制度，改进核算方法。以能源智能化为目标，配合完善万家企业能耗在线监测平台，加快推进重点用能单位能耗在线监测系统建设，整合集成工业、交通、建设、公共机构等能源监测数据，深化功能应用。开展能源消费形势分析，加强监测预警，实行能源消费总量、强度晴雨表预警制度，定期发布监测报告。节能目标完成进度滞后和能源消费总量超过控制目标的县（市、区），要及时制订预警调控方案，并适时启动，合理控制新建高耗能项目投产节奏。

三是实施能效领跑者制度。在用能产品、高耗能行业的部分产品，以及公共机构中实施能效领跑者制度。积极组织申报纳入国家和省能效领跑者名录。对能效领跑者给予政策扶持，引导生产、购买和使用高效节能产品，适时将能效领跑者指标纳入强制性标准。通过树立标杆、政策鼓励、修订标准等措施，激励相关生产企业和公共机构积极开展能效对标活动，赶超领跑者，形成推动用能产品、高耗能行业和公共机构的能效不断提升的长效机制。

运用市场机制。一是强化价格和金融政策引导。深化资源要素市场化配置改革，建立充分反映市场供求、资源稀缺程度以及环境损害成本的价格形成机制。严格执行钢铁、水泥、电解铝等行业的阶梯电价政策，对限制类、淘汰类或违规的装置（含产品、设备、生产线、工艺、产能等），以及单位能耗超标的装置或公共建筑等，加大实施差别电价的范围和力度；对超能耗限额的产品、能耗水平不达标的企业，督促整改后仍不达标的执行更严格的惩罚性电价；在全市范围内全面深入推进燃气、水、电阶梯能源价格，引导居民合理节约利用资源。认真落实国家和省在节能和资源综合利用等方面的税收优惠政策。支持专业化节能服务公司发展，引导和支持工业、交通、建筑、商业、公共机构等领域采用合同能源管理方式实施节能改造。发展绿色金融，研究设立绿色发展基金，推广政府与社会资本合作模式，引导扩大社会资本投入。

二是推进用能权有偿使用和交易。推进用能权有偿使用和交易试点，充分发挥市场在资源配置中的决定性作用和更好发挥政府作用，积极探索节能降耗激励和约束机制，提高清洁能源和新能源使用效率，积极稳妥地推进初始用能权确权、有偿使用、交易等工作，规范能源消费报告、审核和核查技术要求，严格履约机制，有效促进内江市能源消费结构优化、节能降耗和产业转型升级。

三是推行合同能源管理。推动公共机构、大型公共建筑优先采用合同能源管理方式实施改造，建设一批合同能源管理示范项目。鼓励重点用能单位利用自身技术优势和管理经验，组建专业化节能服务公司。鼓励节能服务公司创新服务模式，为用户提供节能咨询、诊断、设计、融资、改造、托管等"一站式"合同能源管理综合服务。

实施重点工程。一是燃煤锅炉节能环保综合提升工程。积极推广应用循环流化床、新型高效煤粉炉等高效节能锅炉，推进燃煤锅炉"以大代小"，加快老旧锅炉更新、替代，推广燃气、燃生物质锅炉和电锅炉。开展电厂锅炉节能环保综合改造，采用新技术对磨煤、点火、燃烧、除尘、汽机、冷却等系统进行节能改造，不断降低发电煤耗。严格锅炉能效准入门槛，制定燃煤工业锅炉淘汰更新改造路线图。推广应用锅炉燃烧优化、二次送风、自动控制、余热回收、太阳能预热、主辅机优化、热泵、冷凝水回收等先进技术。推广锅炉（窑炉）燃烧自动调节控制技术装备，探索锅炉运行在线监测和节能诊断，定期开展锅炉（窑炉）能效检测，提高运行管理水平和热效率。

二是电机系统能效提升工程。以电机能效提升为目标，围绕电机生产、使用等关键环节,加强政策支持和引导,推动企业提升电机能效,淘汰低效电机,推广高效电机。开展电机系统节能改造,促进电机产业转型升级和电机能效提升。推进电机系统调节方式改造,重点开展高压变频调速、永磁调速、内反馈调速、柔性传动等节能改造,支持基于互联网的电机系统能效监测、故障诊断、优化控制平台建设。鼓励采用高效电动机、风机、压缩机、水泵、变压器替代低效设备,加快系统无功补偿改造。鼓励采用合同能源管理、设备融资租赁等市场化机制实施电机能效改造项目。示范推广稀土永磁无铁芯电机、电动机铸铜转子技术等高效节能电机技术设备。大力推广能效等级为一级和二级的中小型三相异步电动机、通风机、水泵、空压机。

三是余热余压综合利用工程。在有色金属、建材等行业全面加强炉窑余热、余压回收利用,推进能量梯级综合利用。有色行业重点推广烟气废热锅炉及发电装置,窑炉烟气辐射预热器和废气热交换器,回收其他装置余热用于锅炉及发电。水泥行业推广综合低能耗熟料烧成技术与装备,对回转窑、磨机、烘干机进行节能改造,鼓励利用工业和生活废弃物做燃料,优化完善水泥余热发电技术和装置。

四是能量系统优化工程。对钢铁、有色、化工、建材等重化工行业企业工艺、技术、装备系统优化,实施生产工艺绿色升级改造,能源系统节能低碳改造,重点耗能设备更新改造等,加强企业能源系统整合与能源梯级利用。采用低温余热、废热回收利用,电力、热力系统优化等技术,优化工业能量系统,打造一批系统节能示范项目。加快推进两化融合促进节能减排,推进能源管理中心建设。

五是煤炭消费减量替代工程。以工业、商业、民用等领域为重点,大力推广和实施"煤改电""煤改气"。加快推进工业领域天然气利用,支持重点园区和企业燃煤、燃油工业锅炉置换为燃气锅炉;积极推进燃煤锅炉"煤改电",开展电蓄冷蓄热,逐步扩大工业电能替代范围。控制高硫分、高灰分、低热值等劣质煤开采和销售,提高原煤入选率,控制使用高污染燃料和散煤。改善城镇与农村用能方式,在城镇、乡村等散煤消耗区域鼓励"煤改电",全面推进民用锅炉煤改气、油改气、管道天然气置换煤气。推广生物质锅炉,实施生物质能替代燃煤、燃油。县级及以上城市建成区淘汰 10 蒸吨及以下燃煤小锅炉,加大实施 10—20 蒸吨燃煤锅炉煤改气、煤改电工程力度。以长途客货运、城市公交、出租车及环卫、工程车等车辆为重点，推广使用以液化天然气（LNG）、压缩天然气（CNG）为燃料的清洁能源汽车，加快发展纯电动汽车、混合动力汽车。

六是城镇化节能升级改造工程。推进智慧城市、智慧能源建设，优化升级城市能源基础设施，建设城市节能示范项目。结合城市管廊建设，对城市水、电、气等能源供应、输配、回收、计量、管控等系统进行升级改造和系统优化。建设智能化公交系统、城市道路交通信号智能控制系统，提高交通系统的运行效率，缓解交通拥堵，降低交通能耗。实施大型停车场智能化改造，开展节能示范社区、小区建设。对企业用能较为集中的园区、开发区等区域，将生产用蒸汽和热水供应纳入能源基础设施建设，减少小锅炉使用。

七是绿色照明推广工程。加快淘汰低效照明产品，重点推广半导体照明产品。支持荧光灯生产企业实施低汞、固汞技术改造。推广半导体通用照明产品在工业企业、公共机构以及宾馆、商厦、道路、隧道、机场、码头等领域的应用。以城市道路/隧道照明系统节能改造为重点，加快实现智能控制，加快半导体照明关键设备、核心材料研发和产业化，支持技术成熟的半导体通用照明产品推广应用。控制城市道路照明过度装饰和亮化。

三　因地制宜打造循环经济

2012 年，内江市政府颁布了《内江市"十二五"循环经济发展规划》和《内江市"十二五"循环经济发展实施方案》。采取的主要措施有：

循环型产业体系。推动循环型工业、循环型农业和循环型服务业融合发展，加快建立循环型产业体系。围绕培育壮大节能环保、新材料、新一代电子信息、新能源等战略性新兴产业和冶金建材、食品饮料、机械汽配、医药化工、电力能源等特色优势产业，着力引进共生和补链项目，依托工业园区关联布局，形成循环型产业园区和产业集群，实现资源、能源的循环利用和梯级利用，大力推进工业废气、废水和废物的综合回收利用，加快构建循环型工业体系。以优质粮油、畜禽、蔬果等特色优势农业为基础，大力发展生态农业，促进农林废弃物资源综合利用与循环利用，努力形成以"无害化、低排放、低消耗、高效益、可持续"为标志的循环型农业发展体系。建设生态旅游示范区，发展绿色旅游；依托下一代互联网、物联网和云计算，加快构筑和完善三网融合、企业网络、智慧城市等信息平台，充分发挥信息资源对物质资源的替代功能；大力培育发展绿色标识等认证认可服务，积极构建循环型服务业体系。

专栏4.4　钒钛资源综合利用

以川威集团钒钛产业基地为依托，通过突破技术瓶颈、延伸产业链条、拓宽应用领域，实施资源综合利用重点项目，不断提高钒钛资源综合利用水平。在钢铁领域，大力发展高钒铁、高品质钒钢、氮化钒铁、钒氮合金、钒铝合金等含钒新材料和钒制品，积极发展含钒高强钢筋、特色线材、特色型材、特钢配件，实现特钢精加工，延长特钢产品链；在非钢铁领域发展高纯钒、二氧化钒、钒催化剂、钒颜料和钒电池。不断延伸产业链条，生产下游产品，实现就地增值，逐步形成比较全面的产业链。强化综合开发利用。加强高钛型高炉渣综合利用、钒钛化工产业废弃资源综合利用，提高二次资源利用率。到2015年，铁回收率提高到65%，钒回收率提高到58%以上，钛回收率提高到30%以上，冶炼渣综合利用率达到75%以上，年利用各类固体废物1250万吨，实现资源综合利用产值53亿元。

资源节约利用体系。建立以节能、节地、节水、节材与合理利用矿产资源为主要内容的能源资源节约利用体系。大力实施节能工程，促进能源的梯级利用，积极开发利用清洁可再生的非化石能源和新能源。促进工业向园区集中、人口向城镇集中、居民向新型社区集中，实现土地的集约节约利用。加强工业和城市节约用水，推进分质供水、中水回用及雨水回收利用，发展节水农业。加强重点行业原材料消耗管理，推行产品生态设计，在生产和建筑领域提倡使用可再生材料。提高选矿回收率和冶炼回收率，加强共伴生矿产资源及尾矿高效利用，提高资源综合利用水平。

资源再生利用体系。推动煤矸石、粉煤灰、冶炼废渣等工业废弃物、建筑废弃物、生活废弃物以及农林废弃物等资源的再生利用。加快"城市矿产"示范基地——四川西南再生资源产业园建设，推进废旧电子电器、废旧金属、废橡胶、废纸等再生资源规模化利用。健全城市生活垃圾分类回收网络，积极开展餐厨废弃物资源化利用和无害化处理。

科技创新支撑体系。建立政府主导、企业主体、社会参与政产学研相结合的循环经济科技创新体系，为循环经济发展提供强力支撑。加大科技投入，支持循环经济共性和关键技术开发，支持建立循环经济技术创新体系。以企业技术研发中心建设为重点，围绕循环经济产业链的延伸、废弃物的综合利用和节能减排，积极开展循环经济重大关键技术研发攻关，加快企业自主创新体系建设。加快建立市、县（区）两级循环经济信息管理综合服务平台，加快推广应用循环经济新技术、新工艺、新材料、新产品和新设备。实施节能环保产业科技成果转化专项，在新能源利用、生态环保、建筑节能等方面启动实施一批重大科技成果转化项目。积极培育从事循环经济技术开发和推广的咨询服务机构，建立和完善循环经济技术咨询服务体系。

示范推广体系。全面推进循环经济示范企业、示范园区和示范市、县建设，完善示范推广体系，实现循环经济发展由试点向示范推广的转变。在"十二五"期间，巩固发展国家级"城市矿产"示范基地，力争创建国家级资源综合利用示范企业1户，省级循环经济示范产业园区2个、示范企业3户；发挥示范园区的示范效应，推动新建和现有园区进行生态化建设和改造；依托经济社会基础，积极探索适合各县区发展的循环经济体系和模式，由点到面逐步铺开，提高全市循环经济发展水平。

专栏4.5 内江市西南循环经济产业园区

自20世纪80年代起，以牛棚子村为腹地，沿内江椑木镇至隆昌县双凤镇沿G321国道的10多千米道路两旁，形成了一个年均交易量近150万吨、交易金额数十亿元的废旧物资交易市场。其中废旧塑料交易量占全国废旧塑料回收、交易量的1/3，是我国西南地区最大废旧物资回收、加工、销售集散中心。该区域拥有3000多名从业人员，其废旧物资原料来源辐射到重庆、云南、陕西、河南等省（市、区），销售区域辐射到浙江、广东、河北、河南、湖北、江苏、安徽、广西、新疆、吉林等地。但粗放的运作模式，使得经济发展的同时，也存在严重的环境问题和安全隐患。

2008年，内江市政府引进中国再生资源开发有限公司在东兴区椑南镇建设西南再生资源产业基地，并成立四川中再生资源开发有限公司负责项目的建设、开发及运营。为贯彻落实"工业强区"战略，全力推进项目建设，东兴区委、区政府以西南再生资源产业基地为载体，于2010年4月批准成立内江市西南循环经济产业园区。园区位于内江市主城区东南，距主城区约15千米，涉及东兴区椑木、椑南、中山3个镇的17个村社，规划控制面积为11.33平方千米。2012年8月经内江市委、市政府批准，成立内江市西南循环经济产业园区管理委员会，统筹推进园区建设。2018年2月26日，园区被成功纳入国家发改委等六部门联合印发的《中国开发区审核公告目录》省级综合类经济开发区范畴，名称为四川内江东兴经济开发区。2019年1月25日，园区成功获得省政府批复，成为东兴区第一家省级经济开发区。

2019年3月入驻企业8家及个体经营户127户。园区内包括四川中再生资源开发有限公司、四川塑金科技有限公司、四川华环再生资源有限公司、内江市邦兴再生资源有限公司、内江中再生物业管理有限公司、四川常联亿能再生资源有限公司、四川中再生贵金属冶炼有限公司等。由四川中再生环保科技服务有限公司（以下简称"环保科技公司"）负责园区的开发、运营、项目引进和管理。已建成废弃电器电子产品回收处理拆解项目、废塑料PET加工生产洁净PET碎片、废塑料改性造粒中心项目、集散交易市场项目、污水处理站、消防中心、地磅房、信息中心等。

图 4.3　课题组在内江市西南循环经济产业园区调研

专栏 4.6　威远县加强农作物资源综合利用

威远县农作物秸秆种类多、产量大、分布广，长期以来一直是农民生活和农业发展的宝贵资源。威远县常年农作物播种面积约 143 万亩（含复种指数）。2015 年全县共产生秸秆约 56.2 万吨。秸秆资源以水稻、玉米、油菜、薯类秸秆为主，少量为豆类、其他谷物、花生秸秆。其中，水稻秸秆约 14.74 万吨，占总量的 26.2%，；玉米秸秆约 10.99 万吨，占总量的 19.55%；薯类 10.04 万吨，占总量的 17.85%；油菜秸秆 3.09 万吨，占总量的 5.48%；豆类 1.53 万吨，占总量的 2.72%；花生 0.77 万吨，占总量的 1.37%。

然而，秸秆随意抛弃、焚烧现象依然存在，由此带来了一系列环境问题。2008 年，全县主要农作物秸秆总量约为 54.7 万吨，秸秆综合利用率不足 40%。2015 年秸秆综合利用率已达到 80%，但主要用于附加值与转化率低的秸秆还田、低质燃料、饲料等，而转化效率及附加值高的有机肥料、成型固体燃料、秸秆发电、工业化原料（如乙醇、制糖）等秸秆深加工利用率低，秸秆综合利用产品附加值低。秸秆快速还田相关配套技术和机具不够；秸秆固化、碳化生产设备配套低、能耗高，缺乏高效的固化、炭化设备和技术；秸秆饲料转化率、消化率低，高效秸秆饲料化技术欠缺；秸秆清洁制浆技术、先进秸秆收集处理机械设备特别是适合丘区小农田的秸秆收集打捆机械缺乏；秸秆乙醇产业化技术、秸秆育苗基料化技术等关键技术突破还不够。同时全县秸秆综合利用研发平台尚未建立，专业从事秸秆综合利用研发的科研机构、企业少，且产学研结合不紧密，自主创新不够，未成立专门的研发中心，这些都进一步制约着秸秆综合利用技术突破。

根据四川省发展和改革委员会、农业厅《关于印发四川省秸秆综合利用规划（2016—2020 年）的通知》，威远县制定了《威远县"十三五"秸秆综合利用规划（2016—2020 年）》，其基本原则是坚持政府引导与市场运作、坚持生态优先与因地制宜、坚持科技创新与制度创新、坚持突出重点与多元利用。总体目标是到 2020 年，通过优化区域布局、主攻主要任务、实施重点工程、完善政策支撑、创新机制体制等，不断优化"五化利用"结构，完善秸秆收储运体系，规范各类秸秆综合利用技术模式和规程，使威远县秸秆综合利用形成区域化、多元化、标准化、高效化、产业化"五化发展"格局，全县秸秆综合利用率达 88% 以上，实现全县秸秆综合利用"三个转变"，即政府主导向市场化转变、低效利用向高效利用转变、小规模向集中大规模的商品化转变。

秸秆综合利用规划的重点工程包括提质工程、增效工程、优质工程、栽培工程、转承工程和支撑工程。

秸秆肥料化利用"提质工程"。秸秆机械化粉碎还田。在威远县油菜、水稻、玉米主产区，以企业、专合社、种植大户为依托，建设秸秆机械化粉碎还田示范基地，推广油菜、水稻、玉米粉碎还田技术。扶持购置秸秆粉碎机械、拖拉机等农业机械以及仓库、场地等配套设施建设，补贴机械化还田作业。到 2020 年，全县推广秸秆机械化粉碎还田技术 2 万亩。秸秆覆盖还田。在水稻—蔬菜（食用菌）、油菜—水稻、果树等种植主产区，推广秸秆覆盖还田技术，建设秸秆覆盖还田示范基地。重点采用秸秆就地或异地覆盖农用地，用于油菜、水稻、蔬菜、果树生产。到 2020 年，推广秸秆覆盖还田 12.8 万亩，建设秸秆覆盖还田示范基地 0.3 万亩。秸秆快腐还田。在水稻—油菜主产区，应用秸秆快速腐熟技术，及时将秸秆快速还田，然后进行下季作物种植。到 2020 年，推广秸秆快腐还田面积

1万亩。秸秆商品有机肥加工。建设秸秆商品有机肥生产项目，大力发展秸秆商品有机肥精深加工，促进秸秆肥料化高效利用。重点支持秸秆有机肥工厂化设备购置、生物菌种引进、技术创新、场地建设，推广工厂化秸秆综合腐熟技术、生物有机生产技术。

秸秆燃料化利用"增效工程"。秸秆气化集中供气。结合新农村建设，以村为单元，建设秸秆气化集中供气示范点，推广秸秆热解汽化技术，供区域范围内农户炊事燃烧。重点支持秸秆气化集中供应示范点场地建设，秸秆粉碎机、气化机组、燃气净化装置、储气设备、供气管网、灶具等设备购置。秸秆生产生物质固体成型燃料。扶持现有生物质固体成型燃料更新设备、改造技术、扩大生产，鼓励新的企业、社会经济组织积极投资发展生物质固体成型燃料，引导鼓励工矿企业结合锅炉改造使用生物质固体成型燃料。

秸秆饲料化利用"优质工程"。秸秆青贮、氨化饲料。扶持规模化养殖企业、农民专业合作组织、养殖大户等建设青贮窖、氨化池等秸秆青贮氨化场地，配备秸秆切碎、压块、青贮机械，重点推广秸秆青贮、氨化技术，示范推广复合青贮、黑贮、酸贮等新技术，发展秸秆青贮、氨化饲料示范。秸秆精深加工饲料。鼓励扶持现有秸秆饲料化利用企业开展技术改造和设备升级，积极引导鼓励企业建设规模化秸秆饲料精深加工厂，扶持农民专合组织、养殖大户建设饲料加工点，推广秸秆压块、颗粒、草粉发酵混合等全营养饲料技术，规模化生产秸秆压块、颗粒等精饲料，加快我县秸秆饲料精深加工发展。到2020年，新建农民专合组织、养殖大户等建设秸秆饲料加工点1个。

秸秆基料化利用"栽培工程"。秸秆食用菌栽培示范。在食用菌主产区域，鼓励食用菌生产企业、专合社、种植大户开展秸秆食用菌基料化制作，推广利用秸秆做基料栽培食用菌技术，开展秸秆食用菌工厂化生产示范，促进秸秆食用菌基料化利用。到2020年，推广秸秆基料袋状食用菌种植200万袋。

秸秆收储运体系建设"转承工程"。大力培育秸秆收集专业合作社等专业秸秆收集组织，建立完善秸秆收集服务组织体系；扶持规模化企业、专业合作组织建立秸秆收储中心或收储点，支持购置捡拾打捆机、切碎机、小型运输机械等机械设备，推广村级秸秆初级压缩处理，建设收储运示范基地，开展秸秆收储运示范。到2020年，培育秸秆收集专合社6个，建设秸秆收储中心4个，秸秆收储点40个，建设秸秆收储运示范基地1个，建立涵盖全县的秸秆收储运体系。

关键技术及装备研发"支撑工程"。组织产学研单位联合建立秸秆综合利用产业技术研发平台，聚集科技人才，打造创新团队，协同开展秸秆综合利用技术创新与成果转化，增强秸秆综合利用科技支撑能力。探索建立全县秸秆资源数据库、资源适宜性评价体系，建立健全威远县秸秆资源综合利用评价模型，科学合理指导秸秆资源综合利用。围绕秸秆综合利用产业化发展技术瓶颈，重点实施秸秆资源综合利用关键技术研发和秸秆综合利用设备装备产业化项目。重点研发秸秆快速腐熟剂、快速腐熟还田、机械化粉碎还田、饲料精深加工、清洁造纸浆、蔬菜花木育苗栽培基质生产、新型板材、地膜生产、栽培容器制造、固体成型燃料等关键技术。重点推进秸秆收集储运机械设备、秸秆饲料加工机械、秸秆能源化利用装备、秸秆原料化利用设备等秸秆综合利用装备引进、研发、生产和推广，分区分类建立秸秆综合利用技术体系。

规划制定了加强组织领导、完善支持政策和健全工作机制等保障措施。支持政策有：①加大财政支持。在现有资金渠道内，统筹各方面资金，用于支持秸秆资源综合利用和禁烧工作。2018年，威远县投入资金200万元用于秸秆禁烧及综合利用。加大秸秆有机肥、秸秆还田、秸秆养畜补贴力度，加大秸秆收储运各环节及项目的支持力度，开展农机作业机具累加补贴和农机作业补贴试点。研究对建设秸秆收储运中心（点）和加工场地租用地实施地租补贴，将秸秆初加工及产品运输纳入绿色通道，实施运输过路过桥费减免。县政府每年要安排一定的财政资金专门用于秸秆综合利用工作。②落实优惠政策。认真落实国家促进秸秆综合利用的各项税收优惠政策。推动将符合条件的秸秆综合利用产品列入节能环保产品政府采购清单和资源综合利用产品目录。积极引导和支持秸秆综合利用企业、高校及科研院所申报国家重大科技、高技术产业化、科技创新工程专项及其他各类有关秸秆综合利用的专项补助（补贴）资金。将秸秆捡拾、打捆、切割、粉碎、压块等初加工用电纳入农业生产用电价格政策范围，降低秸秆初加工成本。③拓宽融资渠道。严格执行国家支持秸秆综合利用的投融资政策，建立和完善政府引导、市场运作、社会参与的多元化投融资机制。鼓励社会投资，积极引进外资，切实促进秸秆综合利用。搭建政府、企业和金融机构间的沟通合作平台，鼓励银行业金融机构创新金融产品和服务，积极为秸秆收储和加工利用企业提供金融信贷支持，并做好相应的投资咨询、资金清算、现金管理等金融服务。④用地支持政策。秸秆收储设施用地尽量利用存量建设用地、空闲地、废弃地等，永久性占用农用地的，按建设用地依法依规办理审批手续。加大对秸秆发电等产业化项目的用地支持力度，纳入土地利用总体规划调整完善布局，在土地利用年度计划安排中给予重点保障。

四 不断推进沱江流域水资源综合治理

内江市水系绝大部分属于沱江水系，干流穿越市域腹地150千米，较大支流有球溪河、威远河、濛溪河、大清流河等。内江市境内有国家监控断面3个，即沱江老母滩断面、球溪河口断面和威远河廖家堰断面。

内江市是沱江流域唯一依靠沱江作为城市饮用水水源的城市，资源性、工程性、水质性缺水问题十分突出。产业沿江布局特征明显，沱江干流内江段密集分布着48户规模工业企业和2个国家级产业园区、1个省级开发区和1个市级重点工业园区。

强化领导，完善工作推进机构。为了加大推进工作力度，2016年4月，内江市成立沱江流域综合治理和绿色生态系统建设与保护工作推进领导小组，实行市委书记、市长"双组长"制。组建了由市委常委、常务副市长担任办公室主任的内江沱江流域综合治理推进办公室（项目综合推进中心），办公室下设规划推进组、综合协调组、生态环保水利组、产业发展组、城市建设组、交通建设组、社会民生组七个工作组，从各县（市、区）、市级部门、金融机构和市属国有企业抽调30余名业务骨干，专门负责推进沱江流域综合治理和绿色生态系统建设与保护工作。同时，与清华大学签署市校合作协议，依靠该校环境学院强大的专家力量，组建专家咨询小组，为内江市开展内江沱江流域综合治理进行现状研究、战略指导、技术咨询、项目评审等工作。

规划引领，不断完善顶层设计。坚持高位起步，全力完善沱江流域综合治理顶层设计，现已完成《内江沱江流域综合治理和绿色生态系统建设与保护规划（2017—2020年）》和《项目规划》的编制。项目规划筛选了重大项目449个，计划总投资1430.69亿元，将分年度组织实施。

全力争取，积极纳入国家试点。2017年5月，国家发改委下发了《关于开展水环境综合治理和可持续发展试点工作的通知》，内江市联合清华大学环境学院高质量完成了《内江试点方案》编制，内江市已成为全国首批12个流域水环境综合治理与可持续发展试点城市之一。

创新方式，健全资金筹措机制。创新项目筹资方式，积极推进城镇污水处理、城乡生活垃圾处置三年行动实施方案，采取"市县打捆＋整体实施"的方式，包装生成了内江沱江流域水环境综合治理和内江市城乡生活垃圾处理2个PPP项目包，实现了市、县（区）、乡（镇）所有项目的投资、建设、运营、管理全流程彻底打包。

多措并举，提升空间管控能力。率先在全省开展了全域空间规划试点，科学划定了全域城镇、农业、生态空间红线，明令禁止干流及主要支流岸线1000米范围内新建布局重化工企业、园区，严禁城市河流岸线200米内无序商业开发，这一做法得到四川省环保督察组的充分肯定。强化环保保护立法工作，修订内江市首个地方性法规《内江市甜城湖保护条例》，2017年已完成起草工作，2018年3月颁布实施；启动内江沱江流域综合信息管理平台，建成后将具备"多规一张图"、规划符合性检查、重大项目在线监管、会议会审、生态环境监察五大功能，项目在线监管等功能将于2017年9月底试运行；编制《内江沱江流域市场准入负面清单》，对流域内公园（风景区）、文物保护区、城市集中式饮用水水源保护区等九大类进行了分类管控，已完成编制工作。

齐抓共管，提升环境保护能力。内江市把提高环保能力作为抓好环保工作的重要保障，在资金投入、能力建设、执法监管等方面狠下功夫。在全省率先实现环境监管全覆盖，成立乡镇（街道）环保机构121个，成为全省完善了乡镇环保机构建设的3个市（州）之一；全面推进总投资达81亿元的大气、水、土壤污染防治"三大战役"重点项目81个，推动全市环境保护和污染治理水平稳步提升，为改善环境质量提供了重要支撑；严格执行《环境保护法》和《大气污染防治法》等法律法规，加大违法打击力度，保持执法高压态势，极大地震慑了环境违法行为；在全省率先制发《内江市环境保护督察方案（试行）》，为市委、市政府对各县

(区）开展环保督察提供依据；全面推行"党政同责、一岗双责"，牢固树立"管行业必须管环保、管业务必须管环保、管生产经营必须管环保"的理念。环保部西南督查中心对内江市这一做法给予高度评价，将内江市的经验做法刊载在《西南环保督查》（总第49期）上，向全国推广。

领导亲为，推进绿化沱江行动。市长就内江沱江干流绿化工作做出了"统一规划，分片推进，过程监督，年底验收"的指示，成立了以"大规模绿化内江行动领导小组"作为内江市推进沱江干流绿化的组织机构，由市长任组长，市委、市政府分管领导和内江军分区司令员任副组长，市委宣传部等18个市级部门主要负责人为成员的领导小组；紧紧抓住3.12义务植树和春季造林绿化的契机，大力开展植树造林，掀起了绿化沱江热潮。3月10日，市绿化委员会组织了2017年市直机关春季义务植树活动，在东兴区田家镇栽植红叶杨2000余株，市委书记、市长带头参加义务植树，市四大班子在家领导，内江军分区及驻内部队，绿委会成员单位及团市委青年志愿队共计300余人参加了当天的义务植树活动，掀起了春季植树造林新高潮。截至8月底，全市完成植树造林2.37万亩，占目标任务的73%，其中沱江干流绿化完成6080亩，占目标任务的61%。

积极行动，推进水源地规范化建设。完成了城镇所有集中式饮用水水源保护区划定，依法清理了饮用水水源保护区内违法建筑和排污口，强化水源涵养林建设，禁止在保护区内毁林开荒，完善水源地标识标牌和隔离防护设施建设；实施饮用水源达标行动，统筹推进城镇集中供水，建设一批优质水源地，取缔一批劣质水源地，整治一批未达标水源地，开展城镇集中式饮用水水源地环境质量状况评估。按照要求向社会公开饮用水信息。实施饮用水环境安全保障行动，加快推进向家坝北总干渠、黄河镇水库、资中县城北水资源综合开发利用工程水源地建设并联合水库应急水源地建设，加快城乡一体化供水建设，有效提升饮用水水源地水质。

部门联动，全面推行河长制。按照全域覆盖、网格化管理的要求，在建立域内流域面积50平方千米以上河库名录的基础上，对全市流域面积50平方千米以下河流进行了清理普查；分级建立了河库名录及基础台账，并将所有河流和水库纳入河（库）长制管理。2017年，全市已梳理出165条河流、364座水库。建立了市、县、乡、村四级河（库）长管理体系，全市共设立河长3562名、库长1128名。在市级层面，建立了领导小组领导下的总河（库）长负责制。将27条河流和5座水库确定为市级主要河库，由34名市级领导分别担任市级河（库）长。县、乡、村层面，确定河长3528名、库长1122名，实现所有河库全覆盖。分级分段竖立河（库）长公示牌530块，并完成河（库）长信息公示工作。沱江河市级河长累计开展巡河调研14次；坚持建治并行，在推进制度机制建设的同时，推动沱江流域水污染治理"三个行动方案"的编制，并统筹开展河道治理保护。实施河岸绿化造林6000余亩，清理搬迁沿岸垃圾库20余座，开展河道专项执法4次。加快推进内江城区二水厂取水口上移和市中区、东兴区等城镇污水处理厂建设；建立了河长制工作微信群，通过晒动态、报进度，促进了各基层河段长尽责履职，截至2017年，市级河（库）长累计开展巡河调研140余次，县、乡两级河（库）长累计开展巡河调研2900余次，累计立案57起，行政罚款40余万元，行政拘留3人，问责党员干部1名，通报单位3起。

强化责任，着力抓好航运管理。对内江市现有519艘船舶进行摸底排查，连续3年投资近50万元，对沱江干流的老旧客渡船、货船进行环保改造，强制安装油水分离器，对新建船舶，按船舶检验规范，特别要求必须安装油水分离器，在初次检验、年度检验、中间检验和换证检验四个环节，依法加大对环保设备的检验，实行环保设备"一票否决"制度；对我市600吨级客船1艘（浪涛1号）、2000吨级客船1艘（浪涛6号）等2艘客船安装了经环保认证的生活污水生化处理设备和厨房污水处理设备，生活污水和厨房污水经处理达标后准予排放，处理后的残余物和固体垃圾转岸处理；在渡口码头污染治理方面，在各乡（镇）客渡码头建设封闭式垃圾箱或配备4个60升以上的垃圾桶、封闭式防渗透的污油临时存储点。2017年，沱江干流33个公益性渡口、13个乡镇客运码头，有30个公益性渡口、10个客运码头建立了固体垃圾和污油临时存储点，固体垃圾进入城市垃圾处理体系，有21个乡镇、水运企业与污油处理专业厂家签订了污油回收处理合同。其余地处偏远、渡运量极少的渡口码头正在完善中；内江市人民政府决定，从2017年9月12日正式启动实施"内江市河道采砂突出问题专项整治"，通过开展专项整治，依法查处和严厉打击区域范围内偷采盗采河道砂石、砂石堆场非法占用土地（包括耕地、河滩地）、乱堆乱放砂石、污染环境、河道采砂破坏耕地、破坏河道岸线等违法行为，进一步规范河道采砂管理，维护沱江水生态环境，保障防洪安全、航道安全和涉河工程安全。

治理成效。2018年以来，内江市紧紧围绕巩固提升河长制，全面建立湖长制的总体目标，把推进沱江流域综合治理和绿色生态系统建设与保护作为"战略工程、民生工程、世代工程"，抓住全国第一批流域水环境综合治理与可持续发展试点城市契机，精准施策，全力做好"控增量、减存量、优容量、提质量"四篇文章，强力推进流域综合治理。一是出台了内江市第一部地方性法规、也是沱江流域第一部水环境保护管理法规《内江市甜城湖保护条例》，将全国通行的岸线50米保护范围，扩展为200米，加强对甜城湖的保护与管理。二是沱江水质改善。2018年内江市、县环境监测站对24个国、省、市控、非国省市控断面进行了监测，其中国控断面3个、省控断面4个、市控断面13个、4个非国省市控断面（数据来源于采测分离或联合监测）。24个监测断面中，达Ⅲ类水质断面9个，占比为37.5%，同比上升了20.8个百分点；Ⅳ类水质12个，占比为50%，同比下降了4.2个百分点；Ⅴ类水质1个，占比为4.2%，同比下降了4.1个百分点；劣Ⅴ类水质2个，占比为8.3%，同比下降了12.5个百分点（见图4.4）。可以看出，达Ⅲ类水质的断面占比有所上升，Ⅳ类、Ⅴ类、劣Ⅴ类水质的断面占比有所下降。内江市地表水水质有好转

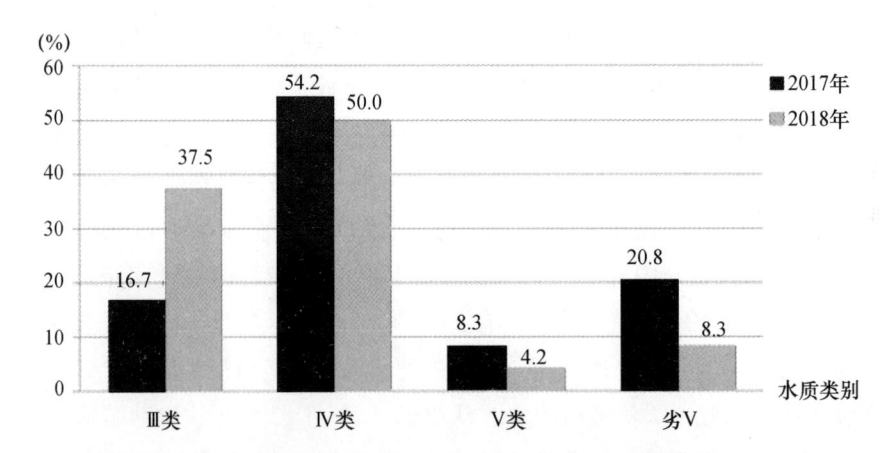

图4.4 内江市2017、2018年地表水监测断面水质类别比较

资料来源：《内江市环境质量公报2018》。

的趋势。2018年沱江干流内江段5个（含2个非国省市断面）监测断面均为Ⅲ类水质，达标，水质同比均有所好转。

五 充分发挥税收举措对绿色低碳循环经济体系建设的促进作用

为践行"绿水青山就是金山银山"的发展理念，内江市税务局充分发挥税收在市场经济体系中的宏观调控作用，以真抓实干的税收行动投身治蜀兴川内江实践，通过强化税收宣传广度、税收征管力度、政策优惠深度，积极促进内江市低碳循环发展经济体系建设。

一是加强正反双向税收宣传引领。一方面，大力宣传增值税和企业所得税的资源综合利用优惠，正向引导市场经济主体投身绿色低碳循环经济。在《内江日报》开设环保税改革宣传专栏，借助微信公众号、税企QQ群等平台，增设政策咨询岗位，开通绿色通道，安排专人提供政策解答、报表填写辅导、申报流程引导，提升政策优惠知晓度。另一方面，大力宣传环境保护税和水资源税的课税对象，反向促进市场经济主体保护环境、节约资源。在环保税和水资源税开征期间，联合环保、水务部门，共同举办15期系统内外的业务培训，以"集中辅导+上门辅导"的形式对所有"两税"纳税人进行辅导。同时，认真梳理环境保护税、水资源税和车船税、车辆购置税促进绿色低碳发展相关的税收优惠政策。

二是加强水资源税和环境保护税税收征管。①普查完善"两税"税源数据库。水资源税和环境保护税分别于2017年12月1日和2018年1月1日开征，为摸清"两税"税源家底，2018年3月，联合环保、水务等部门组建"两税"税源清查工作队，对移交的"两费"信息进行联合核实，识别存量纳税人，补充新增纳税人，并纳入税源数据库进行动态管理。②贯彻落实环保税和水资源税税制改革。自水资源税改革试点和环境保护税开征以来，全市共采集水资源税基础信息174户，征收入库水资源税1031万元，与2017年同期水资源费相比增长27.75%；采集环保税基础信息463户，征收入库环保税2590万元，与2017年同期排污费相比增长131.73%。③加强纵向组织领导与横向沟通配合。2018年4月，在市政府的领导下，成立了以分管副秘书长为组长，原市地税局、原环保局主要负责人为副组长的内江市环境保护税开征工作协调专班，并于5月召开协调专班工作会议，及时解决环境保护税开征后亟待解决的相关问题，有力推进环保税征管工作开展。与财政、环保、水务等部门建立环保税和水资源税征管协作机制，明确"两税"信息共享途径和频次，定期召开部门联系会，共同协调解决"两税"征管中遇到的问题。

三是加强多税种联动优惠落实。为更好地推进绿色低碳经济体系在内江市的建立，全市税务系统不打折扣、不讲条件，坚决落实相关税收减免优惠，引导企业加大节能减排力度，鼓励企业资源综合利用，调整企业产业结构，推进产品转型升级，实现企业和社会共赢。2018 年在推动绿色低碳经济方面共计优惠税收 8631 万元，其中，落实资源综合利用产品与劳务增值税优惠 4737 万元，落实资源综合利用企业与符合条件的环境保护、节能节水项目所得税优惠 1480 万元，落实低标准排放应税大气污染物或者水污染物环境保护税优惠 1555 万元，落实节能、新能源车船税优惠 11 万元，落实新能源车车辆购置税减免优惠 848 万元。

第三节　内江市健全低碳绿色循环发展经济体系面临的主要问题与应对策略

一　要解决的主要问题

（一）以重化工业为主的工业结构亟待优化

内江市是老工业城市，工业门类较为齐全，体系完备，现已形成了较具支撑性的食品饮料、冶金建材、机械制造、医药化工和电力能源等支柱行业。改革开放以来，内江市钢材产量和发电量分别增长了 94 倍和 69 倍。2013 年后钢材产量有所下滑，但近几年产量有反弹趋势。2018 年，钢材产量达到 488.72 万吨，水泥产量 738.20 万吨（见表 4.5 和图 4.5）。

表 4.5　　　　　改革开放以来内江市主要工业品产量

年份	钢材（万吨）	丝（吨）	机制纸及纸板（万吨）	水泥（万吨）	发电量（万千瓦时）
1980	5.15		2.10	18.51	5255.00
1985	10.26	282.00	3.28	39.49	10633.00
1990	16.85	429.00	4.03	65.23	329427.00

续表

年份	钢材 （万吨）	丝 （吨）	机制纸及纸板 （万吨）	水泥 （万吨）	发电量 （万千瓦时）
1995	25.45	665.00	6.08	152.56	294375.00
2000	32.25	990.00	2.37	202.00	278527.00
2005	222.57	1851.00	2.87	198.00	230181.00
2010	276.71	11044.00	57.55	1301.30	457606.00
2011	299.39	639.00	46.26	1172.80	418582.00
2012	376.69	522.00	23.23	864.82	385763.00
2013	457.70	777.00	21.98	637.22	504538.00
2014	348.98	764.00	19.10	632.27	572472.00
2015	288.05	831.00	15.12	553.71	359467.00
2016	320.37	1034.00	20.66	561.03	345697.00
2017	411.19	548.00	13.34	617.12	367427.00
2018	488.72			738.20	

资料来源：《内江市统计年鉴2018》，《2018年内江市国民经济和社会发展统计公报》。

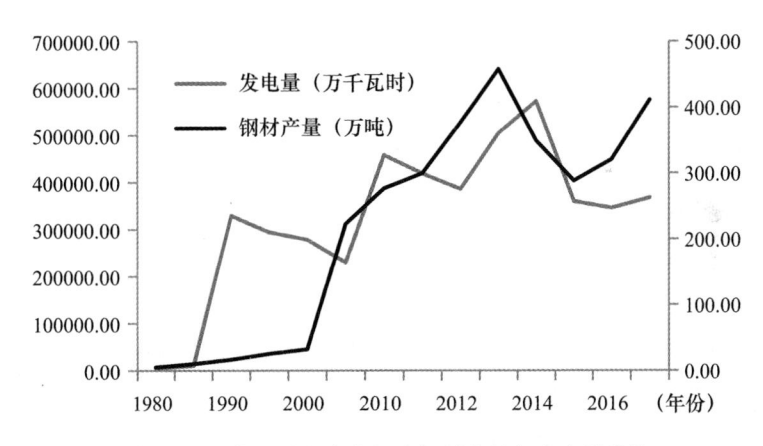

图4.5 改革开放以来内江市钢材产量与发电量趋势

注：右轴是钢材产量。

资料来源：《内江市统计年鉴2018》。

2018年，内江市第二产业增加值为610.80亿元，增长8.4%，虽规模较小但增速较快。规模以上工业企业为316家，规模以上工业增加值增长9.3%。五大传统支柱产业增加值增长10.1%，其中，冶金建材产业增长10.4%，食品饮料产业增长4.2%，机械制造产业增长17.5%，医药化工产业增长8.8%，电力能源产业增长1.6%。

全市重点监测的48种主要工业产品有34种增长，增长面为70.8%。全年规模以上工业企业产销率为98.6%。全市规模以上工业经济效益综合指数114.5%，比上年上升26.9个百分点。总资产贡献率为12.1%，比上年下降5.2个百分点。

表4.6　　　　　内江市主要工业产品产量

指标	2018年	2017年
商品混凝土（万立方米）	231.4	183.6
瓷质砖（万平方米）	2103.8	1868.0
饮料酒（万千升）	13.1	19.0
饲料（万吨）	91.3	131.5
水泥（万吨）	738.2	617.1
钢材（万吨）	488.7	411.2

资料来源：《2018年内江市国民经济和社会发展统计公报》，《内江市统计年鉴2018》。

从分行业的规模以上工业企业来看（见表4.7），内江市支柱产业是黑色金属冶炼和压延加工业、非金属矿物制品业，2017年两个行业工业总产值合计569.96亿元，占全部工业总产值的51.92%；通用设备制造、专业设备制造、汽车制造等6个机械制造行业工业总产值174.71亿元，占全部行业的15.92%；农副食品加工业、食品制造业以及酒、饮料和精制茶制造业是第三大工业板块，三大行业工业总产值120.74亿元，占比为11.00%；另外，医药制造业、化学原料和化学制品制造业及纺织业的工业总产值都超过了30亿元。

表4.7　　　分行业内江市规模以上工业总产值（2017年）

行业	工业总产值（亿元）	市中区	东兴区	威远县	资中县	隆昌市
工业	1097.77	152.85	52.03	513.31	50.22	329.12
采矿业	29.46			16.65	6.25	6.56
煤炭开采和洗选业	21.75			16.65	5.10	
石油和天然气开采业						
黑色金属矿采选业						

续表

行业	工业总产值（亿元）	市中区	东兴区	威远县	资中县	隆昌市
有色金属矿采选业						
非金属矿采选业	7.71				1.15	6.56
开采辅助活动						
其他采矿业						
农副食品加工业	64.57	13.27	13.25	7.54	0.22	30.30
食品制造业	20.46	0.22	0.70	2.55	1.15	15.84
酒、饮料和精制茶制造业	35.71	1.45	0.44	1.70	22.79	9.31
烟草制品业						
纺织业	35.38		1.06	1.30	0.85	32.21
纺织服装、服饰业	1.02	1.02				
皮革、毛皮、羽毛及其制品	21.40		3.61			17.77
木材加工和木竹藤棕草制品	0.42			0.24	0.19	
家具制造业						
造纸和纸制品业	6.01	0.73		2.92	0.52	2.00
印刷和记录媒介复制业	0.45	0.22				0.22
文教、工美、体育和娱乐用品	1.13	0.43				0.70
石油加工炼焦和核燃料加工业	1.51			1.51		
化学原料和化学制品制造业	39.21	12.67		6.73		19.80
医药制造业	50.48	13.64	1.84	5.57	1.22	28.21
化学纤维制造业						
橡胶和塑料制品业	22.81	0.28	2.25	8.06	0.48	11.73
非金属矿物制品业	146.78	12.70	6.59	41.06	13.58	72.85
黑色金属冶炼和压延加工业	423.18		5.73	408.65		8.80
有色金属冶炼和压延加工业						
金属制品业	2.27	0.85				1.42
通用设备制造业	47.41	27.69	2.60	0.67		16.46
专用设备制造业	38.62	18.26		5.70	0.22	14.43
汽车制造业	28.63	3.88	8.30			16.45
铁路、船舶、航空航天和其他	17.25	0.33				16.92

续表

行业	工业总产值（亿元）	市中区	东兴区	威远县	资中县	隆昌市
电气机械和器材制造业	15.80	10.21	0.45			5.14
计算机、通信和其他电子设备	27.00	26.00				0.29
仪器仪表制造业						
其他制造业	0.38				0.38	
废弃资源综合利用业	2.96					
金属制品、机械和设备修理业			1.86	1.10		
电力、燃气和水	17.83	8.72	3.37	1.35	2.48	1.79
电力、热力生产和供应业	9.56	7.90	0.21		1.45	
燃气生产和供应业	6.29		3.16	1.00	0.80	1.20
水的生产和供应业	1.98	0.82		0.35	0.23	0.59

资料来源：《内江市统计年鉴2018》。

从工业在区县的分布来看（见图4.6），威远县工业总产值接近全市的一半，隆昌市占30%，市中区和东兴区合计占19%，资中县工业总产值为50.22亿元，占全市的4%。

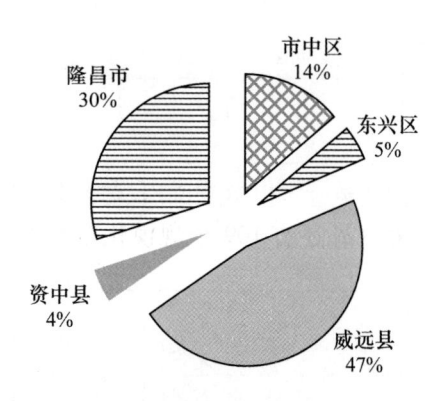

图4.6 按区县分内江市工业总产值分布（2017年）

资料来源：《内江市统计年鉴2018》。

（二）沱江流域水污染形势仍然严峻

一是水环境质量有所下降。2016年内江市22个地表水监测断面水质优良率仅为13.6%，较2015年下降21.4个百分点。纳入省级考核的沱江干流、乌龙河、隆昌河和威远河水体水质均不达标，大清流河、小青龙河水质均呈下降趋势且也不达标，球溪河受上游输入型和资中段场镇生活污水的影响，总磷超标严重，水质恶化为劣Ⅴ类，威远河因水资源过度开发，葫芦口水库大坝未预留下泄流量以保障下游河段生态流量，城区及以下河段在枯水季节基本断流，枯水季节威远河水质达标仍有难度。

二是饮用水源保护亟须加强。花园滩水源地保护区范围内存在生活排污口、违章建筑和餐饮活动，虽然已将城市集中式饮用水源取水口从花园滩上移至对口滩，但沱江流域上游由于不必依赖沱江作为饮用水源，沿线布局了重大化工项目，内江市沱江干流入境断面就已不达标，对对口滩饮用水水源地水质造成影响。隆昌县古宇湖水源地保护区范围内仍有居民生活和农家乐经营活动，内江市、资中县和隆昌县均未划定和建设备用水源地，威远县备用水源地水质已失去饮用水功能，亟须更换。2016年全市乡镇饮用水水质达标率仅为62%，排名全省倒数第二。

三是黑臭水体整治进展缓慢。全市11处黑臭水体，仅谢家河和小青龙河启动了实质性工作，其余均处于前期准备阶段。城市污水处理厂提标扩能工程总体进展偏慢，威远县污水处理厂处理能力饱和，部分生活污水直排威远河。

四是畜禽养殖污染问题突出。畜牧业发展没有统筹考虑环境承载能力和污染防治要求，部分养殖场沿江沿河布局，种养配套严重脱节，污染防治与综合利用设施严重滞后，畜禽废弃物难以得到有效利用，成为影响水环境和土壤环境的重要因素。全市禁养区内规模化养殖场35个，仅有10个完成搬迁关停，禁养区外还有109个规模化畜禽养殖场（小区）未配套建设污染治理设施。

五是农村环境污染普遍。虽然全市71.3%的乡镇建设了生活污水集中处理设施，但全市乡镇污水收集管网总计建成仅207.33千米，污水收集率较低。部分乡镇生活污水处理站运行不正常，散居农户生活污水直排现象仍然非常严重。农药、化肥污染治理效果不佳，2017年1—6月化肥施用量为65646吨，仅比上年同期减少0.71%。

六是流域岸线植被覆盖破坏严重，全市水土流失面积达2447.52平方千米，占辖区面积的45.45%。在绿化沱江流域工作中，土地难以落实，调查发现，河流两侧及水库四周尚未绿化土地多为基本农田保护区，禁止植树造林。加之此区域多为农民常年种植的菜地，经济价值高，农民不愿拿出土地种树，造成可造林地难以落实。激励措施不够，财政资金投入压力大。截至 2019 年，大部分县区都没有出台补助政策。沱江干流绿化被纳入民生实事目标，要求县区配套经费，多数县区财政难以承诺足额配套。市及县区财政没有专门预算资金用于沱江流域绿化，无财政资金的杠杆作用，难以撬动社会资金投入。树种选择限制难以调动周边群众的积极性。由于沱江两侧主要注重生态效益发挥，营造林多为防护林树种，经济效益低，农民难以接受，推进工作受阻。

七是部分企业废水排放未稳定达标。辖区内小、散、乱、污企业较多，大部分企业负责人环保意识薄弱，企业污染治理设施投入资金不足，污染防治设施处理能力与生产能力严重不匹配，偷排、直排、超标排放时有发生。工业园区环保基础设施不到位。全市 7 个重点工业园区有 5 个未按照环评要求，建成工业污水集中处理设施（或配套的城市污水处理扩容工程），园区废水大多通过市政管网排放，威远镇西食品工业园、资中经开区等县级产业园区尚未建成污水集中收集处理设施。

二 对策建议

（一）加快推进"四新一大"产业发展

新材料产业。围绕钒钛、稀土材料，大力发展含钒钢、钒精细化工、钛合金及高档钛材等高端产品，积极发展新型功能材料、高性能纤维及其复合材料、超硬材料等新材料。力争到 2023 年，建成一个产业布局合理、区域协同良好、产学研用结合紧密、管理服务体系健全，具有较强自主创新能力、富有特色和竞争力的内江市新材料产业发展体系。建设国内先进的含钒新型材料产业基地、西部最大的玻璃纤维复合材料产业基地以及成渝经济区新材料产业配套生产示范基地。一要做大钒钛和含钒新材料。加快附加值高、技术含量高、市场前景好、竞争力强的钒电池、钒氮合金、高钒铁等钒钛深加工和含钒新材料及抗震高强度钢筋等新材料产业化，进一步做大钒钛和含钒新型材料产业规模，着力延伸钒钛资源综合利用产业链、价值链，建设西部钒钛资源综合利用基地。二要做深高性能复合材料。依托"高性能玻纤—玻纤织物—玻纤复合材料"一条龙深加工体系，大力发展车用复合材料、SMC模压产品、热塑性复合材料和电子覆铜板等产品，进一步延伸产业链，辐射带动发展更多下游企业，形成特色产业园区。三要做强建筑新材料。加快玻璃深加工，做大、做强装配式建筑材料、建筑废弃物再生产品、功能混凝土制品、负氧离子防滑远红外陶瓷等产品，积极探索发展外墙涂料、玻璃、地板、地砖等新型产品，提升建筑材料产业整体竞争力。四要做精新型功能材料。大力发展新功能高分子材料等功能材料产业，进一步做精平面材料表面改性镀膜、高分子合成功能改性复合膜材、电缆阻燃材料、双层耐磨聚乙烯复合新型管材和煤矿井下、给水、燃气新型管材等系列产品，大力研发石墨烯等新产品，有效提升产品市场占有率。

新装备产业。充分发挥行业协会、联盟的桥梁作用，推动新装备产业集群式、高端化发展，引导企业加强关键零部件技术攻关，协同创新、抱团发展。积极推进智能制造，大力推行"机器换人"，推动工业机器人及智能装备的应用和产业化。力争到2023年，全市新装备产业总体规模达到400亿元，建成成渝经济带新装备产业示范城市。一要提升传统机械产品。把转型升级作为激活传统动能的主要着力点，稳步推进发动机、数控机床、水利水电成套设备、矿山机械、油气机械设备和医疗器械六大传统机械产品改造提升，继续扩大市场影响，形成工业发展新动能。二要做大做强车用零部件。立足全市机械汽车零部件产业基地优势，继续做强做大传统机械汽车零部件，形成由铸件、机件、部件与总成一体化的产业链条，积极推进主导产品结构升级和智能化改造。结合汽车排放法规及油耗法规要求，大力推进产品结构由单一零部件加工向总成化、系统化和模块化方向发展，不断提升汽车关键零部件的技术与质量水平。充分发挥"中国汽车（摩托车）零部件制造基地"优势，做大做强曲轴、车镜、车架、减震器、高铁闸瓦（片）、绿色铸造六大车用零部件，不断提升产品档次，加快延伸产业链条，力争进入知名跨国车用企业市场供应链。三要培育智能装备制造。培育一批具备较强市场竞争力的智能装备龙头企业，进一步完善智能装备生产制造体系，加快推进"军民融合"，积极培育工业机器人、新能源汽车、轨道交通及周边设备、自动化成套设备生产线等智能制造产品，加快打造智能装备制造基地。四要鼓励发展特色产品。大力推动高铁扣件、农业机械、预埋槽道、高精密齿轮夹具四大特色产品改造升级，发挥现有技术优势，充分挖掘行业潜能，引导企业走好"专精特新"之路，鼓励企业集群式发展、抱团式发展，提高核心竞争力，不断积聚未来发展优势。充分挖掘行业潜能，依托中铁建，兴明秦，神舟机电等龙头企业，大力发展高铁扣件、农用机械、预埋槽道和高精密齿轮夹具等特色装备产品，进一步提升特色装备制造业生产水平和发展后劲。

新医药产业。积极发展生物药品产业，重点发展创新药物和生物育种，开发以生物技术药物、新型疫苗、诊断试剂等为重点的创新药物研发和生产。推进以先进医疗设备、医用材料等为重点的生物医学工程产品的研发和产业化。支持发展高产、优质、抗病、抗逆生物育种产业，加快生物基材料发展，鼓励企业到国外注册商标、注册产品，支持企业参与国际认证。力争到2023年，全市新医药产业总体规模达到100亿元，全市生物生化药和现代中药特色更加突出，中药、中成药支柱地位进一步巩固，药食两用产品跨越发展，化学制药、医疗器械和新医药衍生品加快发展，新医药产业体系更加完善。一要改造提升化学药与原料药。以梓橦宫药业、菲德力制药等医药企业为重点，大力改造提升传统医药企业，巩固世界第一的维D2、全国第一的人工硫黄和甲状腺原粉等品牌优势，围绕医药传统品牌和比较优势，延伸产业链，推动传统医药企业进一步做精做细。二要深度开发现代中药。依托栀子、山药、姜黄、附子等药材资源，鼓励梓橦宫药业、菲德力制药、百胜药业等骨干企业联合高校院所开展中成药、中药饮片及中药保健品的研发，打造包含中药材GAP种植、中药饮片加工、中药提取物、中成药、销售物流的完整产业链。三要培育壮大生物技术医药。依托汇宇制药的单克隆抗体药物研发与中试基础，大力支持抗肿瘤类注射液的研发、生产和销售。将已经在欧洲上市的产品，通过技术转移实现在中国的产品注册。完成在研品种在中国、欧洲、美国的产品注册。到2023年在全球60个国家和地区寻求合作伙伴，共同搭建全球性的销售网络和平台。四要加快发展新型兽药。大力支持恒通制药、维尔康动物药业、康而好动物药业等骨干企业加快研发新型兽用抗菌药物、抗生素、兽用疫苗等高端产品，大力发展有提高机体免疫力、改善机体微循环、功能性恢复等功效的绿色、无残留的中兽药，不断向兽用保健品延伸。五要拓展新医药衍生产业。大力发展药食两用产品，推动内江大宗药材进入新资源食品目录，依托弘升药业、百胜药业、千草生物、涪丰药业等中医药生产企业，进一步优化生产工艺、强化质量管控提升现有优势品种的产能和市场占有率。培育或引进掌握先进炮制工艺的企业，应用中药饮片炮制工艺规范化技术，中药饮片小包装压块、分装技术，促进小包装、曲类、袋泡、中药微米药材等中药饮片规模化生产，加快精制饮片的生产工艺研究和推广，促进新医药与健康养生产业融合发展，在种植、制造、物流、医疗、健康管理等产业链上培育新业态。六要推进建立完整医药产业链。进一步扩大医药原料种植规模，以市中区、东兴区城郊型现代农业示范园区，隆昌县平坝型现代农业示范园区，资中县、威远县浅丘型现代农业示范园区为核心，建设可持续、多元化、特色化的中药材种植基地。支持企业采用"公司＋基地＋农户"或其他积极有效的经营模式，争取1—2个中药材的种植研究基地达到国家GAP认证要求。实现医药工业与农业特别是中药材种植业发展的良性互动，推动内江中药材规范化、规模化和产业化发展。大力发展医药器械等医药配套产业，大力引进和培育医药服务企业，积极推广O2O电子商务模式，积极创建医药服务产业园，进一步延伸产业链，带动相关产业同步发展。

新能源产业。积极推广新能源汽车运用，注重培育新能源汽车装备制造企业，完善新能源基础设施建设，重点推进页岩气勘探开发，着力延伸页岩气综合利用产业链条，整体推进页岩气产业发展，鼓励清洁电能技术应用推广，支持风、光、生物质发电项目建设，支持分布式能源项目建设，力争到2023年，内江成为全省重要的新能源产业多元发展城市。一要大力发展页岩气产业。加快全市页岩气勘探开发，大力推进中石油、中石化页岩气勘探开发工作，力争到2023年，完成页岩气勘探开发投资284亿元，开钻井463口，实现产能85亿立方米；推广页岩气综合利用，积极支持华电白马发电厂原址开展燃气替代项目，积极推进CNG/LNG加气站项目建设；着力培育相关装备制造业及服务业发展。二要壮大清洁能源产业。积极推动电能替代，实施以电代煤、以电代油工程，开展电蓄冷蓄热，稳步提高电能占终端能源消费的比重；鼓励天然气分布式能源、生物质能发电和城市垃圾焚烧发电项目建设，加快推进海诺尔110配网工程建设，积极推进资中垃圾焚烧发电项目开展前期工作。三要努力发展新能源汽车产业。着力培育新能源汽车装备制造产业发展，统筹科学布局全市充电基础设施建设，加快实施河北跃迪纯电动汽车整车生产项目以及电动汽车整车生产基地项目、新能源汽车研究院项目，力争在2023年前建成1个年产20万辆纯电动汽车的整车生产基地；积极支持本地汽车零部件企业和能源装备企业转型升级，积极培育内江禄盛源新能源汽车、四川大尔电器、威玻凤凰房车等企业，鼓励社会资本参与充电基础设施建设，做大做强做实内江新能源汽车产业。

大数据产业。抓好大数据中心日常运行，推进数据共享开放，推进信息安全产业孵化园建设，持续开发以数据安全技术为核心的数据安全产业产品的研发和产业化，加快电子信息产业配套产品发展，强化大数据安全保障。力争到2023年，内江建成"成渝经济区电子信息产业配套基地"，大数据汇聚整合与运用取得阶段性成果。一要加强大数据基础设施建设。强力推进政务信息系统整合共享工作，加快梳理信息资源清单，制定数据共享标准，构建公共信息资源开放平台。依托内江大数据中心，建立支撑非涉密电子政务系统运行使用的电子政务云平台，搭建政务信息资源共享交换平台。严格落实《内江市政府信息化项目集约建设管理暂行办法》要求，组建信息化项目建设评审专家库，加强和规范信息化项目建设统筹、集约建设，促进条块联通、资源共享、多方利用。全力抓好"宽带中国"示范城市建设，加快4G无线宽带普遍服务攻坚，进一步提高城乡宽带网络覆盖的广度和深度；加快5G的布局和商用步伐，力争在全省率先实现5G商用。加快推进四川（内江）党政信息网络空间安全示范工程，构建大数据安全运营服务平台，推动各类异构云中数据的安全融合与共享应用，为政府、社会以及个人提供安全、可信、可靠的数据资源服务。二要扩展大数据应用范围。深入实施"互联网+"行动，支持北青数据公司，利用西南企业云平台，开展工业大数据深度挖掘、分析，推动产业创新发展。加快全市信用信息共享平台和信用中国（四川内江）门户网站建设，创新服务和监管模式，推进全市社会信用体系建设。依托全市食品药品信息化监管平台、智慧旅游、智慧城管等行业信息化平台，整合各类信息资源，深度开发教育、就业、住房、交通等行业大数据应用，推进公共服务均等化、普惠化、便捷化，不断提升政府治理能力和民生服务水平。三要发展电子信息制造业。以海德科技、三龙电子、金田光缆等企业为代表，突出发展各型连接器、束线器、数据电缆、液晶显示屏、电容设备、通信电缆、民用、军用连接线、线束和单晶铜等电子部件，大力支持三龙电子引进高端设备生产大尺寸显示屏、曲面柔性显示屏，加快推进海德科技厦门新能源新材料及电子产业工业园、凯创科技教育信息产业园等项目；依托巨腾国际（内江）五期扩大工程项目和四川富乐德科技OLED及半导体部件洗净生产项目，大力发展金属笔记本电脑外壳、精密洗净、零部件加工等电子配套产品生产及服务产业，延长电子信息产业链条。四要强化大数据安全配套。积极拓展数据安全产品与技术，充分发挥效率源在数据恢复、修复、视频侦查等信息安全核心技术产品方面的优势作用，重点支持效率源与西北工业大学合作研发网络信息安全、飞行器感知控制与通信导航等技术，推进效率源DVR视频全能提取系统及设备产业化、巧夺天工电子数据智能工作站等重点项目落地。加快经开区信息安全产业孵化园、巧夺天工信息安全产业基地等项目建设，大力引进网络通信安全、物理安全、主机及其计算环境安全等数据安全企业，逐步形成数据安全产业集聚发展。加大与电子科技大学、中国电科三十所、三十二所、内江师范等院校的合作力度，重点支持电子科技大学建设下一代互联网数据处理技术研究所（国家级重点实验室），加快推动效率源内江师范学院建设"智能数据分析与取证"四川省重点实验室实现成果转化。抓好省级政务云异地灾备中心建设和运营，积极培育和发展灾备产业，为争取国家级电子政务云灾备中心布局四川打下坚实基础。

（二）继续加强沱江流域绿色发展

1. 进一步加强试点工作统筹。一是定期召开项目分析会。每月定期组织召开流域治理项目分析会，研究解决项目推进中存在的问题和困难，加快推进项目建设。重点抓好26个流域治理重点项目，加快沱江流域水环境综合治理、城乡垃圾处理设施建设2个PPP项目开工建设。二是强化河长制统领作用。坚持将河长制作为沱江流域综合治理工作的重要手段，以上下联动、左右协同为着力点，突出系统治理、源头治理、依法治理、长效治理，促进水生态环境质量的持续改善。三是实现上下游共同治理。加强总体规划与各市治理方案、治理项目的对接和沟通。推动全流域水质监测站网体系和调度系统建设，完善沱江流域（内江段）水资源保护监测及综合管理体系，推动水污染治理信息共享。

2. 进一步加强流域水环境治理。落实水污染防治行动，实施沱江流域（内江段）试点实施方案，持续推进沱江干流、球溪河、威远河等水体达标方案，切实改善水质。加强沿岸化工企业综合整治，对重点污染企业进行污水处理设施限期提标升级改造，加快重点工业园区污水处理厂建设进度，规范企业排污口设置、在线监测与台账记录。继续推进畜禽养殖专项整治，加快资中县畜禽粪污资源化利用整县推进项目建设。全面完成城市建成区11条黑臭水体整治。扎实推进大规模绿化内江行动及"五清"行动，持续提升农村人居环境。

3. 进一步加强流域水环境管控。严格执行《水污染防治法》《内江市甜城湖保护条例》等法律法规，加大对重点行业、重点领域、重点部门的水环境安全专项执法检查，坚决打击非法采砂、破坏岸线、污染水源等违法行为。实施最严格的水资源管理制度，狠抓"三条红线"管理，建立健全以水资源消耗总量和强度双控指标为核心的考核体系，严格水资源总量、强度指标管理，强化用水总量控制，全面开展重要水功能区监测。完成长江经济带战略环评"三线一单"（生态保护红线、环境质量底线、资源利用上线和环境准入负面清单）的编制和空间管控。建立内江沱江流域市场准入负面清单管理制度，管好"空间准入"、限制"环境准入"、优化"产业准入"，进一步推动长江经济带绿色发展。

4. 几点建议。一是探索建立常设机构。由于受制于机构设置和编制等因素，内江市流域治理的常设机构未得到落实，建议四川省政府能够建立起流域治理综合管理部门，进一步理顺流域治理职能，将河长制办公室、节水办、污染治理等相关职能职责进行统筹，形成统一、集成的流域综合管理体制。二是探索建立沱江流域城市联席会。建议联合上下游城市发起沱江流域沿线城市流域治理联席会议，把沱江流域涉及的德阳、绵阳、成都、资阳、眉山、乐山、内江、自贡、泸州、宜宾10市35个县（市、区）全部纳入治理范畴，共同研究解决上下游协同治理存在的问题，共同实施沱江流域治理规划、治理方案的对接和沟通，在专业技术人才、先进治理技术等方面实现共享，共同构筑长江上游绿色生态屏障。三是探索设立"沱江流域绿色发展基金"。建议在全省现有20余支基金的基础上，将部分运作效益较差的基金进行拆分，重新整合组建沱江流域绿色发展基金，重点支持流域环保基础设施建设、水环境保护和水污染治理，服务于绿色经济产业、可循环发展产业等实体经济发展，推动可持续发展。四是探索建立"沱江流域生态补偿资金"。建议由省级部门主导建立生态补偿机制,由省级财政和流域范围内各市特别是成都、资阳、内江、自贡、泸州等沱江干流流经的市级财政共同出资,建立生态补偿资金,制定科学合理、奖惩分明的生态补偿制度,推动生态补偿工作落地落实。五是探索流域空间管控路径。结合四川省正在开展的《四川省沱江流域水环境保护条例》制定工作,开展流域空间立法前期研究工作,力争将内江市对流域治理空间管控工作的思路上升到省级层面,以法律保障空间管控硬性要求。完善地方空间规划体系,增强政策的延续性和严肃性,切实推动流域空间管控持之以恒落地落实。六是加快启动生态基流调剂规划。枯水期加大外域引水量是解决沱江枯水环境容量问题切实有效的应急措施。建议由省级部门牵头,眉山、乐山、内江、自贡、宜宾五市政府抽调人员组建长征渠引水工程前期工作机构,尽快启动长征渠引水工程规划修编,争取早日开工建设长征渠引水工程。七是建立统一的生态环境监测网络。建立全流域统一布局,覆盖环境质量、重点污染源、生态状况的生态环境监测网络,建立沱江流域入河排污口监控系统、水质监测预警系统、有毒有机污染物监测预警等监测网络,逐步实现流域水质变化趋势分析预测和风险预警。

(三) 从国家层面优化绿色低碳循环发展的税收支持政策

1. 相关税收优惠目录有待更新扩展。以《资源综合利用产品和劳务增值税优惠目录》和《资源综合利用企业所得税优惠目录》为例,具体优惠目录多采取列举式。随着经济与资源综合利用科技的不断发展,在发展绿色低碳循环经济的道路上,企业可采取的方式方法呈现多样性,企业生产经营中符合绿色低碳循环经济实质的,但不一定列入相关目录,也就不能享受相关税收优惠,进而可能束缚一家企业乃至一个行业的发展。建议扩大《资源综合利用产品和劳务增值税优惠目录》和《资源综合利用企业所得税优惠目录》。

2. 实施废旧物资回收增值税进项税额核定扣除。当前废旧物资回收(收购销售、加工)企业难以取得增值税进项抵扣,税负较重,一定程度上制约绿色低碳循环经济发展。针对这个问题,建议可参照目前农产品增值税进项税额核定扣除办法解决废旧物资回收进项抵扣不足的问题,切实有效降低废旧物资回收企业税负,促进绿色低碳循环经济发展。

结 语

加快推进绿色低碳循环发展经济体系建设[①]

党的十九届五中全会指出,在"十三五"期间中国的"污染防治力度加大,生态环境明显改善",但生态环保仍然仍重道远。会议审议通过的《中共中央关于制定国民经济和社会发展第十四个五年规划和二〇三五年远景目标的建议》,建议"十四五"期间"生态文明建设实现新进步,国土空间开发保护格局得到优化,生产生活方式绿色转型成效显著,能源资源配置更加合理、利用效率大幅提高,主要污染物排放总量持续减少,生态环境持续改善,生态安全屏障更加牢固,城乡人居环境明显改善",到二〇三五年时"广泛形成绿色生产生活方式,碳排放达峰后稳中有降,生态环境根本好转,美丽中国建设目标基本实现"。概括而言,"促进经济社会发展全面绿色转型,建设人与自然和谐共生的现代化"是未来五到十五年中国发展的重要任务。唯有统筹推进"五位一体"总体布局、贯彻落实新发展理念,加快建设绿色低碳循环发展经济体系,经济社会发展的全面绿色转型才可能尽早实现。

本书通过理论分析以及对台州市、威海市、六盘水市、内江市绿色低碳循环发展经济体系建设实践的调研,对当前中国绿色低碳循环发展经济体系建设状况有了一个初步了解,第一章至第四章所报告的内容也可为不同类型地区建设绿色低碳循环发展经济体系提供借鉴和参考。由于台州市、威海市、六盘水市、内江市具有不同的资源禀赋、区位和地理条件,

---

① 本部分执笔:张友国。

所处的发展阶段也不同，因而这四个城市的绿色低碳循环发展经济体系不仅建设水平不同，在建设路径上也有差异，但是这四个城市在建设绿色低碳循环发展经济体系的过程中还是形成了一些具有普遍意义的宝贵经验，同时也反映了一些具有共性的问题。本部分试图在这四个典型地区调研的基础上，对当前中国绿色低碳循环发展经济体系的建设模式、取得的经验、面临的问题与挑战进行总结，继而提出相关对策建议。

一 绿色低碳循环发展经济体系建设的几种典型模式已初步显现

如前言所论，绿色低碳循环发展是绿色发展、低碳发展、循环发展的交集，必须同时体现三者的特征，但是在实践过程中，由于国家层面先后实施过生态园林城市试点、循环经济试点城市、低碳城市试点等战略，不同地区根据自身情况可能先后对接过相关战略，或主动制定实施过类似战略，因而不同地区建设绿色低碳循环发展经济体系的基础、选择的切入点或侧重点会有所不同，从而形成自身的绿色低碳循环发展经济体系建设模式。结合国家层面先后实施过的与绿色低碳循环发展经济体系建设相关的战略，从理论上来看，可能存在如下三种绿色低碳循环发展经济体系建设模式：一是绿色经济主导型建设模式，二是低碳经济主导型建设模式，三是循环经济主导型建设模式[①]。

（一）绿色经济主导型建设模式

绿色经济主导型建设模式，其特征是选择这种模式的地区本身具有较强的绿色经济发展历史和发展基础（如支柱产业都是环境友好型产业），经济体系的绿色转型发展压力较小。绿色经济主导型建设模式首先得益于相关地区较早地意识到生态环境的重要价值，始终坚持实施生态环境友好型的发展规划、政策，在生态环境保护方面采取了比较严格的措施。同时，国家从上到下的大力推动，也为相关地区的绿色发展、生态建设、环境保护创造了良好的氛围，提供了强大的支持。住房城乡建设部从1992年开始就组织开展园林城市创建工作，2004年又启动国家生态园林城市

---

① 从本书所涉及的台州市、威海市、六盘水市、内江市的实践来看，这四个城市的绿色低碳循环发展经济体系建设模式可归为上述建设模式中的两类：一是绿色经济主导型建设模式，以威海市为代表；二是循环经济主导型建设模式，台州市、六盘水市、内江市可归为此类。

创建工作。国家生态园林城市对于相关城市生态功能的完善、城市建设管理综合水平以及为民服务水平的提升起到了很好的推动作用，也为这些城市的绿色低碳循环发展经济体系建设奠定了良好的基础。

本书选取的调研城市中，威海市就是首批国家生态园林试点城市。以威海市为例，"生态立市"的初始战略选择是该市形成上述绿色低碳循环发展经济体系建设路径的原动力。威海市在成为地级市之初，为了塑造自身的独特优势，特别是为了与邻近的青岛和烟台形成差异化发展战略，确立了"生态立市"的发展战略，并在过去的几十年中坚定不移地贯彻落实这一战略。因此，威海市在不同阶段所选择的主导产业都是环境友好型产业，技术含量和附加值也相对较高，从而形成了当前以信息技术、新医疗器械、先进装备、碳纤维材料、海洋产业、旅游为代表的绿色低碳循环发展产业体系。同时，过去十余年中国家对循环经济和低碳发展战略的大力推动，使威海市高度重视循环经济建设和节能减碳工作，在关键领域和行业开展了大量相关工作。由此，威海市将低碳发展和循环发展融入其长期坚持的绿色发展，形成了自身建设绿色低碳循环发展经济体系的独特路径。

(二) 低碳经济主导型建设模式

低碳经济主导型建设模式，其特征是以节能和新能源发展为主要抓手，带动生态环境保护和资源循环利用。这种模式的出现也有其深厚的现实基础。自2009年中国提出2020年单位GDP碳排放在2005年的基础上下降40%—45%的目标后，国家发改委即着手统筹推动相关工作。一些省市也积极主动地提出了自身的低碳发展计划并开展工作。鉴于中央和地方两方面低碳发展的积极性都很高，2010年7月19日，国家发改委下发了《关于开展低碳省区和低碳城市试点工作的通知》（发改气候〔2010〕1587号），确定首先在广东、辽宁、湖北、陕西、云南五省和天津、重庆、深圳、厦门、杭州、南昌、贵阳、保定八市开展低碳试点工作。2012年11月26日，国家发改委下发了《国家发展改革委关于开展第二批低碳省区和低碳城市试点工作的通知》（发改气候〔2012年〕3760号文件），确立了包括北京、上海、海南和石家庄等29个城市和省区在内的第二批低碳试点省区或城市。2017年1月7日，国家发改委发布了《国家发展改革委关于开展第三批国家低碳城市试点工作的通知》（发改气候

〔2017〕66号),将内蒙古自治区乌海市等45个城市(区、县)确定为第三批低碳试点城市。

在上述地区开展低碳试点工作,也为这些地区的绿色低碳循环发展经济体系建设奠定了良好的基础。按照试点工作要求并经过近十年的积极探索,不少试点地区已经根据本地区自然条件、资源禀赋和经济基础等方面情况,逐步摸索出了适合本地区的低碳绿色发展模式与发展路径,在低碳发展制度建设、能源优化利用、低碳产业体系建设、绿色低碳生活方式等方面取得了显著进步,为本地区实现碳排放峰值和控制碳排放总量提供了保障。这些低碳试点地区在建立以低碳为特征的工业、能源、建筑、交通等产业体系和低碳生活方式的过程中,也有力地促进了本地区绿色发展和循环发展,继而促进了本地区绿色低碳循环发展经济体系的形成。

例如,作为低碳试点城市的北京市,其绿色低碳循环发展经济体系建设水平在省级层面居第一位(张友国等,2020),其绿色低碳循环发展经济体系建设模式就是低碳经济主导型建设模式。在成为低碳试点城市前,特别是自"十一五"时期开始,北京市就已经开展了大量低碳城市建设工作,包括建立起由市领导任组长、32个部门主要负责人任成员的市级应对气候变化和节能减排工作领导小组,颁布实施了地区性节能法和应对气候变化与节能降耗的工作方案与规划,开展了一系列相关基础研究,并出台了能源消费总量控制等一系列制度,并积极开展应对气候变化的国际合作。这些前期工作为北京市开展低碳试点工作创造了有利条件,并助其顺利入选第二批低碳试点城市。随后,北京市就制订了《北京市低碳城市试点工作实施方案(2012—2015年)》,开展了一系列重大行动。例如,通过低碳管理标准化行动,完善了评价指标、技术规范、管理指南、产品标识等标准体系;通过产业低碳化升级行动,着力培育低能耗高端产业,淘汰高能耗、高排放企业,优化调整产业功能布局;通过能源清洁化行动,实施煤炭削减和城区无煤化工程、天然气利用覆盖面拓展工程、可再生能源利用总量倍增工程等;在建筑、交通等重点领域深入挖掘节能降耗潜力;进一步完善碳排放交易机制、相关统计监测体系;进一步强化低碳科技创新;打造了一批低碳示范工程。同时,北京市还大力推进废弃物处理和污染防治,深入推动园林绿化提质增汇行动,并实施了一系列协同推进节能低碳和循环经济发展的政策(如《北京市推进节能低碳和循环经济标准化工作实施方案（2015—2022年）》），从而在大力开展低碳试点工作的同时，促进了自身的绿色经济和循环经济发展。

（三）循环经济主导型建设模式

循环经济主导型建设模式，突出了资源节约和高效利用的特征，同时将绿色经济和低碳经济发展有机嵌入循环经济体系。这一模式的形成得益于过去20多年来中国大力推进的循环经济发展战略，自党的十八大将生态文明建设纳入中国特色社会主义建设"五位一体"总体布局后，已经在中国倡导多年的循环经济建设得到了进一步强化。2013年国家发展改革委批复确定了首批40个国家循环经济示范城市建设地区，2015年国家发展改革委发布《关于开展循环经济示范城市（县）建设的通知》（发改环资〔2015〕2154号），将61个地区确定为2015年国家循环经济示范城市（县）建设地区。按照申报条件，这些城市必须已经正式出台了循环经济发展规划、方案、计划并有明确的组织协调机构或机制，具备清晰的循环经济产业链条，培育形成了循环经济产业或产业集聚区，同时节能减排年度和进度任务都已完成。根据考核要求，国家循环经济示范城市（县）建设地区，必须把循环经济理念融入产业发展、城市基础设施建设、消费等生产和生活领域的各层面、各环节，并通过循环发展带动绿色发展和低碳发展，提高城市（县）生态文明水平。

台州市和六盘水市就是2015年确定的国家循环经济示范城市（县）建设地区，因此这两个城市的绿色低碳循环发展经济体系建设就比较明显地呈现出以循环经济体系建设为突破口的建设模式。内江市虽然不属于国家循环经济示范城市（县）建设地区，但其绿色低碳循环发展经济体系建设总体上也呈现出以循环经济体系建设为突破口的建设模式。当然，这三个城市在具体的战略路径选择上又有所不同。

台州市选择了以大循环经济体系建设为突破口的建设路径。一方面台州市自改革开放以来形成了以高端装备制造为代表的先进制造业体系，对相关原材料的需求较大。另一方面，台州市本身是一个矿产资源较为贫乏的地区。这样一来，台州市就必须下大力气解决其原材料供需矛盾，而在全市范围内布局的大循环经济体系建设可谓解决这一矛盾的不二选择。与此同时，台州市具有较好的生态环境基础和旅游资源，适宜发展现代旅游业，这也形成了台州市积极践行绿色发展理念的内在动力。而且台州市整体科技水平较高、经济较发达，节能环保技术易于为企业接受和使用，加之中央和浙江省对生态文明建设和绿色发展的考核日趋严格，从而对台州市的低碳发展产生了较为强劲的推动力。最终，台州市形成了以大循环经济体系建设为主、将绿色和低碳发展政策措施有机嵌入其中的绿色低碳循环发展经济体系建设路径。

六盘水市选择了以重点行业循环经济体系建设为突破的建设路径。与台州市不同，六盘水市总体上属于资源较为丰富但制造业相对较弱的城市。六盘水市将循环经济发展作为主要抓手，同时积极探寻出以"生态产业化、产业生态化"为导向绿色低碳循环发展经济体系建设模式。作为中国重要的能源、原材料基地，六盘水市因其煤炭资源非常丰富，曾经形成了"一煤独大"的产业格局，不仅导致其经济发展抗风险能力弱，也对当地的生态环境造成了巨大压力。为此，六盘水市在国家和贵州省的大力支持下，在工业领域以煤炭产业链延伸和基于煤炭产业的循环经济发展为依托，重点构建了"煤—电＋"等多产业集约复合的循环经济产业链，打造出其独居特色的循环工业体系。在农业领域则打造出"种植、加工、饲料、养殖、沼气、有机肥"一体化的循环经济体系。同时，为了打破"一煤独大"和以重化工业为主的产业格局，六盘水市紧紧围绕本地独特的生态资源、优越的旅游资源和民族文化资源，积极发展生态农产品产业和旅游、康养产业，并取得了显著成效。六盘水市还积极吸引实力雄厚的外地企业以促进和带动本地产业结构优化升级，一些战略新兴产业的发展也呈现良好的势头。总体来看，六盘水市因地制宜积极打造符合本地实际情况的循环经济体系，并通过实施渐进型的产业结构优化升级战略，形成了其独特的绿色低碳循环发展经济体系建设模式，对类似的资源型城市具有重要的借鉴意义。

内江市的绿色低碳循环发展经济体系建设也可以归入循环经济主导型建设模式，并呈现出以产业转型升级、循环经济发展和流域生态环境治理相融合为突出特点的绿色低碳循环发展经济体系建设路径。地处成渝双城经济圈核心地带的内江市，是四川省的老工业城市、重要的农产品基地，也拥有独特的生态文化旅游资源。为了推动本地经济发展，内江市深入挖掘产业发展潜力，打造出钒钛磁铁矿加工产业链、以无花果为代表的特色农产品加工产业链，以旅游业为代表的服务业发展也突飞猛进。在此过程中，内江市着力推进循环经济发展，从而形成了循环型农业、循环型工业与循环型服务业融合发展的循环型产业体系。与此同时，作为沱江流域唯一依靠沱江作为城市饮用水水源的城市，内江市近年来不断强化对沱江的水资源综合治理，倒逼城市经济体系向绿色低碳循环发展方向转型，取得了良好的治理效果，入选全国第一批流域水环境综合治理与可持续发展试点城市。可以说，经济高质量发展的内在冲动和流域生态环境治理的强力牵引，塑造了内江市绿色低碳循环发展经济体系的建设路径。

二 值得借鉴的绿色低碳循环发展经济体系建设经验

（一）重视顶层设计

顶层设计是运用系统论的方法，从全局出发，围绕绿色低碳循环经济体系建设的各方面、各层次、各要素进行统筹谋划，集中体现了一个地方绿色低碳循环经济体系建设的思路。具体而言，顶层设计需要从本地区的资源禀赋、经济发展水平、产业结构、区位条件、现有政策体系等各种现实情况出发，实事求是地谋划好本地区绿色低碳循环发展经济体系的建设模式和建设路径、成立相应的领导机构、为相应战略和规划的制定以及制度完善指明方向。由于各地情况千差万别，因而一个地区的顶层设计可以参考借鉴但不能盲目照搬其他地区的做法。

本书发现，四个调研地市都比较重视绿色低碳循环发展经济体系的顶层设计。台州市确立了"一核、两带、三基地"的大循环经济体系战略布局，科学合理地选取了建设大循环经济体系的区域（台州湾）、领域（海洋）和行业（医化行业）突破口，成立了全市循环经济建设领导小组，出台了一系列相关规划和支持政策。威海市探索出绿色低碳循环经济体系建设的"3+3+3"模式，即建立领导、规划和政策、评价"三个体系"，实施节能、节水、节材"三节工程"，做实"减量化""资源化""无害化""三个环节"。六盘水市坚持以创新驱动为引领，以产业转型升级为重点，出台了一系列循环经济发展规划和支撑政策。内江市确立了以产业转型升级、节能、因地制宜的循环经济体系建设、沱江内江段治理为主要内容绿色低碳循环经济体系建设方案。

做好绿色低碳循环发展经济体系建设的顶层设计，需要着重做好如下几点。其一，在指导思想和原则上坚持统筹推进"五位一体"总体布局，坚决贯彻落实新发展理念。其二，全面准确理解"两山"理念，避免在贯彻落实"两山"理念的过程中出现偏差。其三，按照促进经济社会发展全面绿色转型、建设人与自然和谐共生的现代化的要求，使生产、生活、生态三大系统有机融合、全面协调。其四，统筹协同绿色发展、低碳发展、循环发展，使三者之间的相互促进作用不断强化，同时要防范和化解三者之间潜在的冲突。其五，各地区做好功能分区、差异化考核，使"生态优先、绿色发展"理念落到实处。

（二）以产业体系转型升级为着力点

产业体系是经济体系的最重要实体构成部分，基本决定了经济体系的性质，即经济体系当前在多大程度实现了绿色低碳循环发展。因此，产业体系的转型升级是绿色低碳循环发展经济体系建设的必由之路。可以从三个方面来理解产业体系转型升级对绿色低碳循环发展经济体系建设的推动作用：一是具有绿色低碳循环发展特征的产业在整个产业体系中的比重不断上升；二是通过技术和制度创新对传统产业进行绿色低碳循环化改造；三是不断淘汰高耗能、高排放产业中的落后产能，提高这些产业的生态效率和产品质量。产业体系转型升级不仅能直接推动生产系统的绿色低碳循环转型，为绿色创新创造出巨大的市场需求，还能通过提供更加生态环保的产品和服务促进生活系统的绿色低碳循环化。

调研的四个地市都非常重视以产业转型升级为着力点，通过供给侧结构性改革来推进绿色低碳循环发展经济体系的建设。在这四个地市中，台州市通过大力发展汽车、无人机领域的智能制造推动制造业向中高端升级，积极发展现代服务业优化第三产业结构，同时以节能减排为抓手不断淘汰传统产业落后产能。威海市以发展电子信息产业、海洋产业、再制造业、循环生态农业、绿色交通产业为突破口，不断推动产业结构优化升级。六盘水市通过发展特色农业和现代农业推动第一产业转型，通过发展延长煤炭产业链来推进第二产业升级，通过大力发展旅游业不断优化第三产业结构。内江市则在延长钢铁产业链、严格控制高耗能行业的低水平重复建设的同时，通过大力发展生物制药业、电子商务业、污染防治装备业、旅游业等行业以构建绿色低碳循环型产业体系。

这四个地区的产业转型升级经验还蕴含了如下几点重要启示。一是坚持以供给侧结构性改革为主线来推进产业体系转型升级，使供给与需求呈现更高水平的平衡和匹配，同时通过落后产能以保障现有各类产业实现高质量发展。二是因地制宜制定产业体系转型升级规划，使规划能够落地执行，产业发展有本地特色和独特竞争力，不能盲目发展与本地支撑力不相符的高端产业。三是避免将产业体系转型升级片面乃至错误地理解为产业体系的"脱实向虚"，制造业的高端化在不少地区可能是更优的选择，这有利于相关地区更好地进入更高发展阶段，也有利于其防范各种经济风险。

（三）大力推进资源节约和生态环境治理

大力实施资源节约和生态环境治理措施既是打赢污染防治攻坚战的要求和保证，也是促进绿色低碳循环发展经济体系加快形成的有效途径。首先，大力实施资源节约和生态环境治理措施能够使"生态环境成本内部化"，从而倒逼企业不断提高生态环保技术水平并改善生态环保效率。其次，环境规制的不断强化将使不能适应生态环保形势的企业被淘汰，从而促进行业乃至整个产业体系的优化。最后，通过大力实施资源节约和生态环境治理措施改善生态环境后，有助于吸引高端制造业或现代服务业领域的企业或潜在投资者，助推产业结构转型升级。

在四个调研地区中，台州市通过实施"五水共治"、"五气共治"、土壤污染综合防治有力地遏制了各类污染排放，通过"美丽城镇建设""美丽乡村建设"使城乡人居环境质量不断提升，通过"森林台州"行动和海洋生态保护行动夯实生态保护屏障。威海市在统筹城市空间规划和各类生态环保规划的基础上，大力开展农村污染和工业污染防治，积极创建绿色生活模式，取得了良好的效果，成为全国闻名的森林城市。六盘水市坚持以"生态产业化、产业生态化"的绿色发展理念为引领，生态环境治理取得明显成效，成功地推动自身品牌由"煤都"向"凉都"转型。内江市在资源节约领域以节能为重点，在生态环境整治方面以沱江水环境综合整治为主，有效提升了全市能源效率和生态环境质量。

为了更好地促进绿色低碳循环发展经济体系建设，应从如下五个方面不断完善资源节约和生态环境治理措施。一是注重将资源节约和生态环境治理融入经济建设特别是产业规划中，真正从源头推动经济体系的绿色低碳循环化转型。二是特别重视农村地区的生态环境治理，避免出现"重城市轻农村"以及污染企业向广大农村地区转移的现象。三是不断优化资源节约和生态环境治理政策体系，可以考虑在资源节约和生态环境治理措施中更多地采用经济手段，同时避免不同政策之间的交叉重复甚或相互矛盾。四是统筹协调好资源节约和生态环境治理中不同部门的作用，使权责相匹配。五是树立大环保思维，即资源节约和生态环境治理不仅仅是生态环境部门等少数部门的责任，而是所有党政机构的共同责任，需各部门同心协力，共同行动。

（四）持续完善体制机制引导社会力量参与绿色低碳循环发展

绿色低碳循环发展经济体系的建设离不开政府的引导，更离不开社会力量的参与，因而政府必须通过有效的体制机制将全社会力量调动起来。首先，绿色低碳循环发展经济体系的建设离不开大量资金的投入，地方政府的财政投入通常很难满足这部分资金需求，巨大的资金缺口也不可能仅通过争取上级资金拨付得到弥补，只有撬动社会资本才可能弥补上述资金缺口。其次，绿色低碳循环发展经济体系建设也需要大量的人才参与其中，政府部门等公共机构的人才数量有限且结构不完整，因而需要在全社会层面建立起一支庞大的人才队伍，以满足绿色低碳循环发展经济体系建设的人才需求。最后，绿色低碳循环发展经济体系建设不仅需要党政领导干部在思想上有充分的认识，更需要作为市场主体的企业以及消费者有相应的意识和觉悟。

本书研究发现，台州市先是出台了系列循环经济发展的指导意见，通过实施财政补贴、税收优惠、价格调节政策推进循环经济发展的市场化、产业化进程，并出台有吸引力的人才政策加强这一领域的人才队伍建设，以 PPP 及第三方治理模式将社会资本引入环境污染治理，同时不断加强舆论宣传营造绿色低碳循环发展经济体系建设的良好氛围。威海市通过设立专门基金等形式为绿色项目和产业发展提供财政支持，通过绿色信贷、绿色保险、绿色证券等方式为绿色发展提供金融支撑，通过绿色税收优惠政策最大限度激活绿色企业发展活力，并通过 PPP 模式兴建荣成固废产业园区。六盘水市通过绿色产业发展基金、绿色债券、绿色信贷、绿色税收优惠等措施，将绿色发展项目作为财政、金融和税收方面的重点支持对象，积极探索相应的投资、土地、产权等制度改革，以 PPP 模式在城乡生活垃圾收运和处置中引入社会资本，同时积极推行政府绿色采购制度并倡导非政府机构实行绿色采购制度以促成绿色消费模式的形成。内江市则着重发挥资源税、环境税等税收政策对绿色发展的激励作用，注重强化价格和金融政策对绿色发展的引导作用，同时也以 PPP 模式启动沱江流域水环境综合治理和城乡垃圾处理设施建设两个项目。

由此可见，只要体制机制对路，就能充分调动社会力量参与绿色低碳循环发展经济体系建设的积极性。从当前趋势来看，绿色低碳循环发展体制机制的完善可着重从如下三个方面发力。其一，充分发挥绿色金融的作用，让海量的金融资本成为绿色低碳循环发展的巨大资金来源，弥补财政投入的不足。因此，要特别重视解决绿色金融发展中的相关问题，如绿色资本的变现。其二，不仅可以吸纳社会资本参与营利性较好的绿色低碳循环发展项目，即便在绿色低碳循环发展相关基础设施和公共服务体系等传统上由政府主导投资的领域，也可以通过适当机制吸引社会资本参与建设。其三，通过灵活多样的、老百姓喜闻乐见的形式，引导广大人民群众通过绿色消费、环保监督、垃圾分类等途径参与到绿色低碳循环发展经济体系建设的建设中来。

（五）不断强化保障制度和基础设施建设

为绿色低碳循环发展制定的战略、规划、政策要得到有效的贯彻落实，离不开相关的保障制度和基础设施建设。绿色低碳循环发展战略、规划、政策的实施往往涉及多个部门，通常需要一个较高层级的组织结构协调各部门的关系，并督促各部门尽到相关责任，从而在制度上保障上述战略、规划、政策的实施。同时，绿色低碳循环发展不仅离不开交通、通信、水电等常规基础设施，更需要生态环保基础设施的强力支撑。而当前，中国大部分地区的生态环保基础设施建设滞后于经济社会发展水平的现象还普遍存在。

值得肯定的是，本书中的四个调研地区都比较重视相关保障制度和基础设施的建设。台州市成立了由市委书记、市长分别担任组长和常务副组长的发展循环经济建设节约型社会工作领导小组，明确各成员的职责，并制定了考核机制以落实相关责任；积极开展资源产出率体系研究；通过加强舆论宣传引导大众参与；不断深化商事制度等行政体制改革。同时台州市还大力建设城市绿道，在部分区县投放清洁能源汽车供居民免费搭乘，有力促进了当地的绿色出行。威海市成立了节能工作领导小组、节能办和相关执法监察队伍，统筹、协调全市低碳发展；通过优化营商环境、自然资源管理体制、统计体系使之与绿色低碳循环发展相适应，并积极将数字化管理引入生态环境治理。六盘水市以建设服务型政府和提供政府效率为抓手，为培养绿色低碳循环发展产业创造良好的市场环境，同时大力推进地下综合管廊、水利、交通建设为绿色低碳循环发展夯实基础设施支撑。内江市也早已成立节能减排工作领导小组等类似领导机构，统筹全市的绿色低碳循环发展工作，同时沿沱江内江段修建绿道供市民亲近自然、休闲娱乐。

相对而言，当前有关绿色低碳循环发展的制度保障比较完善，支撑绿色低碳循环发展基础设施建设更具有紧迫性。而且，可以说补绿色低碳循环发展基础设施建设短板也是国家深化供给侧结构性改革的重要任务。2018年10月31日，国务院办公厅印发《关于保持基础设施领域补短板力度的指导意见》（国办发〔2018〕101号）特别提到要补齐生态环保领域的基础设施建设短板，明确在生态保护领域要重点支持天然林资源保护、重点防护林体系建设、水土保持等重点工程；在城镇环保领域要支持生活污水、生活垃圾、危险废物处理设施建设；在低碳循环发展方面要重点支持煤炭减量替代等重大节能工程和循环经济发展项目。要指出的是，各地除遵循上述指导意见加强相关领域生态环保基础设施建设外，还应特别加强畜禽粪污资源化利用等农业基础设施建设。

三　应引起重视的突出问题和挑战

（一）客观方面存在的问题与挑战

一是发展原动力不足。这方面的问题突出表现为绿色科技支撑不强。目前中国的节能环保技术水平和创新能力还难以满足建设绿色低碳循环发展经济体系的要求。近年来中国的节能环保技术创新取得了长足的进步，但在不少关键领域和关键环节仍亟待取得突破性进展。《国家环境保护"十三五"科技发展规划纲要》（环科技〔2016〕160号）指出，中国在环保科技方面还存在基础研究前瞻性不够、成果转化不畅、环保科研队伍规模小、缺乏领军人物、地方环保科研能力十分薄弱等突出问题。与此同时，很多地区绿色低碳循环发展经济体系建设所需的资金和人才保障也很不充分，导致相关的规划和行动方案难以落到实处。

二是产业转型升级乏力。无论是经济较为发达地区还是欠发达地区，产业转型升级能力不足的问题普遍存在。尽管各地都将产业体系转型升级作为建设绿色低碳循环发展经济体系的着力点,但也普遍面临着产业转型升级能力不足的问题。在非省会地级城市层面,这一问题表现尤为突出。在这些地区,通常农业现代化程度低,工业以中小企业为主且各方面实力特别是创新能力有限,高端服务业占比不高且缺乏骨干企业。特别是其中一些欠发达地区,工业仍以采掘业、冶金建材、机械制造、医药化工和电力能源等重化工产业为主,且生产方式仍较粗放,现代服务业发展更是严重滞后。可以说,产业体系转型升级能力不足仍是当前建设绿色低碳循环发展经济体系亟待解决的核心问题。

三是生态环保欠账严重。生态环境质量的改善是建设绿色低碳循环发展经济体系不可或缺的一环,但各地在这方面普遍"欠账"较大,任重道远。①一些经济发达地区仍保留一定规模的重化工产业且其中多为中小企业,从而导致污染源分散且难以防范。②无论是经济发达地区还是欠发达地区,农村污染防治方面都存在较大短板,化肥、农药、地膜等的过量使用问题突出,导致农村污染治理压力巨大。③一些地区长期面临着土地、水资源短缺以及其他不利地质原因,导致这些地区生态建设、工业和生活污染排放治理困难等诸多难题。④一些地区的污染问题积重难返,治理难度大,生态环境质量改善难见成效。

(二) 主观方面存在的问题与挑战

一是概念不清。当前,对理解绿色低碳循环发展经济体系的内涵不够全面和系统的问题还比较突出。绿色低碳循环发展经济体系还是一个新概念,从调研的情况来看,不少地方的干部群众对这一概念的理解还比较模糊或片面,将绿色低碳循环发展经济体系简单等同于低碳经济或循环经济或节能环保。不少地方对于如何全面建设绿色低碳循环发展经济体系也还没有形成系统、清晰的思路,主要还是延续过去已经形成的循环经济发展或节能减排等方面的工作思路。因此,各地都亟待提高对绿色经济循环发展经济体系的认识,并在此基础上将原有的低碳经济、循环经济发展及节能减排等工作思路进行协同集成和优化升级,形成符合地方实际情况、具有地方特色的绿色经济循环发展经济体系建设思路。

二是政策体系有短板。政策体系短板主要表现如下:①一些地区与绿色低碳循环发展经济体系建设相关的政策则较为单一,特别是农业领域的相关政策缺位严重，主要依靠税收优惠政策，其他政策则较为薄弱或尚未形成。②一些地区支撑绿色低碳循环发展经济体系建设的政策体系较为完善，但政策力度还远远不够。特别是技术、土地、资金、人才等要素保障性政策还难以适应绿色低碳循环发展形势；相关税收优惠政策则门槛高、力度小且缺乏灵活性。③环保立法、宣传教育和引导公众参与方面力度也不够，难以形成全社会关注、支持和投入绿色低碳循环发展经济体系建设的局面。

三是体制机制不健全。这一问题在各方面都或多或少有所体现。①在生态环保方面主要表现为一些具体制度的不健全或缺失，如土地、能源、水资源等的集约利用制度不健全，生活垃圾分类及回收等循环发展制度不完善。②在资源配置方面主要表现为没有充分发挥政府的引导作用和市场的主导作用，如要素交易体系不健全等。③在公共服务方面，主要表现为绿色低碳循环发展公共服务体系不健全、有关绿色低碳循环发展企业的行政审批制度改革还不到位等。④在评价考核方面，主要表现为绿色低碳循环发展统计体系不健全、评价考核体系不完善、监测预警体系缺失等。⑤统筹绿色低碳循环发展经济体系建设工作的领导机构在各地也还不健全，多数只有节能减排或循环经济发展等某一方面的领导机构。

四 持续推进绿色低碳循环发展经济体系建设的对策建议

当前推进绿色低碳循环经济体系建设首先要解决的问题是思想问题，即对绿色低碳循环发展经济体系科学内涵和重要意义的准确认识。只有解决好这个问题，才能制订正确的行动方案，采取恰当的政策措施，并取得较好的成效。因此，要加强研究、宣传和教育，使全社会对绿色低碳循环发展经济体系的认识更加全面、准确。在此基础上，针对当前绿色低碳循环经济体系建设实践中存在的突出问题，同时结合当前实践中的一些有益经验，持续推进绿色低碳循环经济体系建设应着重从如下五个方面入手。

（一）不断增强绿色低碳循环发展原动力

重点是尽快建立起以市场为导向的国家和地方各级层面的绿色技术创新体系，大力推进绿色技术创新。无论是在国家层面还是在地方层面，绿色技术创新体系建设都要按"产学研金介"联动发展的原则，充分调动各类主体参与创新的积极性。

关键是提升企业的绿色技术创新能力,因此要促进各类创新要素向企业聚集以支撑企业开展绿色技术创新,继而强化企业在绿色技术创新中的主体地位和作用;应支持企业直接牵头承担绿色科技领域的国家重大项目;对企业的研发投入实施税收减免;推动产业链上不同类型企业的协同创新。

在强化企业创新主体地位的同时,应鼓励高等院校和科研院所加强绿色技术基础研究和人才培养,并与企业形成广泛、深入的合作;培育和扶持一批绿色技术创新领域的专业中介机构,激活绿色技术市场,促使绿色技术快速转化为绿色低碳循环发展的驱动力。同时,应从人才培养、人才评价、智力报偿等方面深化人才发展体制机制改革,激发绿色技术人才的创新活力;从科技规划、项目组织管理、成果评价、知识产权保护等多方面完善科技创新体制机制,提高科技创新效率。

还要强调的是,不同层面的绿色技术创新体系要各有侧重、协同互补,形成一个有机的整体。国家层面的绿色技术创新要立足国内需求、瞄准国际前沿,在牢固树立自主创新意识的同时,积极开展国际合作,力争在具有全局意义的关键领域和环节取得突破和进展。各地则要根据本地区的实际情况,选好本地绿色技术创新的重点领域和优势环节,科学布局本地绿色技术创新基地和示范区,提高地方绿色技术创新效率。

(二)加快推进产业体系绿色转型

各地区要因地制宜地推进本地区产业体系的绿色转型。关键是加快绿色低碳循环型产业集群化发展,通过"改造存量、优化增量"的方式,以绿色制造、绿色工厂、绿色园区、绿色产业链建设为抓手,在产业集聚区、开发区(产业园区)、试点基地内构建各具特色的绿色低碳循环型产业体系,积极创建具有本地特色的绿色低碳循环发展经济示范区。

当前的重点是按产业链整体联动的原则,加快建设绿色低碳循环发展型制造业体系。要采用"强链优链补链延链"的思路实施招商引资,促进产业链的优化升级。要加快壮大战略新兴产业发展,加强战略新兴龙头企业培育,特别是要加大节能环保龙头企业培育力度;运用新工艺、新技术,特别是数字技术和先进绿色技术,加快对家用电器、塑料制品、鞋帽服装等传统轻工业的绿色低碳循环化改造升级;通过纵向延伸和横向拓展,促进重化工业链式绿色低碳循环发展和转型升级;要坚决淘汰高耗能、高污染行业的落后产能。有条件的地区应考虑通过实施一批重大产业绿色低碳循环发展工程和应用示范工程引领工业体系绿色转型。

积极构建绿色低碳循环型服务业体系。一要推动生产性服务业整体转型升级，向专业化和价值链高端延伸，推动生产性服务业与先进制造业和现代农业的深度融合，特别是要围绕制造业和农业的绿色转型加快发展节能环保等生产性服务业。二要推动生活性服务业高质量、多样化发展，与消费升级带来健康、教育、文化、体育、旅游等高端需求增长相适应，与人口老龄化带来的养老需求相适应，与现代都市生活衍生的家政、物业管理等需求相适应。三是在整个服务业领域，要大力推进服务主体绿色化、服务过程低碳化、循环化。

大力发展绿色低碳循环型农业。以建设现代生态农业示范园区为抓手，加强农村交通、水电、燃气、通信、物流以及农田水利等基础设施建设，着力提升农业科技水平和装备现代化，严把农产品质量关，大力推进农业清洁化生产，健全动物防疫和农作物病虫害防治体系，加强农业废弃物综合利用。鼓励各地区发展优势特色农产品、通过农产品精深加工强化农业与食品加工、餐饮服务等二、三产业联系，健全农业保险等农业金融服务体系，构建"农业+"三产融合发展体系。通过厕所革命、生活垃圾及污水治理、河湖水系综合整治等措施大力改善农村人家环境，夯实现代农业的生态环境基础。

加快数字经济发展，推动数字经济和实体经济深度融合，助推三次产业现代化水平的提升。通过积极实施行业互联网、智能化工厂、服务业智能化、农业智能化等项目，鼓励服务型制造、个性化定制、网络化协同等新业态、新模式发展，加快产业数字化转型。通过大力扶持软件与信息技术服务、电子信息、互联网等数字经济企业发展，建立健全与数据资源利用相关的体制机制，加快推进数字产业化。加强第五代移动通信、工业互联网、大数据中心等建设，鼓励各地区积极打造行业、园区等各个层级的数字经济公共服务平台，加快数字基础及服务体系建设。

要强调的是，各地在推动本地产业体系现代化的过程中，一定要有大局观和全局观，紧密结合"形成国内大循环为主体、国际国内双循环相互促进的新发展格局"的要求，根据本地比较优势找准定位，形成特色优势与核心竞争力，从而在地区间形成合理的产业布局以及紧密的分工合作，避免低水平重复建设和恶性竞争。

（三）大力发展绿色金融

当前构建绿色低碳循环发展经济体系的一个重要制约因素就是资金投入不足，这主要是因为这一领域现有的资金投入主要依靠政府财政，而政府财政比较有限且需要解决的问题很多，因而在绿色低碳循环发展经济体系建设方面的投入捉襟见肘。大力发展绿色金融的一个主要目的就是将金融系统与绿色低碳循环发展经济体系建设联系起来，使前者能够为后者源源不断地提供资金支持。党的十九届四中全会和党的十九届五中全会均明确提出要大力发展绿色金融。不过，目前绿色金融在中国的发展还处于起步阶段，亟待加速发展，总体上可考虑从如下两方面着手。

一是尽快完善绿色金融结构，形成绿色金融工具多样化发展格局。2016年中国人民银行、财政部、国家发展和改革委员会、环境保护部、中国银行业监督管理委员会、中国证券监督管理委员会、中国保险监督管理委员会就联合颁布了《关于构建绿色金融体系的指导意见》，提出要从绿色信贷、绿色债券、绿色发展基金、绿色保险、环境权益交易等多个方面促进绿色金融的发展。但目前绿色信贷仍是最主要的绿色金融工具，其他绿色金融工具所提供的资金还远不及绿色信贷，亟待壮大。

二是进一步扩大绿色金融改革创新试验区。上述由中国人民银行等七部委颁布的《关于构建绿色金融体系的指导意见》还提出要鼓励地方大力发展绿色金融。2017年6月，国务院决定在浙江、广东、贵州、江西、新疆五省区部分地区设立绿色金融改革创新试验区，这些试验区的绿色金融发展已经取得一定成效。目前亟待在这些试验区进一步加大绿色金融发展力度，同时要及时总结这些试验区的经验教训，争取早日扩大试验区范围，助推绿色金融发展。

（四）积极创建绿色低碳循环生活体系

绿色低碳循环生活体系本就是绿色低碳循环发展经济体系不可或缺的一部分，其完善程度将直接影响绿色低碳循环发展经济体系建设水平，而且生活体系的绿色低碳循环化还能催生大量的绿色技术创新，并能从需求侧对生产体系的绿色低碳循环化产生强大的拉力。因此，在创建绿色低碳循环发展生活体系的过程中，要将其与推动绿色技术创新和生产系统绿色低碳循环化有机融合起来。结合2019年11月国家发展改革委发布的《绿色生活创建行动总体方案》，特提出如下建议。

一方面要加强绿色低碳循环发展生活体系自身建设。一是提高全社会的节约意识，推广绿色产品，引导居民进行垃圾分类，倡导绿色低碳出行方式，创建绿色家庭。二是在城市改造和新区建设中充分体现资源环境承载能力，推进城市基础设施系统优化、集成共享，加强土地集约节约利用，构建城市生态系统，发展公共交通，创建绿色学校、绿色社区、绿色商场、绿色建筑，推广分布式能源。三是推动全社会践行绿色办公，发挥党政机关在节能减排、绿色消费方面的表率作用。

另一方面要大力培育绿色产品消费市场，提高绿色产品市场占有率，强化绿色低碳循环生活体系对绿色技术创新和绿色低碳循环生产体系拉动作用。一是减少一次性产品使用，制定餐饮休闲行业再生产品、再制造产品目录并推广利用。二是对购买资源节约型和环境友好型产品或设备实施税收优惠政策。三是加快贯彻落实《国务院办公厅关于建立统一的绿色产品标准、认证、标识体系的意见》（国办发〔2016〕86号）及国家市场监督管理总局2019年5月制定的《绿色产品标识使用管理办法》，特别要培育具有公信力的第三方评估机构并对其严强管理，充分发挥其专业能力。

（五）大力推进生态环境治理体系和治理能力现代化

国家治理体系和治理能力现代化是党的十九届四中全会提出的重要任务，党的十九届五中全会也对此重要任务作了再次强调。生态环境治理体系和治理能力现代化是国家治理体系和治理能力现代化中不可或缺的内容，也是建立健全绿色低碳循环发展经济体系的重要保障。围绕绿色低碳循环发展经济体系建设，当前大力推进生态环境治理体系和治理能力现代化应着重考虑如下三个方面。

一是大力提高资源效率管理能力。一方面要加强并完善资源总量管理和全面节约制度，推动节能、节水、节地、节材工作在重点领域、重点行业、重点企业全面深入推进。另一方面应深化资源要素配置改革，健全竞争性价格获取机制，构建资源要素交易体系，加强土地、能源、水资源等集约高效利用，提高资源要素市场配置水平，形成推动资源集约节约的良好环境。

二是强化污染防控和生态环境整治能力。大力推进生态环境成本内部化，包括建立循环经济统计和评价制度，环境监测体系，深化排污权有偿使用和交易，完善区域生态补偿机制，建立市场准入环境倒逼机制。强化排放总量控制制度，扎实推进污染减排工作，完成对重点行业的整治任务，淘汰落后产能。加大农村环境整治，积极探索多元化环境整治措施（如多种形式的农村生活污水收集处理模式），逐步改善传统农业生产方式。

三是加强生态环境治理相关的基础设施和公共服务体系建设。重点是深化生产系统和生活系统的循环链接，加强工业固体废弃物综合利用，建设完善的城市生活垃圾回收利用体系，开展餐厨废弃物等城市典型废弃物回收和资源化利用，形成再生资源回收体系。同时要构建高效的绿色低碳循环发展公共服务体系，充分发挥专家咨询、行业协会、中介机构和科研院所的作用。

参考文献

成金华、易佳慧：《构建绿色低碳循环发展的经济体系》，《中国社会科学报》2020年7月15日第11版。

付加锋、庄贵阳、高庆先：《低碳经济的概念辨识及评价指标体系构建》，《中国人口·资源与环境》2010年第8期。

付允、马永欢、刘怡君、牛文元：《低碳经济的发展模式研究》，《中国人口·资源与环境》2008年第3期。

国家发展改革委员会、科技部：《关于构建市场导向的绿色技术创新体系的指导意见》（发改环资〔2019〕689号），2019年5月17日。

何佩佩、庄国敏：《关注绿色冲突——发展可再生能源路径思考》，《环境保护》2014年第2期。

黄宝荣：《建立健全绿色低碳循环发展经济体系》，《经济日报》2020年8月21日第11版。

黄渊基、蔡保忠、郑毅：《新时代城乡融合发展：现状、问题与对策》，《城市发展研究》2019年第6期。

黎元生：《生态产业化经营与生态产品价值实现》，《中国特色社会主义研究》2018年第4期。

潘家华、庄贵阳、郑艳、朱守先、谢倩漪：《低碳经济的概念辨识及核心要素分析》，《国际经济评论》2010年第4期。

涂晓玲、支琦、曾省辉：《江西发展绿色低碳循环产业体系的路径选择——基于国内外经验总结和发展趋势的研究》，《企业经济》2017年第8期。

王昌林、赵栩：《加快营造国际一流的营商环境——关于当前深化"放管服"改革、优化营商环境的一些思考》,《中国行政管理》2019 年第 7 期。

王军、蔡莉:《日本推进绿色低碳循环商业发展的经验与启示》,《社会科学家》2017 年第 7 期。

王圆缘、彭本红:《构建绿色低碳循环发展的现代经济体系》,《群众》2018 年第 13 期。

王植、张慧智、黄宝荣:《有效治理视角:现代城市建设绿色低碳循环发展的经济体系——基于深圳实践与政企调查研究》,《当代经济管理》2020 年第 11 期。

吴巨培、彭福扬:《产业生态化发展及其实现路径》,《湖南社会科学》2013 年第 5 期。

解振华:《大力发展循环经济》,《求是》2003 年第 13 期。

习近平:《为建设世界科技强国而奋斗》,人民出版社 2016 年版。

习近平:《深入理解新发展理念》,《求是》2019 年第 10 期。

邢文增:《转变经济发展方式,提升经济发展质量》,《红旗文稿》2017 年第 22 期。

杨平宇、刘昊:《构建绿色发展经济体系推进高质量发展》,《经济研究参考》2019 年第 10 期。

杨娜:《六盘水市生态文明城市建设存在的主要问题》,《世界家苑》2019 年第 2 期。

叶蜀君、徐超、李展:《科技投入推动创新驱动发展的对策研究》,《中州学刊》2019 年第 6 期。

袁卫民:《循环经济产业体系发展思路研究——以青海省柴达木循环经济试验区为例》,《企业经济》2013 年第 6 期。

翟淑君、苏振锋:《绿色、低碳、循环发展有何异同?》,《中国环境报》2015 年 11 月 30 日第 2 版。

张艳:《新时代中国特色绿色发展的经济机理、效率评价与路径选择研究》,博士学位论文,西北大学,2018 年。

张友国:《建设立绿色低碳循环发展经济体系》,《红旗文稿》2020 年第 17 期。

张友国、窦若愚、白羽洁:《中国绿色低碳循环发展经济体系建设水平测度》,《数量经济技术经济研究》2020年第8期。

赵慧卿、郭晨阳:《中国省域绿色低碳循环发展动态综合评价研究》,《调研世界》2020年第4期。

中国人民银行、财政部、国家发展和改革委员会、环境保护部、中国银行业监督管理委员会、中国证券监督管理委员会、中国保险监督管理委员会:《关于构建绿色金融体系的指导意见》(银发〔2016〕228号),2016年8月31日。

诸大建:《绿色经济新理念及中国开展绿色经济研究的思考》,《中国人口·资源与环境》2012年第5期。

朱坦、高帅:《关于我国生态文明建设中绿色发展、循环发展、低碳发展的几点认识》,《环境保护》2017年第8期。

附 录

绿色低碳循环发展经济体系总体建设水平测度[①]

一 绿色低碳循环发展经济体系建设水平的定量测度

（一）绿色低碳循环发展经济体系评价指标体系建立原则

本书所建立的指标体系是为了对绿色低碳循环发展经济体系所处水平和演进趋势进行科学合理的评判，继而为相关决策提供有价值的参考信息。因此，在建立指标体系的过程中，本书遵循独立性与协同性相结合、科学性、系统性、全面性与重点突出相结合、完整性与简洁性相结合、政策导向与问题导向相结合、可操作性与动态性相结合等原则。

1. 独立性与协同性相结合的原则

指标体系应当定位准确、边界清晰，与现行的政策指标体系有明显区别，具有自身独特的功能或存在价值，不是对现有政策指标体系的重复。同时，又要与现行的政策指标体系相衔接、相呼应（如应当纳入国家公布的绿色低碳循环发展领域的重点指标）。

2. 科学性原则

指标体系必须体现经济体系向绿色低碳循环发展方向演进的内在规律；客观真实地描述经济体系所处的绿色低碳循环发展状态的演化趋势；保证指标体系的应用者能够通过指标值的测算，对经济体系的上述状态和演化趋势做出准确和有效的评价。

---

① 本部分执笔：张友国、窦若愚、白羽洁。

3. 系统性原则

指标体系应能提供特定系统的历史与现状信息，特别是应能够反映系统各构成部分之间的因果关系。绿色低碳循环发展经济体系就是一个复杂的系统，由多个有机联系的子系统组成。其评价指标体系必须具有内在的逻辑自洽性，能合乎逻辑地充分刻画各子系统内部构成及各子系统之间的因果互动关系，使各细分指标形成一个有机的整体。

4. 全面性与重点突出相结合原则

指标体系必须相对平衡地刻画绿色低碳循环发展经济体系的各组成部分，同时又要重点描述对经济体系的绿色低碳循环发展水平和演进趋势起决定性作用的构成要素，使指标体系的应用者能够较好地把握住建立和完善绿色低碳循环发展经济体系的主要矛盾及矛盾的主要方面。

5. 完整性与简洁性相结合原则

指标体系应当完整而充分反映绿色低碳循环发展经济体系丰富的内涵和复杂的构成，但又不能过于庞大和烦琐。这就要求各构成部分的评价指标必须是内涵丰富的代表性指标，指标之间必须具有较大的相对独立性，从而以尽可能少的指标勾勒出绿色低碳循环发展经济体系各部分及整体的特征，保证指标体系的简洁性。

6. 政策导向与问题导向相结合原则

指标体系应具有明显的政策指向功能。一方面，指标体系应体现建立健全绿色低碳循环发展经济体系的关键路径，有助于政府部门对建立和健全绿色低碳循环发展经济体系做出统筹谋划和顶层设计，勾勒出政策集，增强行动的方向感和计划性。另一方面，指标体系还应能够帮助决策者发现面临的问题和挑战，识别优先领域并找到解决问题的途径。

7. 可操作性和动态性相结合原则

为指标体系所选取的指标应当具有可操作性，即指标易于测算或观测且便于获取相关数据。同时，随着经济社会的发展，建立和健全绿色低碳循环发展经济体系所面临的主要矛盾或矛盾的主要方面都可能发生变化，这就要求对指标体系做出相应的调整以适应这样的变化，使指标体系始终能科学合理地刻画绿色低碳循环发展经济体系所处的状态和演化趋势。

（二）指标的选取

本书所建立的指标体系，从绿色低碳循环发展经济体系的科学内涵出发，其本质是对经济体系的衡量，核心内容是反映经济体系在发展动力、构成和效益上的绿色低碳循环发展水平。依照前述一系列原则，并充分吸收相关专家和实际部门工作者的建议，本书构建的绿色低碳循环发展经济体系的评价指标体系（如表 A1 所示）具有如下层次和逻辑关系：

一级指标将绿色低碳循环发展经济体系的衡量指标划分为发展动力、基本构成和发展效益三个大的方面。二级指标将上述三大方面进一步细分，并与绿色低碳循环发展经济体系的基本内涵结合起来。发展动力划分成绿色低碳循环技术创新体系和绿色金融两大类。绿色低碳循环技术创新体系为经济体系的绿色低碳循环发展提供技术动力，绿色金融为经济体系注入绿色资本。基本构成主要包括生产系统和生活系统两部分。生产系统又从产业结构和生产行为两个维度来刻画，生活系统则从生活方式和宜居环境建设两部分来描述。发展效益则细分为绿色效益、低碳效益、循环效益和经济社会效益四个组成部分。三级指标则是表征二级指标的代表性指标，它们从各维度和各方面将经济体系绿色低碳循环发展的特征具体化和细化，形成评价经济体系绿色低碳循环发展水平的实质性内容。

完善的绿色低碳循环技术创新体系和绿色金融是经济体系绿色低碳循环发展的强大动力。绿色技术创新体系是党的十九大提出的新概念、新任务，是国家创新体系的重要组成部分，是创新发展与绿色发展的有机结合。根据国家发改委和科技部发布的《关于构建市场导向的绿色技术创新体系的指导意见》（发改环资〔2019〕689 号）要求，结合相关专家的意见和建议，本书为绿色低碳循环技术创新体系设置 4 个三级指标：①研究与试验发展经费投入强度（研究与试验发展经费支出与 GDP 比值）是从宽泛的绿色低碳循环技术概念出发，表征绿色低碳循环技术创新的资本投入保障力度；②绿色低碳循环技术工程研究中心数量；③技术市场成熟度（技术市场成交额与 GDP 比值）；④环保支出占一般公共预算支出的比重。这些指标分别表征一个地区不同层面的绿色低碳循环技术创新能力，它们既是发展成果或水平类指标，又是驱动因素型指标。

表 A1　　绿色低碳循环发展经济体系建设水平评价指标

一级指标	二级指标		三级指标	编号	指标方向	权重
发展动力	绿色低碳循环技术创新体系		研究与试验发展经费投入强度	X_1	正向	0.038
			绿色低碳循环技术工程研究中心数量	X_2	正向	0.062
			技术市场成熟度	X_3	正向	0.134
			环保支出占一般公共预算支出的比重	X_4	正向	0.018
	绿色金融		绿色信贷占信贷总量的比重	X_5	正向	0.018
			上市环保企业密度	X_6	正向	0.166
基本构成	生产系统	产业结构	高新技术服务业占第三产业的比重	X_7	正向	0.023
			高新技术制造业占比	X_8	正向	0.033
			高污染行业占比	X_9	正向	0.018
		生产行为	生态建设投资比重	X_{10}	正向	0.010
			节水灌溉面积比重	X_{11}	正向	0.020
			单位耕地面积农药使用量	X_{12}	负向	0.007
			单位耕地面积化肥使用量	X_{13}	负向	0.013
			工业污染治理投资比重	X_{14}	正向	0.060
		生活方式	人均生活能耗	X_{15}	负向	0.001
			人均生活水耗	X_{16}	负向	0.013
			绿色出行	X_{17}	正向	0.048
			人均私人汽车拥有量	X_{18}	负向	0.010
		宜居环境建设	城镇环境基础设施建设投资占 GDP 的比重	X_{19}	正向	0.029
			农村无害化卫生厕所普及率	X_{20}	正向	0.014
发展效益	绿色效益		空气质量优良天数比例	X_{21}	正向	0.008
			地表水达到或好于Ⅲ类水体比例	X_{22}	正向	0.010
			国土生态治理水平	X_{23}	正向	0.027
			城市建成区绿地率	X_{24}	正向	0.003
			生活垃圾无害化处理率	X_{25}	正向	0.005
			每百万人突发性环境事件数量	X_{26}	负向	0.001
	低碳效益		单位 GDP 能耗	X_{27}	负向	0.013
			单位 GDP 碳排放	X_{28}	负向	0.006
			非化石能源发电量占总发电量的比重	X_{29}	正向	0.072

续表

一级指标	二级指标	三级指标	编号	指标方向	权重
发展效益	循环效益	工业固体废物综合利用率	X_{30}	正向	0.010
		规模以上工业企业重复用水率	X_{31}	正向	0.011
		城市再生水利用率	X_{32}	正向	0.013
		水资源产出率	X_{33}	正向	0.014
	经济社会效益	人口平均预期寿命	X_{34}	正向	0.014
		居民人均可支配收入	X_{35}	正向	0.031
		城乡居民可支配收入比	X_{36}	负向	0.009
		失业率	X_{37}	负向	0.019

绿色金融体系是否发达、是否完善，决定着绿色低碳循环发展经济体系的建设能否得到充分的资金支持。当前，绿色金融在中国还处于起步阶段，只有浙江、江西、广东、贵州、新疆5个地区在开展相关试点工作。总体来看，目前的绿色金融服务主要还是以银行或相关金融机构的绿色信贷以及环保企业上市融资为主，其他方面的工作开展得还不太充分或处于探索阶段。因此，本书为一个地区的绿色金融发展水平选取2个衡量指标：①绿色信贷占信贷总量的比重；②上市环保企业密度（每千家规模以上工业企业中的上市环保企业数量），该指标反映了地方企业在绿色发展上能够从证券市场获得的资金保障，且在某种意义上也能刻画地方绿色低碳循环技术创新龙头骨干企业的密集程度。

生产系统的绿色低碳循环发展可以从产业结构和生产行为两个方面来强化。产业结构在很大程度上体现和决定了一个地区生产体系的绿色低碳循环发展水平。本书从绿色低碳循环发展的视角出发，结合党的十九大提出的相关要求，在产业结构方面设置了3个三级指标：①高新技术服务业占第三产业的比重，②高新技术制造业占比（规模以上工业企业营业收入中高新技术制造业企业比重），③高污染产业占比（规模以上工业企业营业收入中高污染行业企业比重）。前两个指标衡量了一个地区为本地和其他地区实现绿色低碳循环发展提供相关产品和服务的能力，也体现了该地区绿色低碳循环技术创新的产业化水平。第三个指标则是一个逆向指标，它反映了一个地区生产体系向绿色低碳循环发展方向转变的困难程度。生产行为反映了一个地区的生产者在绿色低碳循环发展方面所做出的努力或取得的成效。本书选取 5 个三级指标来衡量一个地区的生产行为：①生态建设投资比重（林业投资中生态建设与保护投资比重），②节水灌溉面积比重（节水灌溉面积占耕地灌溉面积的比重），③单位耕地面积农药使用量，④单位耕地面积化肥使用量，⑤工业污染治理投资比重（工业污染治理完成投资占工业增加值的比重）。鉴于当前农业农村领域是中国生态环境保护的薄弱环节，因而上述五个指标中前四个都是反映农业农村领域生产者的绿色低碳循环发展意愿和采取的行动措施的指标；后一个指标则体现了工业领域生产者的绿色低碳循环生产行动[①]。

生活方式与宜居环境建设联系密切，共同决定着生活系统的绿色低碳循环发展水平。生活方式主要衡量一个地区居民的行为与绿色低碳循环发展相适应的程度。本书刻画生活方式所用的三级指标包括：①人均生活能耗，②人均生活水耗，③绿色出行（城镇每万人公共交通客运量），④人均私人汽车拥有量，这 4 个指标综合体现了一个地区居民的生态文明意识和行动表现。宜居环境建设不仅是决定生活系统绿色低碳循环发展水平的重要因素，也展现了绿色低碳循环发展在生活系统的成果。本书对宜居环境建设的衡量主要通过 2 个指标：①城镇环境基础设施建设投资占 GDP 的比重，该指标主要反映了与当地经济发展相适应的城市地区居民生活环境改善力度，代表了城市的绿色低碳循环发展水平；②农村无害化卫生厕所普及率，该指标则在很大程度上决定了农村居民的日常起居生活行为及其对周边生态环境的影响。对多数地区来说，当前农村生活污水处理和卫生厕所建设仍是其绿色低碳循环发展水平的短板。

发展效益是对经济体系绿色低碳循环发展水平的综合刻画。其中，绿色效益刻画了经济体系对生态环境质量的影响，主要选用了 6 个综合性较高且具有代表性的指标来衡量，包括：①空气质量优良天数比例，②地表水达到或好于Ⅲ类水体比例，③国土生态治理水平（造林、除涝和水土流失治理面积与国土面积比），④城市建成区绿地率，⑤生活垃圾无害化处理率，⑥每百万人突发性环境事件数量。低碳效益刻画了经济体系与能源

---

① 服务业暂时缺乏合适的指标衡量生产行为。

消耗和碳排放的脱钩程度及其对气候变化的适应性，主要采用单位 GDP 能耗、单位 GDP 碳排放和非化石能源发电量占总发电量的比重这 3 个指标来表征。这 3 个指标在很大程度上决定了一个地区的单位 GDP 二氧化碳排放量，也充分体现了一个地区的能源利用水平和能源清洁化程度。循环效益主要刻画经济体系利用资源的效率，本书选取工业固体废物综合利用率、规模以上工业企业重复用水率、城市再生水利用率和水资源产出率这 4 个资源利用效率指标来衡量循环效益，它们充分反映了一个地区经济发展对物资投入的依赖性，也能在很大程度上代表其他资源利用效率指标。如前所述，经济社会效益反映绿色低碳循环发展经济体系作为一个经济体系所具备的发展特征和经济特征。本书主要用人口平均预期寿命、居民人均可支配收入、城乡居民可支配收入比和失业率 4 个代表性指标来表征经济社会效益。

（三）基于时空极差熵权法的指标权重赋值

确定指标权重的方法大致有两大类，一是定性赋权法，二是定量赋权法。定性赋权法又称主观赋权法，主要借助相关专家对各指标重要性的主观评估来确定指标权重，常用的如层次分析法、二项系数法、环比评分法等。定量赋权法也称客观赋权法，如变异系数法、熵权法、多元统计方法（主成分分析、因子分析法）、灰色关联法、神经网络法等，主要通过指标自身的数据特征分析来确定其权重。

本书拟采用时空极差熵权法为绿色低碳循环发展经济体系三级评价指标赋权。这种方法的主要优势在于利用了指标在时空双重维度上的信息量，克服了传统熵权法只能利用各指标在某特定时点上信息的局限性，从而能更充分反映指标从时空双重维度上对评价对象的区分度。而且随着时间的推移，各指标的相对重要性会发生改变，时空极差熵权法还能据此动态地更新指标的权重。

假定指标体系包含 k 个指标，涉及的评价对象有 n 个，实践跨度为 m 个时期，则指标体系可表示为 X_i（$i=1,2,\cdots k$），其中指标 X_i 在第 t 期的取值可表示为 x_{ijt}（$j=1,2,\cdots n$），令 x_{ijt} 经标准化处理后的取值为 y_{ijt}。

如果为 X_i 正向指标，则

$$y_{ijt} = [x_{ijt} - \min(x_{ijt})]/[\max(x_{ijt}) - \min(x_{ijt})] \tag{1}$$

如果为 X_i 逆向指标，则

$$y_{ijt} = [\max(x_{ijt}) - x_{ijt}]/[\max(x_{ijt}) - \min(x_{ijt})] \quad (2)$$

各指标的信息熵可表示为

$$E_i = -\ln(mn)^{-1} \sum_j \sum_t p_{ijt} \ln(p_{ijt}) \quad (3)$$

其中，$p_{ijt} = y_{ijt} / \sum_j \sum_t y_{ijt}$。如果 $p_{ijt} = 0$ 则定义 $p_{ijt} \ln(p_{ijt}) = 0$。

继而可确定各指标 X_i 的权重 W_i 为

$$W_i = (1 - E_i) / (k - \sum_i E_i) \quad (4)$$

（四）绿色低碳循环发展经济体系指数及其区域差异性分析方法

1. 绿色低碳循环发展经济体系指数

为便于叙述，以 j 地区为例，其在时点 t 的绿色低碳循环发展经济体系指数定义为 $Z_{jt} = D_{jt} + P_{jt} + H_{jt} + E_{jt}$，其中，$D_{jt}$、$P_{jt}$、$H_{jt}$ 和 E_{jt} 分别表示发展动力指数、生产系统指数、生活系统指数和发展效益指数。进一步地，发展动力指数为 $D_{jt} = I_{jt} + F_{jt}$，其中 I_{jt} 是绿色低碳循环技术创新指数，F_{jt} 是绿色金融指数，且 $I_{jt} = \sum_{i=1}^{4} y_{ijt} W_i$，$F_{jt} = \sum_{i=5}^{6} y_{ijt} W_i$，$W$ 表示相应指数或指标的权重（下同）。生产系统指数为 $P_{jt} = S_{jt} + B_{jt}$，其中 S_{jt} 是产业结构指数，B_{jt} 是生产行为指数，且 $S_{jt} = \sum_{i=7}^{9} y_{ijt} W_i$，$B_{jt} = \sum_{i=10}^{14} y_{ijt} W_i$。生活系统指数为 $H_{jt} = L_{jt} + M_{jt}$，其中 L_{jt} 是生活方式指数，M_{jt} 是宜居环境建设指数，且 $L_{jt} = \sum_{i=15}^{18} y_{ijt} W_i$，$M_{jt} = \sum_{i=19}^{20} y_{ijt} W_i$。发展效益指数为 $E_{jt} = G_{jt} + C_{jt} + R_{jt} + N_{jt}$，其中，$G_{jt}$、$C_{jt}$、$R_{jt}$ 和 N_{jt} 分别表示绿色效益指数、低碳效益指数、循环效益指数和经济社会效益指数，且 $G_{jt} = \sum_{i=21}^{26} y_{ijt} W_i$，$C_{jt} = \sum_{i=27}^{29} y_{ijt} W_i$，$R_{jt} = \sum_{i=30}^{34} y_{ijt} W_i$，$N_{jt} = \sum_{i=35}^{37} y_{ijt} W_i$。

2. 指数区域差异性分析方法

本书拟采用基尼系数方法、泰尔指数方法和 σ 收敛模型考察地区间绿色低碳循环发展经济体系指数及其分系统指数的区域差异性，并按国家统计局区划标准，进一步将 31 个省市区划分为四大区域即东部地区、西部地区、中部地区和东北地区。同时选取这三种方法，有助于对区域差异性动态变化趋势做出更稳健的判断。下面以绿色低碳循环发展经济体系指数为例阐述这三种方法。

基尼系数最初被用于衡量收入差距，现已应用到各领域的相应研究，本书用到的绿色低碳循环发展经济体系建设水平基尼系数计算公式如下：

$$G = \frac{1}{2n^2 \bar{Z}} \sum_{i=1}^{n} \sum_{j=1}^{n} |Z_i - Z_j| \tag{5}$$

$$G_r = \frac{1}{2n_r^2 \bar{Z}_r} \sum_{i=1}^{n_r} \sum_{j=1}^{n_r} |Z_{ri} - Z_{rj}| \tag{6}$$

其中，G 表示全国绿色低碳循环发展经济体系建设水平基尼系数，G_r 为衡量地区 r 中各省份间绿色低碳循环发展经济体系建设水平差异的基尼指数；Z_i 表示第 i 个省份的绿色低碳循环发展经济体系指数，Z_{ri} 表示地区 r 中第 i 个省份的绿色低碳循环发展经济体系指数；$\bar{Z}_r$ 表示地区 r 中各省绿色低碳循环发展经济体系指数均值，$\bar{Z}$ 表示全国范围内各省绿色低碳循环发展经济体系指数的均值；n_r 为地区 r 中省份的数量，n 为省份总数量。

泰尔指数能够将总体差异区分为组内差异和组间差异，其取值在 0—1，取值越大表明差异越大。衡量中国绿色低碳循环发展经济体系建设水平总体差异的泰尔指数 T 可定义如下：

$$T = T_a + T_b = \sum_{r=1}^{4} \left(\frac{n_r}{n} \times \frac{\bar{Z}_r}{\bar{Z}} \times T_r \right) + \sum_{r=1}^{4} \left(\frac{n_r}{n} \times \frac{\bar{Z}_r}{\bar{Z}} \times \ln \frac{\bar{Z}_r}{\bar{Z}} \right) \tag{7}$$

$$T_r = \frac{1}{n_r} \sum_{i=1}^{n_r} \left(\frac{Z_{ri}}{\bar{Z}_r} \times \ln \frac{Z_{ri}}{\bar{Z}_r} \right) \tag{8}$$

其中，T_a 和 T_b 分别表示地区内差异和地区间差异，T_r 为衡量地区 r 中各省份间绿色低碳循环发展经济体系建设水平差异的泰尔指数。

σ 收敛模型可用于衡量一定范围内各省绿色低碳循环发展经济体系指数的分散程度，σ 定义如下：

$$\sigma = \sqrt{\frac{1}{n} \sum_{i=1}^{n} \left(\ln Z_i - \frac{1}{n} \sum_{i=1}^{n} \ln Z_i \right)^2} \tag{9}$$

如果随时间推移，σ 变小则意味着各省绿色低碳循环发展经济体系建设水平朝收敛方向变化，差异性缩小；反之则表示各省绿色低碳循环发展经济体系建设水平差异性加剧。

（五）数据来源及处理

用于省级层面绿色低碳循环发展经济体系建设评价的三级指标取值主要来源于国家统计局、科技部、中国人民银行等权威机构网站及各种权威统计年鉴，包括全国及各省市统计年鉴、环境状况公报及一些专业统计年鉴，如《中国科技统计年鉴》《中国能源统计年鉴》《中国金融年鉴》《中国农业统计年鉴》《中国工业统计年鉴》《中国第三产业统计年鉴》，以及 EPS 数据库、Wind 数据库等；指标取值选取的年份是 2012 年至 2017 年。

一些指标没有直接的统计值或缺失某些年份统计值，本书采用三种方法处理。一是采用合理的替代指标，这主要是针对那些既没有直接的统计值也不能估算得到的指标。例如，绿色低碳循环技术工程研究中心正在筹建过程中，其数量可用国家工程技术研究中心数代替，因为所有工程技术的改善通常都有利于绿色低碳循环发展，因而可以将它们视为广义的绿色低碳循环工程技术。

二是采取估算的方法。例如，绿色信贷占信贷总量的比重根据各银行绿色信贷总量及其在各地区的分支机构数估算；各地区的碳排放根据其分品种的能源消费量估算。又如，各地区人均预期寿命目前只有 2010 年的统计，而全国有 2010 年、2015 年、2018 年的统计，因而本书假定各地区人均预期寿命的变化速度与全国相同，从而估计出各地 2012 年至 2017 年的这一指标值。

三是根据相关统计标准构造。例如高新技术服务业占第三产业的比重这个指标，本书根据国家统计局发布的《高技术产业（服务业）分类(2018)》，将其定义为信息传输、软件和信息技术服务业，科学研究与技术服务业以及水利、环境和公共设施管理业这三个产业的营业收入合计与第三产业营业收入的比值。高技术制造业占比、高污染行业占比的构造也类似。

对各指标取值的进行标准化时，选取 2012 年至 2017 年所有省份该指标的最大值和最小值为参照，然后应用前述标准化方法。此外，某一指标在全国范围内取值采用三种方法：一是直接采用前述数据来源中的全国指标；二是根据全国的相关指标估算；三是对绝对值型指标（如国家技术工程研究中心数量）采用 31 个省份的算术平均值。

二　全国及省级层面绿色低碳循环发展经济体系的建设水平与进展评价

经过拓展熵权法计算得到的各指标权重结果（如表 A1 所示）表明，上市环保企业密度、技术市场成熟度、非化石能源发电量占总发电量的比重、绿色低碳循环技术工程研究中心数量、工业污染治理投资比重、绿色出行等三级指标具有较高的权重，累计达到 0.542（总权重为 1），这表明上述指标具有较大的时空差异性，是导致绿色低碳循环发展经济体系建设水平呈现时空差异性的重要指标。一些指标（如生活垃圾无害化处理率、城市建成区绿地率、人均生活能耗、每百万人突发性环境事件数量）权重很小，意味着它们在时间和空间上的差异性不大，但并不意味着这些指标对绿色低碳循环发展经济体系建设不重要。表 A2 显示了 2012 年至 2017 年全国及省级层面绿色低碳循环发展经济体系指数，表 A3 呈现了 2017 年全国及省级层面绿色低碳循环发展经济体系一级和二级构成指数。

（一）全国绿色低碳循环发展经济体系建设水平变化态势

2012 年以来，全国绿色低碳循环发展经济体系建设水平得到稳步提升。2017 年全国绿色低碳循环发展经济体系建设水平综合指数在 2012 年的水平上提升了 13%，年均上升 2.43%。党的十八大对生态文明建设给予了高度重视，在习近平新时代中国特色社会主义思想的指引下，全国上下积极将生态文明建设融入经济、政治、社会和文化建设中。显然，这样的全国总动员为中国绿色低碳循环发展经济体系建设水平的不断提升提供了强大政治动力。

然而值得注意的是，尽管全国的绿色低碳循环发展经济体系建设整体在不断改善，但改善的速度还不够突出，明显低于经济总量的增速。究其原因，这是因为在整个研究时期内绿色低碳循环发展经济体系各一级子系统中，只有发展动力的改善幅度非常显著，达到 38%，年均改善幅度为 6.61%。生产系统和发展效益的改善幅度相对较小，分别只有 10% 和 15%。生活系统的绿色低碳循环发展水平则不仅没有改善，反而呈现逐年下降的变化趋势，在整个研究时期内降低了 12%。

表 A2　全国及各省（市、区）绿色低碳循环发展经济体系指数

	2012 年	2013 年	2014 年	2015 年	2016 年	2017 年
北京	0.589	0.607	0.652	0.642	0.672	0.761
天津	0.307	0.295	0.316	0.318	0.316	0.347
河北	0.232	0.221	0.234	0.243	0.247	0.250
山西	0.231	0.232	0.223	0.228	0.233	0.242
内蒙古	0.242	0.243	0.252	0.260	0.260	0.279
辽宁	0.247	0.243	0.242	0.257	0.266	0.275
吉林	0.251	0.259	0.258	0.266	0.275	0.279
黑龙江	0.231	0.231	0.223	0.241	0.243	0.239
上海	0.318	0.307	0.319	0.333	0.351	0.391
江苏	0.297	0.298	0.303	0.315	0.320	0.327
浙江	0.273	0.270	0.283	0.307	0.320	0.328
安徽	0.227	0.239	0.246	0.252	0.258	0.268
福建	0.252	0.244	0.249	0.267	0.274	0.271
江西	0.241	0.219	0.223	0.234	0.237	0.246
山东	0.274	0.276	0.281	0.281	0.286	0.293
河南	0.224	0.223	0.227	0.232	0.242	0.256
湖北	0.297	0.293	0.312	0.316	0.330	0.331
湖南	0.250	0.242	0.252	0.263	0.260	0.269
广东	0.272	0.276	0.277	0.297	0.304	0.316
广西	0.224	0.227	0.243	0.276	0.275	0.276
海南	0.207	0.193	0.195	0.187	0.212	0.213
重庆	0.303	0.283	0.294	0.293	0.300	0.303
四川	0.285	0.292	0.300	0.306	0.312	0.327
贵州	0.237	0.231	0.244	0.251	0.254	0.249
云南	0.227	0.225	0.251	0.263	0.272	0.280
西藏	0.242	0.257	0.270	0.262	0.248	0.258
陕西	0.299	0.306	0.313	0.319	0.322	0.318
甘肃	0.269	0.252	0.254	0.261	0.277	0.277
青海	0.239	0.243	0.243	0.264	0.276	0.257
宁夏	0.219	0.230	0.261	0.241	0.268	0.251
新疆	0.197	0.196	0.194	0.193	0.194	0.204
全国	0.252	0.258	0.264	0.273	0.278	0.284

表 A3　　2017 年全国及省级层面绿色低碳循环发展经济体系一级和二级构成指数

	发展动力			生产系统			生活系统			发展效益				
	GTIS	GF	合计	IS	PB	合计	LS	HC	合计	GE	LCE	RE	ESE	合计
北京	0.249	0.167	0.416	0.057	0.050	0.107	0.045	0.039	0.084	0.044	0.022	0.020	0.067	0.154
天津	0.058	0.029	0.087	0.039	0.042	0.080	0.026	0.014	0.040	0.034	0.018	0.043	0.045	0.140
河北	0.028	0.015	0.043	0.017	0.040	0.057	0.015	0.017	0.032	0.037	0.021	0.034	0.027	0.119
山西	0.018	0.010	0.028	0.014	0.054	0.068	0.018	0.014	0.033	0.039	0.014	0.034	0.027	0.114
内蒙古	0.013	0.045	0.058	0.011	0.058	0.070	0.016	0.028	0.044	0.025	0.019	0.035	0.028	0.107
辽宁	0.039	0.007	0.047	0.024	0.036	0.060	0.025	0.014	0.039	0.037	0.029	0.031	0.031	0.129
吉林	0.028	0.027	0.055	0.037	0.032	0.069	0.023	0.014	0.036	0.028	0.030	0.030	0.030	0.118
黑龙江	0.029	0.010	0.040	0.022	0.038	0.061	0.026	0.012	0.038	0.029	0.022	0.023	0.026	0.100
上海	0.076	0.041	0.118	0.046	0.044	0.090	0.035	0.017	0.051	0.020	0.019	0.037	0.056	0.132
江苏	0.058	0.013	0.071	0.047	0.028	0.075	0.016	0.018	0.034	0.044	0.023	0.038	0.042	0.147
浙江	0.039	0.017	0.056	0.040	0.036	0.076	0.012	0.019	0.031	0.044	0.034	0.037	0.050	0.165
安徽	0.035	0.017	0.052	0.025	0.025	0.050	0.017	0.022	0.039	0.036	0.020	0.039	0.032	0.127
福建	0.023	0.008	0.030	0.031	0.017	0.048	0.014	0.014	0.028	0.054	0.043	0.033	0.032	0.162
江西	0.025	0.007	0.032	0.023	0.022	0.045	0.015	0.026	0.041	0.044	0.029	0.026	0.029	0.128
山东	0.061	0.006	0.067	0.026	0.032	0.059	0.017	0.019	0.036	0.039	0.019	0.039	0.034	0.131
河南	0.023	0.007	0.030	0.032	0.026	0.058	0.018	0.019	0.037	0.038	0.020	0.041	0.031	0.131
湖北	0.057	0.014	0.071	0.033	0.017	0.050	0.019	0.019	0.038	0.044	0.062	0.032	0.035	0.173
湖南	0.034	0.021	0.055	0.032	0.015	0.046	0.017	0.014	0.032	0.035	0.051	0.025	0.025	0.136
广东	0.056	0.015	0.070	0.061	0.011	0.073	0.019	0.014	0.033	0.030	0.037	0.031	0.042	0.141
广西	0.010	0.026	0.036	0.028	0.026	0.055	0.012	0.020	0.032	0.030	0.058	0.031	0.033	0.153
海南	0.009	0.005	0.014	0.020	0.030	0.050	0.011	0.020	0.031	0.027	0.043	0.011	0.037	0.118
重庆	0.030	0.020	0.050	0.044	0.027	0.072	0.028	0.013	0.041	0.045	0.043	0.021	0.031	0.140
四川	0.039	0.007	0.046	0.045	0.032	0.077	0.021	0.016	0.037	0.032	0.083	0.029	0.024	0.168
贵州	0.018	0.004	0.021	0.027	0.030	0.057	0.020	0.012	0.032	0.047	0.044	0.028	0.019	0.138
云南	0.021	0.005	0.026	0.015	0.033	0.047	0.019	0.014	0.033	0.036	0.084	0.035	0.019	0.174
西藏	0.005	0.009	0.014	0.030	0.022	0.053	0.016	0.032	0.048	0.025	0.080	0.019	0.019	0.143
陕西	0.061	0.025	0.086	0.037	0.036	0.073	0.026	0.011	0.037	0.039	0.025	0.032	0.026	0.122
甘肃	0.036	0.007	0.043	0.009	0.046	0.055	0.026	0.017	0.043	0.034	0.047	0.034	0.022	0.137
青海	0.035	0.006	0.040	0.014	0.037	0.051	0.023	0.013	0.036	0.023	0.063	0.023	0.021	0.129

续表

	发展动力			生产系统			生活系统			发展效益				
	GTIS	GF	合计	IS	PB	合计	LS	HC	合计	GE	LCE	RE	ESE	合计
宁夏	0.020	0.006	0.026	0.022	0.053	0.075	0.022	0.022	0.044	0.039	0.014	0.030	0.022	0.106
新疆	0.008	0.007	0.015	0.010	0.041	0.051	0.022	0.031	0.054	0.021	0.021	0.015	0.028	0.085
全国	0.043	0.015	0.058	0.037	0.032	0.069	0.020	0.017	0.037	0.029	0.037	0.032	0.022	0.120

整个研究时期内发展动力指数之所以明显改善，是因为绿色低碳循环技术创新体系和绿色金融都有明显改善，幅度分别高达25%和92%。生产系统指数改善缓慢是因为产业结构和生产方式改善速度都不高，特别是生产方式的改善幅度只有6%。发展效益指数改善缓慢则是因为其中只有低碳效益改善幅度较大（37%），而绿色效益、循环效益和经济社会效益改善幅度都不大。生活系统指数逐年下降则主要是因为生活方式逐年恶化，同时宜居环境建设只改善了1%。

进一步，大多数三级指标的变化都推动了全国绿色低碳循环发展经济体系指数变化的上升，但它们的贡献差异很大（如附图1所示）。其中，贡献最大的是非化石能源发电量占总发电量的比重（25.15%），技术市场成熟度、绿色信贷占信贷总量的比重、上市环保企业密度、高新技术制造业占比、农村无害化卫生厕所普及率的贡献也较大（介于12.71%至7.95%）。但是，每百万人突发性环境事件数量、规模以上工业企业重复用水率、城市再生水利用率、节水灌溉面积比重、城市建成区绿地率的贡献则很小（均未达到1%）。

特别要引起注意的是，有10个三级指标的变化不利于全国绿色低碳循环发展经济体系指数上升。其中，人均私人汽车拥有量的负面影响最大（-11.14%），因为这是一个负向指标，而近年来随着中国经济的发展，人民富裕程度不断提升，私人汽车也越来越普及且普及速度较快。居民人均可支配收入是一个正向指标但其负面影响居第二位（-7.39%），因为尽管全国人均可支配收入绝对值呈现不断上升的态势，但由于地区间人均可支配收入差异加剧，导致全国这一指标与地区最好水平差距增大，其标准化后的相对分值反而下降。城镇环境基础设施建设投资占GDP的比重的负面影响也较大（-7.20%），因为该指标在研究时期内有比较明显的下降。此外，空气质量优良天数比例、人均生活水耗、工业固体废物综合利用率、绿色出行、生态建设投资比重、高新技术服务业占第三产业的比重、人均生活能耗等指标也不同程度地对全国绿色低碳循环发展经济体系指数产生了负面影响。

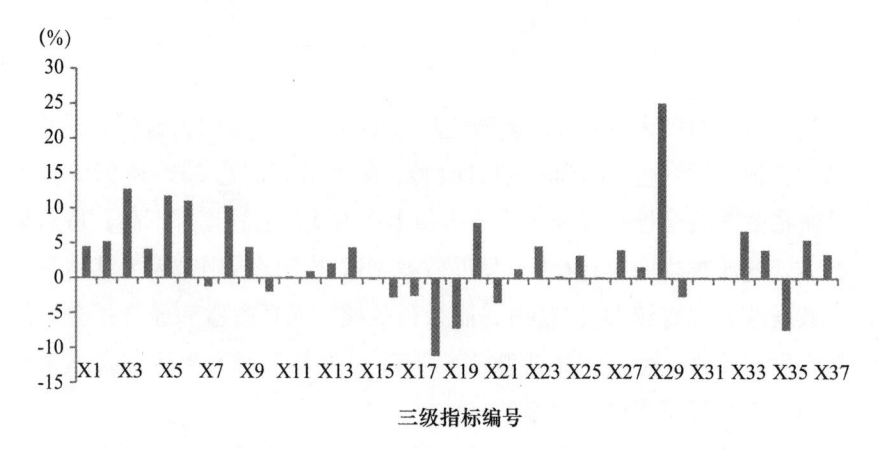

附图1　各三级指标对全国绿色低碳循环发展经济体系指数增长的贡献

注：指标编号及其含义如表 A1 所示。

（二）省际绿色低碳循环发展经济体系建设水平比较

省级绿色低碳循环发展经济体系建设水平在地域分布上不平衡。以2017 年为例，本书计算了省级绿色低碳循环发展经济体系指数的均值（0.281）和标准差（0.041）[①]，将高于均值 0.8 个标准差的省份定义为绿色低碳循环发展经济体系建设高水平省份，低于均值 0.8 个标准差的省份定义为绿色低碳循环发展经济体系建设低水平省份，其余为中水平省份，分类结果如表 A4 所示。容易看出，绿色低碳循环发展经济体系建设高水平省份主要分布在东部地区，但并非所有东部地区省份都属于高水平省份，其中还有三个省属于中等水平省份，甚至还有一个省属于低水平省份。中部地区只有湖北进入高水平省份梯队，湖南、安徽、河南属于中等水平省份，江西和山西则属于低水平省份。西部地区只有四川和陕西属于高水平省份，其余大部分属于中等水平省份，仅新疆属于低水平省份。东

---

① 鉴于北京绿色低碳循环发展经济体系指数奇高，本书将其排除在计算范围外。

北地区则没有高水平省份，而且黑龙江属于低水平省份。

表 A4　2017 年按绿色低碳循环发展经济体系建设水平和所属地区的省份分类情况

水平	东部地区	中部地区	西部地区	东北地区
高	北京、上海、天津、浙江、江苏、广东	湖北	四川、陕西	
中	山东、福建、河北	湖南、安徽、河南	重庆、云南、内蒙古、甘肃、广西、西藏、青海、宁夏、贵州	吉林、辽宁
低	海南	江西、山西	新疆	黑龙江

绿色低碳循环发展经济体系建设水平排名靠前的省份各具优势，但也都有短板。北京在评价中获得高分，首先得益于其发展动力指数遥遥领先其他地区，而这主要归因于其在绿色低碳循环技术创新体系方面所拥有的绝对优势，该体系下的各三级指标分值均居全国首位。北京的生产系统优于其他省市，主要是其产业结构较好。在生活系统方面，北京的得分也明显高于其他地区，这主要是因为北京的绿色出行明显优于其他省份。不过，北京在低碳效益、循环效益等二级指标上的得分偏低，同时其某些三级指标（如绿色信贷占信贷总量的比重）得分也不理想。上海的发展动力指数、生产系统指数和生活系统指数较高，但发展效益指数仅处于中等水平。同时，上海在宜居环境建设、绿色效益、低碳效益等二级指标上得分较低。这主要因为其城镇环境基础设施建设投资占 GDP 的比重、除生活垃圾无害化处理率之外的所有绿色效益类三级指标、非化石能源发电量占总发电量的比重等三级指标得分较低。天津位居第三，主要是其一级指标中发展动力指数和生产系统指数位居前列，同时生活系统指数和发展效益指数较高。不过，在天津的二级指标中，宜居环境建设、绿色效益得分不高，低碳效益更是排名靠后。湖北在绿色低碳循环发展经济体系建设方面的主要优势是其发展动力指数和发展效益指数，其生活系统指数并不突出，生产系统指数则落后于大多省份。浙江之所以也能排名靠前，主要是因为其生产系统指数和发展效益指数排名靠前，同时发展动力指数也较

高,但其生活系统指数却垫底。

绿色低碳循环发展经济体系建设水平排名靠后的省份短板明显,但也有各自的优势。新疆的发展动力指数、生产系统指数、发展效益指数都排名靠后,特别是发展效益指数排末尾(因为该指数下的二级指标中其绿色效益和循环效益得分均位居倒数第二,低碳效益和经济社会效益得分也靠后),但新疆的生活系统指数却位居全国第二。海南的几个一级指标得分都落后于大多数省份,特别是发展动力指数位居最后(该指数下的绿色低碳循环技术创新体系和绿色金融这两个二级指标得分都居倒数第三),但海南的二级指标中经济社会效益则有较好表现。黑龙江的四个一级指标得分都靠后,特别是发展效益指数居全国倒数第二,但是黑龙江二级指标中的生产行为、生活方式的得分都相对较高。山西的四个一级指标中只有生产系统指数处于中等水平,其他三个指数则都排名靠后,但山西二级指标中的生产行为得分却位居前列(其生产行为类三级指标得分都名列前茅)。江西除生活系统指数外,其余三个一级指标得分都不高,但其宜居环境建设、绿色效益这两个二级指标得分则排名较靠前。

(三)绿色低碳循环发展经济体系建设水平动态变化趋势

2012年至2017年,全国的绿色低碳循环发展经济体系建设水平呈现缓慢但持续改善的变化态势,但不同地区绿色低碳循环发展经济体系建设水平的变化趋势却呈现不同态势。具体地,省级层面绿色低碳循环发展经济体系建设水平变化的态势大致可区分为如下七种形态(如表A5所示):①持续上升的有江苏、安徽、山东、广东、四川5个省份;②呈"W"形变化即"先降、后升、再降、又升"的有天津、海南、湖南、重庆4个省份;③呈"M"形变化即"先升、后降、再升、又降"的有黑龙江、宁夏、青海3个省份;④呈现"N"形变化趋势即"先升、后降、又升"的有北京、内蒙古、山西、吉林、广西、西藏6个省份;⑤呈现倒"N"形变化趋势即"先升、后降、又升"的有福建、贵州2个省份;⑥呈"V"形变化即"先降、后升"的省份有河北、辽宁、上海、浙江、江西、河南、湖北、云南、甘肃、新疆10个省份;⑦呈倒"V"形变化即"先升、后降"的省份是陕西。

表 A5　　　　2012—2017 年省级层面绿色低碳循环发展经济
　　　　　　　　　　体系建设水平变化态势

变化形态	持续上升	"W"形	"M"形	"N"形	倒"N"形	"V"形	倒"V"形
包含省份	江苏、安徽、山东、广东、四川	天津、海南、湖南、重庆	黑龙江、宁夏、青海	北京、内蒙古、山西、吉林、广西、西藏	福建、贵州	河北、辽宁、上海、浙江、江西、河南、湖北、云南、甘肃、新疆	陕西

在整个研究时期内几乎所有省份的绿色低碳循环发展经济体系建设水平都有所上升，但增速却都偏低。绿色低碳循环发展经济体系指数绝对增幅最大的五个省份是北京、上海、浙江、云南和广西。这五个省份绿色低碳循环发展经济体系建设水平大幅提升的主导因素则有所差异：北京和上海主要归因于发展动力指数的大幅上升，生产系统指数也有较大贡献；云南主要受益于发展效益指数的上升；浙江和广西主要受发展效益指数影响，发展动力指数的贡献也很大。不过，除上海和云南外，这几个地区的生活系统指数则都有所下降。此外，除北京和上海外，上述几个省份的绿色低碳循环发展经济体系指数排名也有所上升，特别是云南和广西的该指数排名分别上升了 13 位和 12 位。

反之，也有一些省份的绿色低碳循环发展经济体系建设水平在研究时期内上升幅度偏小，如江西、海南、新疆、黑龙江和甘肃。其中，江西的发展动力指数、生产系统指数和发展效益指数增幅都很小，且生活系统指数有所下降；海南、黑龙江的发展动力指数和发展效益指数有所上升，但生产系统指数和生活系统指数却有所下降；新疆的发展效益指数有较大幅度上升，但发展动力指数、生产系统指数、生活系统指数都有所下降；甘肃的发展效益指数增幅居全国第二，发展动力指数也有所上升，但生产系统指数的降幅却居全国第一，生活系统指数也有所下降。由此可见，这些省份在建设自身绿色低碳循环发展经济体系的过程中，或者因为各方面都成效欠佳，或者因为某方面严重不足，从而导致整体提升幅度不大。此外，重庆的绿色低碳循环发展经济体系建设水平在整个研究时期内不仅没有上升，反而略有下降，因为除发展效益指数有所上升外，其余一级指标得分均下滑。

（四）绿色低碳循环发展经济体系建设水平区域差异的演化趋势

表 A6 显示了衡量中国绿色低碳循环发展经济体系建设水平区域差异的基尼系数、泰尔指数及 σ 值。在全国范围内，绿色低碳循环发展经济体系建设水平基尼系数、泰尔指数及 σ 值都不超过 0.2，这意味着各地区绿色低碳循环发展经济体系建设水平总体比较平衡。不过，绿色低碳循环发展经济体系建设最高水平与最低水平的差距还是较大。仍以 2017 年为例，排名前五位省市的平均得分是排名后五位省份平均得分的 2.4 倍，差异非常明显。北京的分值更是远远超过其他省份，相当于新疆分值的 3.7 倍；即便与排名第二的上海相比，北京的得分也远远领先，相当于上海得分的 2 倍。

同时，上述基尼系数、泰尔指数及 σ 值在整个研究时期内都有所上升，这意味着绿色低碳循环发展经济体系建设水平的区域差异总体上有所扩大，没有出现收敛趋势。不过，上述基尼系数、泰尔指数及 σ 值在 2014—2016 年保持平稳或略有下降，说明这一时期绿色低碳循环发展经济体系建设水平的区域差异保持稳定或呈现阶段性收敛趋势。

在四大地区中，东部地区、中部地区和东北地区的绿色低碳循环发展经济体系建设水平基尼系数、泰尔指数及 σ 值在整个研究时期内也都有所上升，表明三大地区中省际绿色低碳循环发展经济体系建设水平差异有所扩大。不过，同时期西部地区的绿色低碳循环发展经济体系建设水平基尼系数、泰尔指数及 σ 值却有所下降，由此可见西部地区省际绿色低碳循环发展经济体系建设水平差异在此期间缩小或有收敛趋势。当然，四大地区内部的绿色低碳循环发展经济体系建设水平差异性在整个研究时期内也都出现波动，并非一直扩大或缩小。

相较而言，东部地区的绿色低碳循环发展经济体系建设水平基尼系数、泰尔指数及 σ 值都明显大于其他三个地区，这说明东部地区省际绿色低碳循环发展经济体系建设水平差异性更大。四大地区中,东北地区的绿色低碳循环发展经济体系建设水平基尼系数、泰尔指数及 σ 值始终最小,可见东北地区内部的绿色低碳循环发展经济体系建设水平差异性最小。

表 A6　中国绿色低碳循环发展经济体系建设水平基尼系数、泰尔指数及 σ 值

指标	地区	2012 年	2013 年	2014 年	2015 年	2016 年	2017 年
基尼系数	全国	0.095	0.099	0.106	0.106	0.106	0.121
	东部	0.145	0.156	0.165	0.159	0.158	0.183
	中部	0.050	0.050	0.062	0.060	0.061	0.055
	西部	0.071	0.067	0.063	0.062	0.062	0.064
	东北	0.018	0.025	0.032	0.022	0.027	0.034
泰尔指数	全国	0.026	0.028	0.031	0.029	0.030	0.038
	东部	0.047	0.055	0.061	0.055	0.055	0.071
	中部	0.005	0.005	0.007	0.007	0.008	0.006
	西部	0.008	0.007	0.007	0.007	0.007	0.007
	东北	0.001	0.001	0.002	0.001	0.001	0.002
σ 值	全国	0.193	0.198	0.209	0.206	0.206	0.226
	东部	0.266	0.287	0.300	0.297	0.289	0.324
	中部	0.095	0.096	0.117	0.111	0.117	0.104
	西部	0.127	0.121	0.120	0.122	0.124	0.121
	东北	0.035	0.047	0.060	0.040	0.052	0.071

表 A7 显示了全国绿色低碳循环发展经济体系及其子系统建设水平泰尔指数分解与 σ 值结果。比较可知,发展动力的泰尔指数一直远大于其他子系统的泰尔指数,而发展效益的泰尔指数则始终最小,这在一定程度上说明全国绿色低碳循环发展经济体系建设水平的差异主要来自发展动力的差异。而且发展动力、生产系统、生活系统的泰尔指数与 σ 值在整个研究时期内都有所上升,但发展效益的泰尔指数与 σ 值却有所下降,这意味着前三个子系统的区域间差异扩大,而发展效益的区域间差异却缩小。由此可见,全国范围内绿色低碳循环发展经济体系建设水平的差异越

来越取决于发展动力的差异。进一步地，在整个研究时期内，无论是全国绿色低碳循环发展经济体系，还是其各一级子系统的泰尔指数，组内差异都要远远高于组间差异。由此可见，全国绿色低碳循环发展经济体系及其子系统建设水平的差异主要源自四大地区内部省际的差异，而四大地区间差异相对较小。

表 A7　全国绿色低碳循环发展经济体系及其子系统建设水平的泰尔指数分解与 σ 值

指标		项目	2012 年	2013 年	2014 年	2015 年	2016 年	2017 年
泰尔指数及其分解	总体	组内差异	0.021	0.024	0.026	0.024	0.025	0.031
		组间差异	0.005	0.004	0.005	0.005	0.005	0.008
		合计	0.026	0.028	0.031	0.029	0.030	0.038
	发展动力	组内差异	0.246	0.249	0.273	0.248	0.246	0.268
		组间差异	0.060	0.064	0.072	0.066	0.069	0.091
		合计	0.306	0.312	0.345	0.313	0.315	0.359
	生产系统	组内差异	0.012	0.014	0.015	0.014	0.021	0.019
		组间差异	0.007	0.005	0.008	0.005	0.004	0.006
		合计	0.019	0.020	0.023	0.019	0.025	0.024
	生活系统	组内差异	0.024	0.027	0.029	0.022	0.027	0.027
		组间差异	0.001	0.000	0.002	0.001	0.001	0.001
		合计	0.025	0.028	0.031	0.023	0.028	0.028
	发展效益	组内差异	0.011	0.011	0.013	0.012	0.011	0.011
		组间差异	0.003	0.002	0.002	0.001	0.001	0.001
		合计	0.014	0.013	0.015	0.013	0.012	0.012
σ 值		发展动力	0.616	0.631	0.646	0.609	0.620	0.659
		生产系统	0.198	0.199	0.210	0.196	0.217	0.214
		生活系统	0.202	0.210	0.212	0.193	0.200	0.205
		发展效益	0.177	0.171	0.188	0.173	0.163	0.161